BONSAI

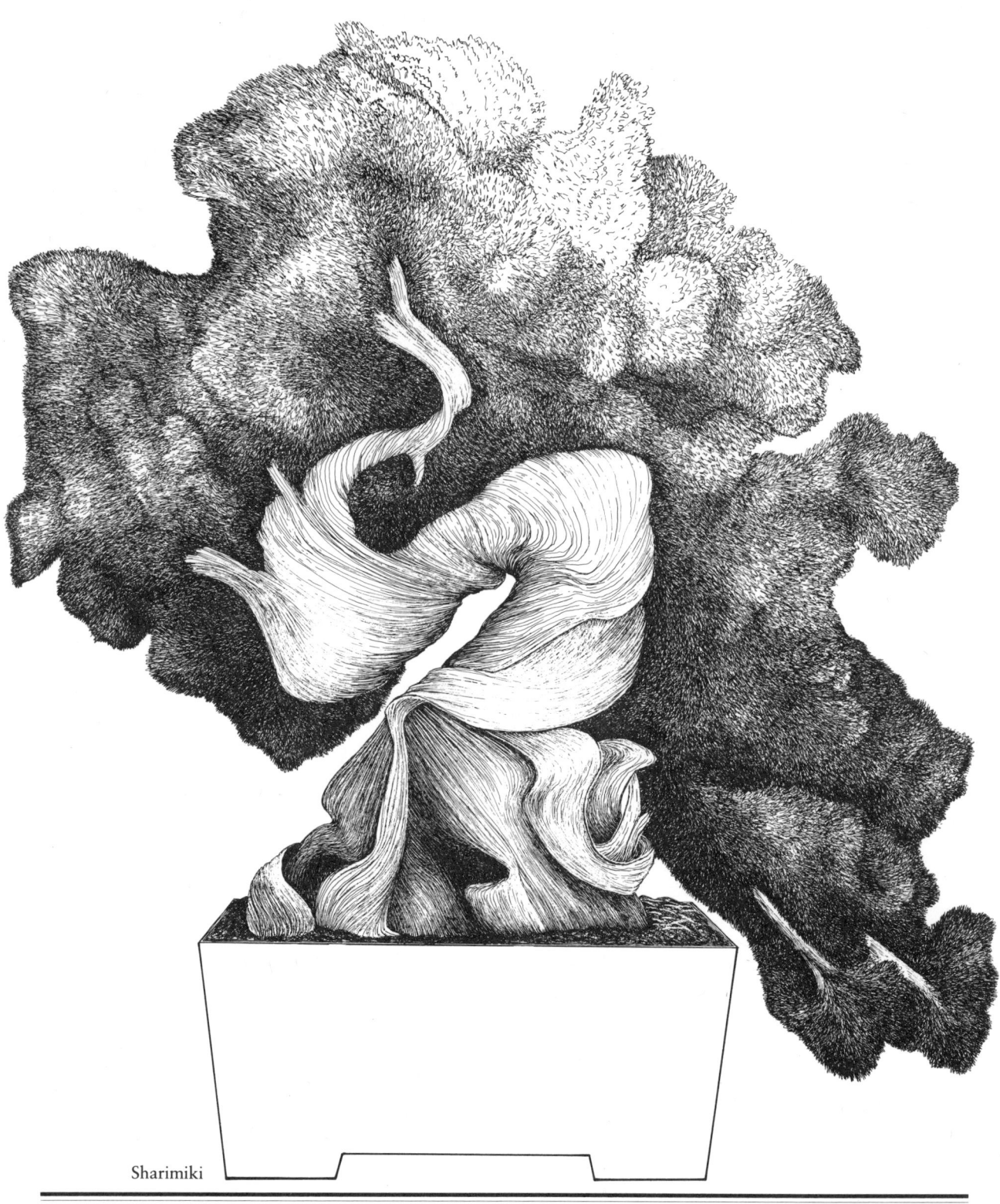

Sharimiki

WALTER SCHMIDT

DIE KUNST DES JAPANISCHEN BONSAI

Formen und Pflegen von Zwergbäumen

3. Auflage

40 Farbfotos
13 Schwarzweißfotos
140 Zeichnungen

VERLAG EUGEN ULMER

Die Szene auf den Vorsatzblättern stammt aus dem „Hachi katsugi" von 1710 (zu deutsch: „Mädchen, das einen Topf trägt", ein Märchenstoff aus dem 16. Jahrhundert). Die Abbildung gibt einen der seltenen Farbholzschnitte von Kondō Kiyoharu wieder, der, wahrscheinlich vor 1690 geboren, zu den bekanntesten und beliebtesten Meistern seiner Zeit zählte. Er zeigt hier eine um einen Bonsai versammelte vornehme Gesellschaft: ein Shôgun mit Gattin, hinter aufgezogenen Vorhängen sitzend, drei Hofdamen und zwei Samurais lauschen dem Vortrag eines Daimyô.

CIP-Kurztitelaufnahme der Deutschen Bibliothek

Schmidt, Walter:
Die Kunst des japanischen Bonsai : Formen
u. Pflegen von Zwergbäumen / Walter Schmidt.
[Unter Mitw. von Maja Schiele. In Verbindung
mit d. Red. d. Zeitschr. „Gartenpraxis"]. –
3. Aufl. – Stuttgart: Ulmer, 1983.
    ISBN 3-8001-6130-3

Dieses Buch entstand unter Mitwirkung von
Frau Maja Schiele, Lektorat, in Verbindung mit der Redaktion
der Zeitschrift „Gartenpraxis" (Karlheinz Rücker)

© 1979, 1983 Eugen Ulmer GmbH & Co.
Wollgrasweg 41, 7000 Stuttgart 70 (Hohenheim)
Printed in Germany
Umschlaggestaltung: A. Krugmann, Stuttgart
mit einem Foto von Shufunotomo Co. Ltd., Tokio.
(Eigentümer des Bonsai: Hideo Katoh.)
Reproduktionen: time litho Horst Mossack, Echterdingen
Gesamtherstellung: Passavia Druckerei GmbH Passau

VORWORT

Im Mittelpunkt der Bonsai-Kultur steht der Baum. Nicht zuletzt darauf beruht ihre besondere Faszination. Dem Baum ist der Mensch seit alters und in allen Kulturen und Zivilisationen tief verbunden, ob man an den schicksalhaften Baum in der Genesis denkt, an die vielen heiligen und geweihten Bäume des Altertums, die Bäume, unter denen Recht gesprochen wurde, die Bäume der dörflichen Wohngemeinschaften und die Hausbäume, deren dauernde, ehrwürdige, schützende und bewahrende Natur überall tief ins menschliche Bewußtsein eindrang. Märchen, Sagen und Geschichte erzählen von ihnen, Dichter und Maler gestalten in ihren Werken diese besondere Mensch-Natur-Beziehung.

„... Bäume sind Heiligtümer. Wer mit ihnen zu sprechen, wer ihnen zuzuhören weiß, der erfährt die Wahrheit. Sie predigen nicht Lehren und Rezepte, sie predigen, um das Einzelne unbekümmert, das Urgesetz des Lebens."*

So dachte Hermann Hesse, der selber ein durchaus aktiver Gärtner war. Wie sehr Natur in nur wenigen Jahren nicht allein als sittliche, sondern einfach physische Lebensbedingung des Menschen gefährdet sein würde, vermochte er nicht vorauszusehen. Bedrängend deutlich erfahren wir heute unser Eingebundensein in die von der Zivilisation bedrohte Umwelt. Wem in seiner privaten Sphäre ein Leben in Harmonie und tätigem Umgang mit der Natur möglich ist, darf das als ein Privileg betrachten. Ein großer Teil unserer Bevölkerung ist davon ausgeschlossen.

---

* Hermann Hesse, aus „Wanderung".

Der Baum

Da ich ein Kind, zag pflanzt ich dich ...
Schöne Pflanze! wie sehn wir nun verändert uns
Herrlich stehest ... und ...
wie ein Kind vor.

Friedrich Hölderlin

Die Bonsai-Kultur ermöglicht aber sogar dem in äußerster Naturferne sich selbst entfremdeten, zivilisationskranken Menschen ein intensives Naturerlebnis, das weit über die übliche liebevolle Pflege von Zimmerpflanzen hinausgehen kann, weil Bonsai-Kultur ein vollgültiges, aktives gärtnerisch-künstlerisches Gestalten verlangt, welches den ganzen Menschen beansprucht.

Wohl kann man sich mit Bonsai-Kultur auch rein kontemplativ beschäftigen, wie man sich etwa für Malerei begeistert, Museen und Galerien besucht, ohne selber den Pinsel in die Hand zu nehmen. Die wahre Erfüllung jedoch findet sich erst im eigenschöpferischen Tun – auch wenn Meisterwerke so ohne weiteres nicht zu erwarten sind.

Wer sich auf Bonsai einläßt, wird bald einige wichtige Entdeckungen machen: weder räumliche, finanzielle noch andere materielle Faktoren zwingen zum Verzicht; das Odium des Exklusiven beruht auf einem Vorurteil, wahr ist vielmehr, daß auch in einem nur beschränkt zur Verfügung stehenden Lebensraum Bonsai die wunderbare Chance einer uneingeschränkten Auseinandersetzung mit der Natur bietet.

Bonsai-Gärtner und -Künstler kann man unter günstigen Umständen sogar in einer Einzimmerwohnung sein, ohne die ästhetischen Ansprüche herunterzuschrauben.

Die nötigen Voraussetzungen sind grundsätzlich von jedem zu erfüllen: das Kennenlernen der gärtnerischen Technik und das Studium der künstlerischen Gesetze. Das eine ist leicht und begreift sich schnell, das andere kann einen das ganze Wesen erfassenden Erfahrungsprozeß in Bewegung setzen, der, sich steigernd, ein Gärtnerleben zu durchziehen vermag.

Dies freilich setzt eine wesentliche Einsicht voraus: Bonsai für uns, für das Abendland, das will verstanden werden als ein Denkanstoß, eine Chance, nicht als eine fertige, abgeschlossene Sache, die es von Asien nach Europa eben zu transferieren gilt. Es wird sich erweisen müssen, ob Bonsai auch in diesem neuen, europäischen Umfeld weiter entwicklungsfähig und damit lebendig sein wird. Gleichzeitig wird es sich aber auch zeigen müssen, wie es um unsere Lernfähigkeit und Assimilationskraft jetzt bestellt ist – denn bekannt geworden war Bonsai ja schon früher, jedenfalls in Kreisen, wo man sich mit fernöstlicher Gartenkultur beschäftigte. Dort aber verkannte man Bonsai als Beiwerk zum japanischen Gartenstil, wie Steinlaternen, Teehäuser und die vielfältigen bedeutungsträchtigen Felsen- und Steingruppierungen. Schrifttum, das den Irrtum hätte aufklären können, gab es nur in japanischer und in englischer Sprache. Als daher auch in unserem Lande Bonsai allmählich als eine lohnende „Ware" entdeckt wurde, verfügten zunächst weder die Kaufleute noch deren Kunden über ausreichende Kenntnisse in Pflege und Weiterkultur der importierten Pflanzen. So mußte es, bevor Bonsai bei uns recht Fuß fassen konnte, zwangsläufig zu den ersten bitteren Enttäuschungen kommen. Noch ist die Gefahr nicht gebannt, daß eine große Gelegenheit versäumt wird: Bonsai in allen seinen wunderbaren Möglichkeiten als das zu entdecken, was er wirklich ist, was er uns sein kann.

Dieses Buch will helfen, Bonsai für uns zu erschließen, es will die dringend notwendigen Grundlagen für den sachkundigen Umgang mit Bonsais vermitteln und zu einer sachbezogenen Diskussion anregen. Die Bilder, die vollendete Meisterwerke von Bonsais zeigen, wollen als Leitsterne den Weg zum Kunstwerk weisen.

Die Verwirklichung dieser Absichten erwies sich in manchen Punkten als schwierig; indessen bestätigte sich, was von Bonsai-Freunden in aller Welt gilt: keiner ist ganz allein auf sich gestellt. Rund um den Globus gibt es Verbände, mit denen die hiesigen Bonsai-Clubs Kontakt pflegen; überall finden sich Freunde, die immer bereit sind, Erfahrungen auszutauschen und in Notfällen Beistand zu leisten. Ich bekenne offen, daß ohne die Hilfe, die mir von Freunden im In- und Ausland zuteil wurde, zumal bei der Bildbeschaffung, dieses Buch in der nun erreichten Form nicht hätte vorgelegt werden können. Ihnen allen sei an dieser Stelle mein herzlichster Dank ausgesprochen, stellvertretend für sie darf ich zwei Herren in Japan nennen: Dr. Shuichi Hirao, Zushi, und Direktor Kazuhiko Nagai vom Verlag Shufunotomo, Tokio, dank deren freundschaftlichen Bemühungen hier kostbare Bonsai-Aufnahmen veröffentlicht werden können.

Ebenfalls danke ich meinem Verleger für die geduldige Verständnisbereitschaft bei allen Verzögerungen, wie auch den Verlagsmitarbeitern, besonders Frau Maja Schiele, die an dem Zustandekommen des Buches wesentlichen Anteil hat.

Unser aller Arbeit wird mehr als belohnt sein, wenn es diesem Buch gelingt, der Bonsai-Kultur in unserem Lande verständnisvolle Anhänger zu werben und zu erhalten; möge ihnen im gärtnerischen Umgang mit Bonsai-Pflanzen Freude über Generationen hin erwachsen.

Ach dieser Vollmond:
Wenn ich einst wiederkomme,
Als Kiefer, bitte …

(Haiku von Ryôta in der
Übertragung von Jan Ulenbrock)

Walter Schmidt

INHALTSVERZEICHNIS

VORWORT 5

EINFÜHRUNG 9

Kurze Geschichte des Bonsai 9
Bonsai in Europa 10

GRUNDSÄTZE
DER BONSAI-GESTALTUNG 19

Kompositorische Elementarregeln 21
Das Pflanzgefäß 23
Die Aufstellung in der Wohnung 26

DIE KLASSISCHEN BONSAI-TYPEN . . . 31

Besondere Wuchsformen,
überwiegend einstämmig 32
   Chokkan 32
   Moyogi (Tachiki) 36
   Hôkidachi 36
   Bunjingi 39
   Fukinagashi 39
   Shakan und Han-kengai 41
   Kengai 44
   Hankan 47
   Sabamiki und Sharimiki (Jin und Uro) . . 48
   Neagari 48

Gestaltung mit Steinen 51
   Sekijôju und Ishitsuki 51
   Präsentation eines unbearbeiteten
   Steines 53

Mehrstämmig aus einer Wurzel:
   Kabudate (Kabubuki, Kabudachi) 56
   Sôkan 56
   Netsuranari und Ikada-buki 56

Gruppen aus Einzelbäumen 58
   Yose-ue 58
   Tsukami-yose 61

WEITERE STILRICHTUNGEN 62
   Mame-Bonsais
   (Baby- oder Miniatur-Bonsais) 62
   Kengai-giku (Kaskade-Chrysanthemen) . 64
   Bambus 108
   Blumen-Bonsais 110
   Zimmerharte Bonsais 113
   Bonsais für den Anfang 118

BONSAI-ZUCHT
UND PFLEGEMASSNAHMEN 122

Werkzeug und Gerät 122
Bonsai-Erziehung 126
   Schneiden 126
   Drahten 133
   Verdickung des Stammes 135
   Künstliches Altern 135
   Sonstiges 138

Vermehrung 139
   Eignungskriterien 139
   Anzuchtmethoden,
   ihre Vor- und Nachteile 140
      Misho: Anzucht aus Samen 140
      Sashiki: Vermehrung
      durch Stecklinge 142
      Tsugiki: Veredeln 143
      Toriki: Abmoosen, Luftableger 144
      Yamadori: Sammeln 145

Kultur 149
  Bonsai-Erden 149
    Japanische Bezeichnungen 149
    Eigenschaften 151
    Mischungen 152
    Erden für die Anzucht 152
  Düngung 155
    Mittel 155
    Termine 157
  Wässern 158
    Gießwasser 159
  Umtopfen oder Umpflanzen 159
  Überwinterung 160

Krankheiten 162
Buchführung 165
WEITERE ANWENDUNGSBEREICHE
DER BONSAI-TECHNIK 166
LITERATURVERZEICHNIS 170
BILDQUELLEN 171
ANSCHRIFTEN UND
BEZUGSQUELLEN 172
REGISTER 174

EINFÜHRUNG

Kurze Geschichte des Bonsai

Man kann heute nicht sagen, wann die Geschichte des Bonsai begann. Wahrscheinlich liegt auch auf diesem Gebiet, wie auf so vielen anderen, chinesischer Einfluß vor. Genauer datierbare Hinweise in der japanischen Geistesgeschichte gibt es aus der Kamakura-Epoche (1192 bis 1336). Auf Bilderrollen (Emakimono), die Leben und Wirken des berühmten Priesters Honen Shonin (1133 bis 1212), des Gründers der buddhistischen Yodo-Sekte, und Szenen um den Kasuga-Schrein in Nara wiedergeben, findet sich auch eine Darstellung von Bäumchen, die, in Töpfe gepflanzt, auf einem Gestell thronen. Diese Bilderrollen illustrieren aber Geschehnisse der Heian-Zeit (794 bis 1185; Jôgan-Zeit 794 bis 897 und Fujiwara-Zeit 897 bis 1185); wenn man daher den Malern eine gewisse historische Zuverlässigkeit einräumt, darf man die Kultur von Bonsais noch früher ansetzen. Dafür spräche, daß gerade in der Fujiwara-Zeit alle Formen ästhetischen Vergnügens Hauptzeitvertreib einer kleinen, verschwenderisch lebenden aristokratischen Gesellschaftsschicht waren, Vergnügungen, die im Laufe der Zeit mehr und mehr ihre Exklusivität einbüßten und im Zusammenhang mit dem Zen-Buddhismus und den ihn begleitenden ethisch-ästhetischen Vorstellungen mehr sittliche Tiefe gewannen, zunehmend vom ganzen Volk getragen wurden (Edo- oder Tokugawa-Zeit 1603 bis 1868) und uns heute für das historische Japan typisch zu sein scheinen. Erfunden haben aber die Japaner keinen dieser anspruchsvollen Zeitvertreibe wie Bogenschießen, Gedichte schreiben, mit Tusche malen, die Teezeremonie, das Blumenstecken (Ikebana) – zwischen diesem und der Gartenkultur ist wohl auch Bonsai einzuordnen –, sondern ihnen gebührt mehr das Verdienst, diese zu höchster Vollendung weiterentwickelt zu haben.

Einen sehr deutlichen Hinweis auf die Popularität und Würdigung von Bonsai erhalten wir aus einem No-Spiel der Muromachi-Zeit (1392 bis 1573), das in seiner Thematik ein wenig an Boccaccios Falkennovelle erinnert. Das Stück mit dem Titel „Hachi no-ki" schildert, wie der Samurai Sano Genzaemon einem unerkannt durchs Land reisenden Shogun (Reichsverweser) in einer kalten Nacht, weil er sonst kein Feuerungsmaterial besitzt, mit seinem Bonsai einheizt.

In der Edo-Epoche, die einerseits dadurch charakterisiert ist, daß sich Japan aus einem großen Sicherheitsbedürfnis heraus gänzlich zum Westen hin abschloß, andererseits aber auch in einer immer wieder vergeblich gebremsten Evolution vom Feudalismus zu einer zunehmend von der Bourgeoisie getragenen Staatsform entwickelte, wurden die Künste und die Philosophie, wenn nicht vertieft, so doch außerordentlich populär. Auch hier besann man sich, wie so oft, erst am Ende einer Epoche auf ihre Qualitäten, fixierte schriftlich ihre Leistungen und Absichten und glaubte, mit einem Regelkanon dieses geistige Klima auch für die Zukunft gesichert zu haben.

Jedenfalls begegnen wir in der Edo-Periode zum ersten Mal dem gebildeten Bürgertum als Mäzen der Künste. Haus und Garten und alle mit diesen Bereichen verbundenen Handwerke und Künste nehmen einen gewaltigen Aufschwung. Doch wie immer, wenn eine Klasse abtritt und, aus dem

Volk aufsteigend, sich eine neue an ihre Stelle schiebt, ahmt diese die Lebensformen der alten nach – leider oft, ohne die dazu nötigen geistigen Voraussetzungen mitzubringen.

Bonsai wird in dieser Zeit wohl volkstümlicher, entwickelt sich jedoch nicht wesentlich weiter. Von der Dichtung und Malerei wird er gelegentlich zum Thema gewählt, steht allerdings in seiner Wertschätzung weit hinter dem Ikebana zurück. In dieser Periode läßt sich sowohl in der Gartenkunst als auch in der Bonsai-Kultur ein deutliches Nachlassen der gestaltenden formalen Kräfte beobachten, so daß beim Bonsai in erster Linie aberwitzige, kuriose Bäume gezüchtet wurden. Glücklicherweise hat sich diese Geschmacksverirrung gelegt, und man ist zu den alten, natürlicheren Wuchstypen zurückgekehrt.

Zu Beginn unseres Jahrhunderts und später nach dem Zweiten Weltkrieg ist das Interesse an Bonsai innerhalb und außerhalb Japans, dort besonders aber in Amerika, sehr gestiegen. Das führte ganz von selbst zur Entwicklung eines regelrechten Bonsai-Marktes. Einige Anbauzentren entstanden: Omiya, eine Zugstunde von Tokio entfernt, mit Fug und Recht „das Bonsai-Schaufenster Japans" genannt, außerdem Kurume, Nagoya und Takamatsu (Kinashi). Man wird nicht müde, dort die exquisiten Sammlungen zu bewundern, die sich viele Bonsai-Züchterfamilien und Meister dieser Kunst im Laufe der Zeit aufgebaut haben, Sammlungen, die oft in der dritten und vierten Generation – häufig noch länger – gepflegt und vermehrt wurden. Neben den unverkäuflichen Stücken der Privatsammlungen findet sich an diesen Stätten sicherlich auch das größte und qualitativ beste Angebot an Bonsais in der Welt. Umfangreich ist der Export in die USA, doch auch der europäische Markt, besonders in Groß-Britannien, gewinnt zusehends an Bedeutung. Ein großer Teil der importierten Waren bestand bisher jedoch leider aus weniger wertvollen Bonsais. Das hat verschiedene Gründe, erstens wirtschaftliche: um gewinnbringende Stückzahlen produzieren zu können, werden z. B. Kiefern veredelt (über die Nachteile dieser Methode wird an anderer Stelle berichtet) – ein Wi-

derspruch in sich, da Massenanzucht dem traditionellen Bonsaiverständnis zuwiderläuft; zweitens verkaufspsychologische: der europäische Käufer ist über Bonsais nicht in der nötigen Weise informiert und versteht zu wenig vom Wert alter, ausgereifter Bonsais, um einen relativ hohen Preis als gerechtfertigt hinzunehmen.

Immerhin können aber auch die 15 bis 30 Jahre alten Bäumchen aus Massenanzuchten als gesundes Ausgangsmaterial für eine sorgfältige, weiterveredelnde Bonsai-Kultivierung angesehen werden. Ob dann allerdings ihr Preis noch gerechtfertigt ist?

Sofern man die Gelegenheit dazu hat, lohnt es sich also, wertvolle Stücke in Japan direkt einzukaufen; in diesem Zusammenhang sei außer auf die Baumschulen auch auf die Bonsai-Auktionen hingewiesen, die von der Kokufu Bonsai Association mehrmals im Jahr veranstaltet werden.

Bonsai in Europa

Abgesehen von einigen Einzelreisenden, haben als erste Europäer die Portugiesen, welche 1542 nach Japan kamen, Bonsai kennengelernt. Jedenfalls sieht man auf zeitgenössischen Abbildungen aus der ersten Hälfte des 19. Jahrhunderts Bonsais vor den Häusern der Ausländersiedlung in Jokohama. Es ist zweifelhaft, ob bei dieser ersten Begegnung und bei dem selbstverständlichen Gebrauch des Bonsai als Dekorationsmittel die Europäer sich tiefere Gedanken über die für Form und Aufbau der Bonsai-Bäumchen geschaffenen Stilregeln gemacht haben. Wahrscheinlich hat das an europäischer Kultur geschulte ästhetische Bewußtsein Bonsai, wie viele andere asiatische Kunstprodukte, weitgehend unter die Kuriosa eingereiht. Hin und wieder legten sich zwar auch Europäer, die in Japan gelebt hatten oder sich für japanische Lebensform und Kunst interessierten, einen japanischen Garten mit Teich und Teehaus an, in dem dann auch einige Bonsais aufgestellt

Idealbild einer Salix babylonica

Diese Weide dürfte bei uns nur in günstigsten Lagen zuverlässig winterhart sein. Das passende Äquivalent ist hier die Trauerweide *Salix alba* 'Tristis' (*S. alba* 'Vitellina Pendula'). So beschnitten, „paßt" die Trauerweide, ein Baum für ungeduldige Gärtner, auch in den kleinsten Gartenraum und wird von Jahr zu Jahr ausdrucksvoller. (Man beachte das Verhältnis zwischen altem, zwei- bis dreijährigem und neuem Holz.)

Ältere Kiefer, Idealbild

Der männlich starke Charakter einer so gestalteten Kiefer
verträgt kräftiges Beiwerk: eine Steinlaterne, eine Findlings-
gruppe, Feldstein- (Katzenkopf-) oder großes Naturstraßen-
pflaster aus Basalt oder Granit.

Kiefer am Bach

Auch ein bescheidenes Gewässer, fließend oder stehend, wird in seiner Aussagekraft gesteigert, wenn es von einem Gehölz im Darüberneigen gewissermaßen „ernstgenommen" wird. (Am Wasser sind nicht nur Weiden wirkungsvoll; von den Kiefern eignen sich neben *Pinus parviflora* noch *P. sylvestris, P. contorta, P. thunbergiana.*) Die freigelegten Wurzeln dieses Bäumchens sind natürlich kein Zufall; sie betonen die Verankerung am Ufer – als ob es gefährlich wäre, sich in so unmittelbare Wassernähe zu begeben.

13

wurden, um den exotischen Charakter noch mehr zu betonen. Diesen Luxus konnten sich allerdings nur wenige vermögende Japan-Liebhaber leisten. Heute stellt sich die Frage, inwieweit das Interesse für Bonsai einer weitreichenden Übersättigung und der Sucht nach Neuem entspringt oder ob es andere Gründe gibt, ob Bonsai in den europäischen Industrienationen vielleicht gar eine wirkliche Funktion innehaben könnte.

Wenn Bonsai nur eine Sensation für Übersättigte ist, sollte man sich kurz fassen und auf die gesicherte japanische Tradition in Anzucht, Pflege und Formgestaltung verweisen, die in vielen guten Werken gründlich beschrieben wurde. Wenn aber Bonsai in unserer heutigen Situation eine wirklich lebendige Funktion zu übernehmen vermag, dann sollte uns nichts daran hindern, eine alte asiatische Kultur ins moderne Europa zu verpflanzen, wo sie sich, hat sie erst einmal Wurzeln geschlagen, nach eigener Gesetzmäßigkeit weiterentwickeln würde. Aus etwas Altem und Fremdartigem, dem unsere Bewunderung galt, wäre dann etwas Lebendiges, Neues und uns Vertrautes geworden. Wir wollen damit nicht hinterm Berg halten: dies ist unser Ziel.

Es ist sicher kein Zufall, daß wir in der letzten Zeit auf Gartenbauausstellungen, in botanischen Gärten, in der Fach- und Hobby-Literatur immer häufiger auf „Mobile Gärten" aufmerksam gemacht werden. Anpflanzungen in Trögen, auf Tischen, in Schalen und in Steinen werden vorgestellt, welche, wenn pflanzensoziologisch einheitlich, daher auch ästhetisch befriedigend sind.

Gartenraum in Ballungsgebieten ist knapp und teuer. Die durchschnittlichen Gartengrößen der Einzelhäuser schrumpfen zusehends, und in den Komfort-Wohnsilos ist der Garten ohnehin endgültig überwunden. Hier ist nicht die Stelle, über diese Zustände zu lamentieren, auf die für den Menschen entstehenden Gefahren hinzuweisen oder etwa Ratschläge zu geben, wie man es besser machen sollte. Wenden wir unsere Aufmerksamkeit auf kleine und kleinste Räume, die verbleiben und in denen der Mensch tätige Zwiesprache mit der Natur halten kann, die seiner Psyche so unentbehrlich ist. Es geht nicht mehr nur um den

wenige Quadratmeter großen „Ansehgarten"*, den kleinen, intimen Gartenraum in Verbindung zum Teehaus oder um den transportablen Miniaturgarten in einer flachen Tonschale, sondern es geht auch um die Idee „Bonsai", welche, aus der alten Tradition der japanischen Gartengeschichte kommend, in ihr gewachsen und mit allerhöchsten geistig-ästhetischen Ansprüchen entwickelt, jetzt von uns mit großem Nutzen studiert, aufgegriffen und nach Möglichkeit den europäischen Verhältnissen angepaßt werden sollte.

Solange die Formen in Japan selbst lebendig waren, gab es – abgesehen von einer seit alters her zu beobachtenden konservativ-rückgewandten Geisteshaltung und abgesehen vollends von kommerziellen Interessen – für ihre Pflege und Erhaltung ganz reale Motivationen und Funktionen. So entwickelte sich die Bonsai-Kultur besonders stark in einer Zeit, als das Gesetz auch wohlhabenden Bürgern verbot, große Gärten anzulegen; dies sollte ein Privileg der Aristokratie bleiben. Ohne eine bestimmte Funktion kann Bonsai hier bei uns über eine Tagesmode hinaus nicht lebendig werden.

Was im frühen Japan, aus religiös-ästhetischen Quellen gespeist, in Zeiten des Friedens und Wohlstandes zu einem exquisiten Zeitvertreib hochstilisiert, in der intellektuellen Freude an naturverbundener Abstraktion als leicht bewegliches Dekorationsstück weiterentwickelt wurde, als das es sich selbstverständlich in die mobile Einrichtung des japanischen Hauses fügte, das mag für uns heute die Ultima ratio eines intensiven, individuellen Umganges mit der Natur sein, angesichts einer Bevölkerung, die weitgehend ohne eigenen Garten leben muß und längst nicht mehr so bodenständig-ortsverbunden leben kann wie frühere Generationen.

Der Bonsai hat bei der Beengtheit und Wurzellosigkeit unserer Zeit und der Verwüstung der Natur in den Siedlungsgebieten, unter der ein großer

---

* Der „Ansehgarten" ist eine kleine Gartenanlage, die nicht betreten werden soll. In einem Klosterhof oder vor dem Fenster des Abtes gelegen, dient er als Folie für Meditation und andere religiöse Übungen.

14

Idealgestalt einer Trauerweide

bei welcher der jährliche Austrieb allerdings noch nicht die volle Länge erreicht hat. Ausreichende Bewässerung und Flüssigdünger-Gaben sollten das Frühjahrswachstum unterstützen.

Teil unserer Bevölkerung leidet, eine wichtige Aufgabe zu erfüllen, wenn diejenigen, welche sich mit Bonsais beschäftigen wollen, sie fertig kaufen oder selber erst heranziehen, einige Grundregeln beachten und Bonsai-Typen wählen, die ihrer Wohnsituation angemessen sind. Diese Form der Bonsai-Kultur – unmittelbar aus der japanischen Tradition abgeleitet – läßt unter allen Umständen jedem Interessierten einen großen Spielraum, wie auch immer die individuellen Bedingungen (Raum und möglicher Zeitaufwand) Beschränkungen auferlegen mögen. Da die Pflanzenauswahl jedoch so ungeheuer groß ist, daß man vielleicht zunächst gar nicht weiß, wie aus der Fülle auszuwählen sein wird, kann der durch die persönlichen Verhältnisse gesteckte Rahmen sogar eher hilfreich als beengend erfahren werden.

– Es gibt Bonsai-Arten, die gänzlich in der Wohnung gehalten und aufgezogen werden können.

– Es gibt Bonsai-Arten, die nur in einem Gewächshaus (Kalthaus) mit Erfolg gezogen werden können. Das gilt sogar für Pflanzen, die sonst wohl noch mit Geschick im Zimmer gehalten werden. Bei den härteren Bonsai-Bedingungen ist jedoch eine intermittierende Gewächshauskur notwendig.

– Es gibt Bonsai-Arten, die nur ein- oder zweimal im Jahre attraktiv sind, sonst aber „nichts herzeigen". Wo der zwischenzeitliche Aufbewahrungsplatz fehlt, wird man auf diese verzichten.

– Es gibt Bonsai-Arten, die besonders pflegeintensiv sind, und andere, die mit einem Minimum an Pflegeaufwand auskommen.

– Es gibt Bonsai-Arten, die ihre volle Schönheit erst nach Jahrzehnten entfalten und von Generation zu Generation weitervererbt werden können, andere, die ihren einmaligen Höhepunkt in einem Jahre erreichen – oder sogar nur ad hoc zusammengestellt werden – und immer wieder erneut aufgezogen werden müssen.

– Es gibt Bonsai-Arten, die nur gelegentlich im Hause aufgestellt, sonst aber draußen aufgezogen werden.

– Es gibt schwierig und kinderleicht zu ziehende Bonsai-Arten.

Dieses Buch wird eine Reihe der auftretenden Fragen beantworten, Probleme erläutern. In Gesprächen mit Fachhändlern und im Kontakt mit nationalen und internationalen Bonsai-Clubs wird jeder Bonsai-Freund die für ihn persönlich passendste Pflanzenauswahl treffen können.

Auf Bonsai muß niemand verzichten!

Als auswechselbare Dekoration im Wohnraum, auf der Terrasse oder auf dem Balkon hat der Bonsai von der Zeit der Azaleen- und Kirschblüte, des ersten grünen Austriebs der Weide bis zum leuchtenden herbstlichen Ahornlaub und Blätterfall, in unmittelbarer Anschaulichkeit erlebt, eine durch nichts zu ersetzende Funktion.

Häufig wird, mit einem entrüsteten Seitenblick auf die einst in China gepflogene Tradition der Verkrüppelung weiblicher Füße, der Vorwurf erhoben, bei der Bonsai-Kultur handle es sich um eine grausame Verstümmelung der Natur. Der Einwand wird insofern hinfällig, als niemand unter dem Eingriff leidet. Außerdem ist Reduktion und „Vergewaltigung" bei vielen Pflanzen in Haus und Garten gang und gäbe: Man denke an den durchaus tolerierten Obstbaum- und Heckenschnitt oder an so manche Zimmerpflanzen, die in ihrem Ursprungsland Bäume oder große Sträucher, bei uns aber nur in domestizierter Form kultiviert werden, was nichts anderes als eine Einschränkung ihrer natürlichen Entwicklungsmöglichkeiten bedeutet. Erstaunlich, daß nun eine planmäßig eingesetzte Wachstumsbehinderung, die doch ästhetische, künstlerische Ziele verfolgt, gegenüber ungesteuerter oder zufälliger Beschränkung notwendigerweise für unzulässig gelten soll!

So wenig stichhaltig dieser Einwand war, so deutlich läßt er erkennen, daß in unseren Breiten die Kunst des Bonsai noch weit davon entfernt ist, verstanden zu werden. Sie zu verstehen ist aber unerläßlich, weil sie nur dann auch verarbeitet und schließlich zu der erhofften eigenständigen Entwicklung in Europa gelangen kann. Was es als erstes zu begreifen gilt, ist dies: Die Kunst des Bonsai ist ein Teil der umfassenden Blumen- und

Alter Pflaumenbaum

Welch eine dramatische Pflanzengestalt! Nur ein Pflaumenbaum, und doch künstlerischer Höhepunkt in jedem Garten.
Es eignen sich *Prunus domestica, P. cerasifera* und *P. simonii.* Bis man solche Form erzieht, muß man allerdings viele
Jahre Geduld haben. Ein Gärtnerleben wird kaum ausreichen. Aber vielleicht findet sich in einem aufgelassenen alten
Obstgarten ein verkrüppelter Pflaumengreis mit Groß-Bon-
sai-Qualitäten. Da würde sich doch zur Umpflanzung die
Hinzuziehung eines Experten lohnen, um ein so ausdrucks-
starkes Gehölz für den eigenen Garten zu retten.

17

Gartenkultur Japans, die wiederum eingebettet ist in den großen Zusammenhang seiner Kunst- und Geistesgeschichte. Es ist daher sicher falsch, wenn man, ohne genügend Überblick zu haben, sich ganz einseitig nur auf diesen einen Aspekt stürzt. Falsch auch schon deshalb, weil jedes Fachbuch nur Ausschnitte geben kann, vieles aber nur durch die Querbezüge deutlich werden kann.

Die vollkommene Bonsai-Züchtung hat handwerklich-gärtnerische, künstlerische und moralisch-ethische Komponenten. Darauf wird in diesem Buch mehrfach hingewiesen. Und wenn auch die ostasiatische Welt uns heute im allgemeinen nicht mehr ganz so fremd ist, nachdem die Menschen sich verkehrs- und nachrichtentechnisch nähergekommen sind, so fehlt doch zu einem wirklichen Verstehen noch sehr viel. Daher sollte, wer ein so exquisites Hobby wie die Bonsai-Zucht pflegt, sich verpflichtet fühlen, das geistige Umfeld und geschichtliche Hinterland zu erkunden; dafür geeignete Bücher sind im Literaturverzeichnis aufgeführt.

In Japan werden wertvolle, alte Bonsais wie Mitglieder der Familie angesehen, deren Geschicke sie über Generationen hin begleiten. So kann es bei uns noch nicht sein, wird dahin wohl auch nicht kommen. Jedoch – und damit könnte „Verständnis" beginnen –, ein Bonsai ist nicht nur ein Baum in einem Topf!

GRUNDSÄTZE
DER BONSAI-GESTALTUNG

Für die Bonsaizucht wurde ein Kanon klassischer Stile entwickelt, damit es die Züchter leichter haben, klare, ausdrucksstarke Gestalten zu schaffen. Doch sind die Pflanzenarten und jedes Pflanzenindividuum so besonders, so typisch im Charakter, daß sich detailliert ausgefeilte Formungsgebote kaum aufstellen lassen. Es können jedoch allgemeinverbindliche Regeln und Erfahrungssätze mitgeteilt werden, die das Verständnis für bestimmte Wirkungen und den Weg dorthin entwickeln helfen. Immer wieder muß jedoch auf die relative Gültigkeit aller schriftlichen Hinweise aufmerksam gemacht werden. Wer wollte behaupten, Malerei oder andere Künste ließen sich aus Büchern erlernen. Mit Technik und handwerklichen Verfahrensweisen kann man sich zwar vertraut machen, doch müssen diese auch praktiziert werden. Die Bonsai-Kultur erlernt nur, wer Bonsais aufzieht, nicht ein- oder zweimal, sondern über Jahre hinweg; das ist ein Wachstumsprozeß mit und an den Pflanzen.

Die Natur hat zu den Typisierungen die Vorbilder geliefert. Sie ist oberste künstlerische Instanz.

Man präge sich die Wuchsformen der Gehölze in freier Natur ein, mache eventuell Zeichnungen oder Photos von besonderen Exemplaren, überlege, ob sich durch Weglassen des einen oder anderen Pflanzenteils die Wirkung des Gesamtbildes noch erhöhen ließe. Neben der rein fachbezogenen Bonsai-Literatur sollte unbedingt die umfassende kulturhistorische Literatur studiert werden. Je genauer die geistige Szene erkannt wird, aus der Bonsai kommt, desto mehr Gefühl wird man für die Zwischentöne dieser Kunst entwickeln können. Besonders wichtig ist in diesem Zusammenhang das Studium chinesischer und japanischer Malerei und Tuschzeichnung. Hier wird man eine Unmenge an Vorbildern für „bonsailiches" Gestalten und Anhaltspunkte dafür finden, inwieweit klassische asiatische Ästhetik von uns heute verstanden und genossen werden kann. Natürlich sollte man auch immer wieder „fertige" Bonsais besichtigen, um entsprechende Maßstäbe zu finden. Noch sind in Deutschland Ausstellungen selten; seit einiger Zeit werden jedoch auf Bundesgartenschauen neben üblicher Massenware auch alte Meisterstücke gezeigt. Einige Bonsai-Händler besitzen erlesene Privatstücke. Über Händler kann man auch in Kontakt zu anderen Enthusiasten kommen.

In London stellt die Japan Society of London in Zusammenarbeit mit der Royal Horticultural Society regelmäßig aus, veranstaltet Wettbewerbe und Kurse für Amateure.

Im Arboretum Washington, D.C., ist als „National Bonsai Collection" die kostbare, ideale Sammlung zu besichtigen, die das japanische Volk den Amerikanern zum 200. Jubeljahr der USA schenkte.

Eine sehr gute Sammlung besitzt der Brooklyn Botanic Garden; auch hier gibt es regelmäßig Lektionen, die von ganz hervorragenden japanischen Meistergärtnern gehalten werden.

Wer nach Japan kommt, darf einen Besuch in Omiya nicht versäumen. Von den Ausstellungen in Tokio selbst sind die des Mitsukoshi Department Store (Ende Januar) und die noch bedeutendere der Kokufu Bonsai Association im Ueno Art Museum (Ende Februar) ohne Konkurrenz.

19

Stil- und Kompositionsskizze

In die Zeichnung eines Kabudate-Bonsai eingezogene Kompositionslinien dienen der Gestaltanalyse.

1 und 2   Schwerelinien:
1   Hauptachse, vom stärksten und am höchsten aufragenden Stamm gebildet,
2   Nebenachsen, in verschiedenen Winkeln von der Hauptachse ausgehend,

2′ mit Schwung zum Betrachter weisender Stammteil,
1 und 2 und 3   sind die wichtigsten Komponenten der vertikalen und horizontalen Gliederung,
4   Umrißlinien.
In dieser Weise etwa wird man auch klassische Zeichnungen, Photographien von Bonsais und von bemerkenswerten, in freier Natur gewachsenen Exemplaren für eine Strukturanalyse kritisch aufarbeiten.

20

Kompositorische Elementarregeln

Jeder Baum ordnet sich ganz von selbst um seinen Stamm wie um eine Achse. Äußere Einflüsse, z.B. Klimafaktoren, mögen diesen natürlichen Aufbau modifizieren. Immer bleibt jedoch die Schwerpunktslinie 'Stamm' erhalten. Der Bonsai-Schnitt soll diese Ordnung nicht zudecken oder zerstören, sondern im Gegenteil als ganz selbstverständlich herausarbeiten. Das ist wichtig für die innere Stabilität der Komposition. Bei Gruppenpflanzungen übernehmen ein oder mehrere – die stärksten und höchsten – Bäume die Funktion der Schwerelinie. Bei Büschen und krautigen Bonsais ist die Achse nicht immer so deutlich. Sie muß im Zuge der Kulturmaßnahmen oft erst hergestellt werden.

Es sind eine oder mehrere Kraftlinien möglich, niemals jedoch zwei gleichstarke. Eine wird immer dominieren, die anderen ordnen sich stufenweise unter. Musterhafte Struktur zeigt der auf Seite 20 wiedergegebene Bonsai. Trotz vielgestaltigen Aufbaus wird eine relativ einfache Generallinie deutlich:

1. In der Horizontalen ist das Astwerk in vier Ebenen angeordnet. So werden selbst in belaubtem Zustand wesentliche Stammpartien sichtbar bleiben.

2. Die größte Breite hat die Komposition weder

Kriterien des Bonsai-Schnittes

Das, nämlich 1 oder 2, kann durch Beschneiden aus dem Zweig werden. Bei beiden Lösungen wurde die Hauptwuchsrichtung verlassen und jede rhythmische Wiederho-

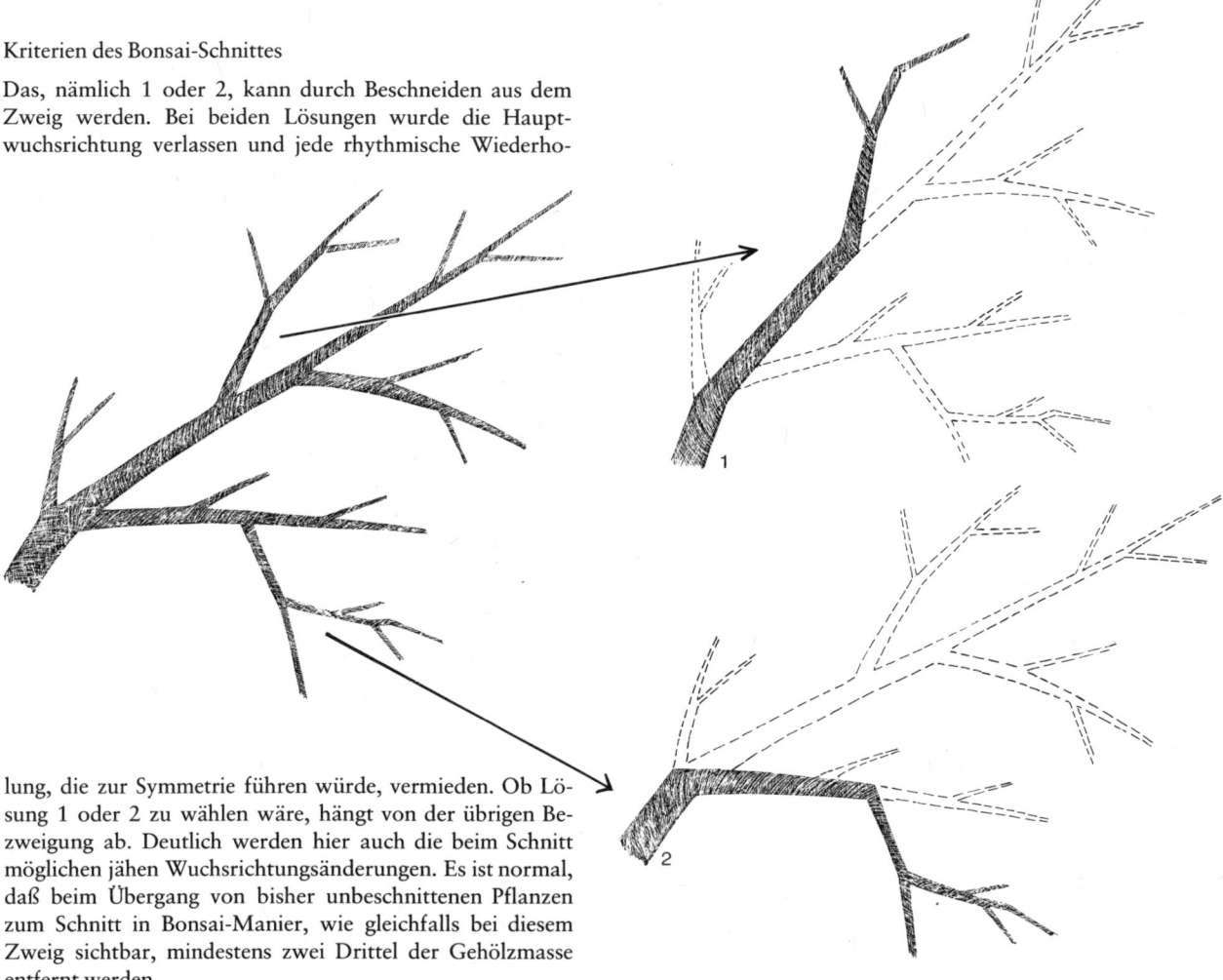

lung, die zur Symmetrie führen würde, vermieden. Ob Lösung 1 oder 2 zu wählen wäre, hängt von der übrigen Bezweigung ab. Deutlich werden hier auch die beim Schnitt möglichen jähen Wuchsrichtungsänderungen. Es ist normal, daß beim Übergang von bisher unbeschnittenen Pflanzen zum Schnitt in Bonsai-Manier, wie gleichfalls bei diesem Zweig sichtbar, mindestens zwei Drittel der Gehölzmasse entfernt werden.

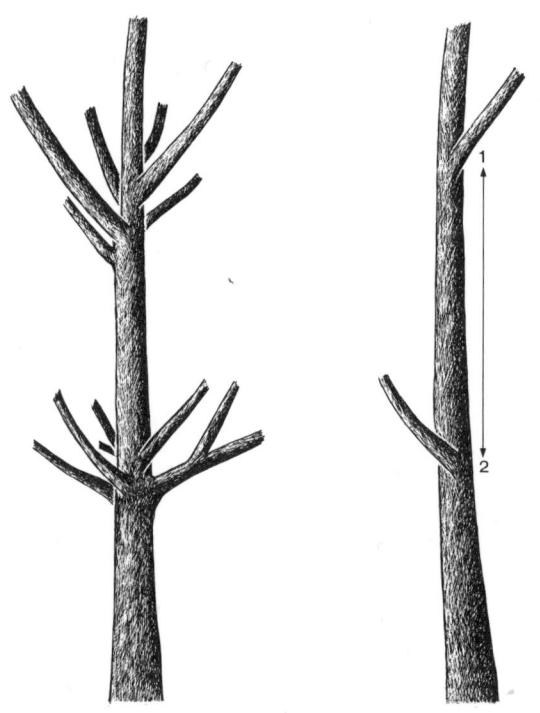

Schnitt an stark verzweigter Pflanze

Je dichter die Verzweigung ist, desto eher kann man die den Absichten entsprechend ausgerichteten Zweige auswählen, ohne erst drahten zu müssen. Klare Gegenständigkeit oder Wechselständigkeit ist zu vermeiden.

Da der Schnitt schlafende Augen zum Austrieb bringt, verbessert er von Mal zu Mal die Auswahlmöglichkeiten bei der Gestalterziehung. So ist bei dem Beispiel hier zu hoffen, daß der folgende Austrieb Gelegenheit gibt, die Entfernung zwischen 1 und 2 zwanglos zu füllen und damit optisch zu verkleinern.

ganz unten noch ganz oben, sondern um die Mitte herum; nicht genau in der Mitte.

3. Der Hauptstamm ist klar akzentuiert, er überragt die Nebenstämme.

4. Die Nebenstämme links könnten die Komposition kippen, würden nicht beide mit Zweigen auch auf die rechte Seite hinübergreifen.

5. Symmetrie ist in allem vermieden worden. Links der Hauptachse zwei, rechts ein Nebenstamm in unterschiedlichen Winkeln zum Hauptstamm. So entsteht das erwünschte dynamische Gleichgewicht.

Der ernsthafte Bonsai-Freund sollte die für die ganze klassische japanische Kunst wichtigen, aus dem Zen-Geist entwickelten ästhetischen Grundbegriffe zum Maßstab seiner gestalterischen Überlegungen machen. Sie lassen sich generell auf die Bonsai-Kunst übertragen, greifen natürlich aber weit darüber hinaus:

Yugen – das Geheimnisvolle hinter der äußeren Erscheinung; was sich Knall und Fall offenlegt, hat keinen Wert.

Wabi – Armut, Bescheidenheit, mit Wenigem zufrieden sein; in der Kunst das Unvollendete.

Sabi – Schönheit in der Andeutung, verbunden mit Altertümlich-Rustikalem; Anspruchslosigkeit.

Die Begriffe „wabi" und „sabi" sind durch die Teezeremonie eng mit der Gartenkultur verbunden. Ferner kann die Asymmetrie als verpflichtender ästhetischer Grundsatz gelten. Symmetrie ist logisch und abstrakt, widerspricht somit einer Vorstellungswelt, die von den Maximen des Zen-Buddhismus geprägt ist. Dieser schätzt vielmehr das Unregelmäßige und Unvollkommene, weil es natürlich ist.

Um seine handwerkliche Geschicklichkeit in der Bonsai-Gestaltung zu entwickeln und zu festigen, um einen schnellen, sicheren Blick für die Möglichkeiten zu bekommen, die in einer Pflanze stecken, und um sich im Umgang mit Bonsai-Werkzeugen zu trainieren, sollte der angehende, aber auch der fortgeschrittenere Bonsai-Gärtner regelmäßige Übungen vornehmen.

Für diese „Etüden" benötigt er eine mit Plastilin gefüllte Schale, diverse kahle Reiser, z.B. von *Acer, Betula, Carpinus, Fagus* (Ahorn, Birke, Hain- oder Weißbuche, Buche), und das Bonsai-Werkzeug. Es kommt jetzt darauf an, die Zweige – jeweils von einer Art – als Einzelbonsai oder Gruppe unter Anwendung der verschiedenen Gestaltungsmöglichkeiten zu arrangieren. Besonders wirkungsvoll sind diese Augen- und Fingerübungen dann, wenn sich zwei oder mehrere Eleven zusammentun, über alle vorzunehmenden Maßnahmen diskutieren und dann das eigene Tun kommentieren und begründen. Hierdurch wird bald ein klareres Bewußtsein in allen ästhetischen Fragen der Bonsai-Kultur gewonnen.

Das Pflanzgefäß

Der Begriff „Bon-sai" – „Baum im Topf" – lenkt die Aufmerksamkeit sogleich auch auf das Gefäß, in dem die Pflanze gezogen wird. Für die Japaner wäre es undenkbar, eine Pflanze nach ästhetischen Regeln zu ziehen, ohne die Gestaltung des Topfes zu berücksichtigen, dem sie entwächst. Ebenso unvorstellbar wäre es gewesen, die Vorbilder und Anregungen nicht aufzugreifen, welche aus China und Korea kamen. Schon bei den Chinesen war es nicht unter der Würde der größten Künstler und Kunsthandwerker der klassischen Epochen, Gefäße für Pflanzen zu gestalten. Porzellanmanufaktur und Keramik stand durchgängig auf einem so hohen Niveau, daß gerade auch Blumentöpfe der alten Zeit heute für wert gehalten werden, in Museen ausgestellt zu sein. Diese alten Formen werden in Japan für die Bonsai-Zucht weiterhin nachgebaut. An tiefen, flachen, quadratischen und rechteckigen, runden und ovalen Gefäßen aus Ton, Keramik und Porzellan werden viele hundert Typen, gefärbte und ungefärbte, beschriftete und bemalte angeboten. Daher ist es möglich, für jeden Bonsai das passende Gefäß zu finden, welches über die Sicherung der Versorgung der Pflanze hinaus zur wesentlichen ästhetischen Komponente des Gesamtbildes wird.

Bei der Vielzahl an Pflanzen und Töpfen ist es unmöglich, an dieser Stelle mit detaillierten Hinweisen für alle denkbaren Kombinationen aufzuwarten. Es sollen vielmehr allgemeine Überlegungen mitgeteilt werden, die zusammen mit den im Laufe der Zeit erworbenen eigenen Erfahrungen jedem die Möglichkeit geben, mit sicherem Griff die richtige Entscheidung zu treffen.

So wichtig der Topf ist, darf er doch nie in Konkurrenz zur Pflanze treten, weder durch auffällige Farbe noch durch seine Form. Daher sollten sich Anfänger größte Zurückhaltung bei gefärbten, bemalten und beschrifteten Gefäßen auferlegen. Ein Topf, der von der Pflanze ablenkt, der auf Grund seiner Extravaganz ins Auge springt, ist immer falsch. Erst bei einer näheren Analyse des Bonsai-Kunstwerkes soll sich seine schlichte Würde enthüllen.

Im Zusammenhang mit dem Aufstellungsort, der Präsentationsart, wird deutlich, daß der Topf Verbindungsglied und somit zwiefach bezogen ist: einmal auf die Pflanze, deren Gestalt, Größe und Farbe, zum anderen aber auch auf die unmittelbare Umgebung. Da die Einheit Topf – Pflanze

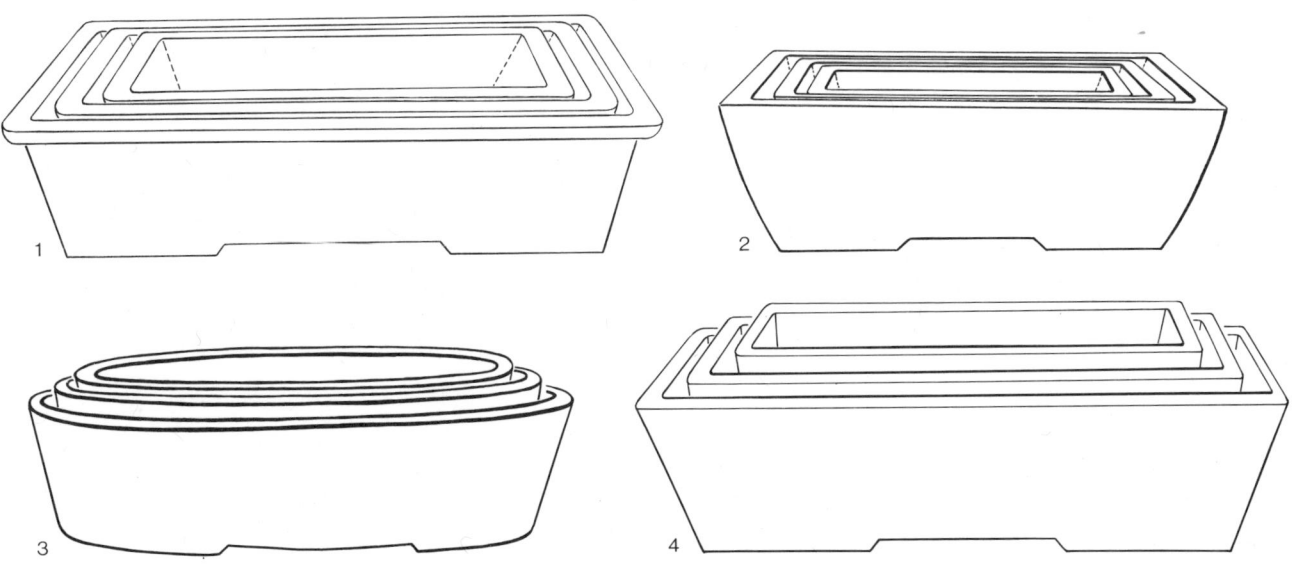

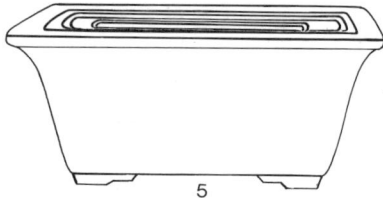

5

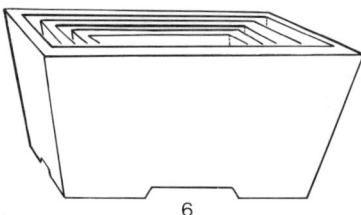

6

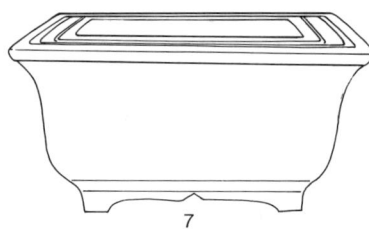

7

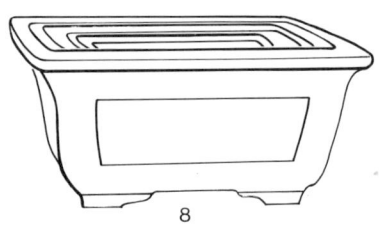

8

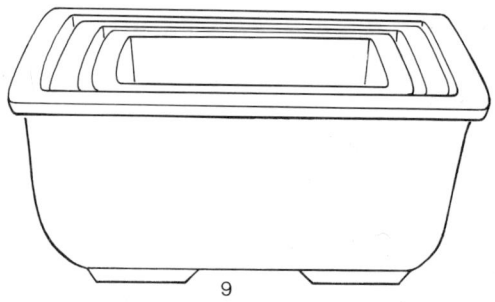

9

Überblick über die meistbenötigten Gefäßformen

Von fast allen Typen gibt es, da Bonsais ja auch wachsen, Schalensätze in verschiedenen Größen bei gleichbleibender oder proportional variierender Topfhöhe.

An Formen sind strenge, weniger strenge und weiche zu unterscheiden und je nach Pflanzencharakter zu verwenden. Unterscheidungskriterien sind: Die äußere Linienführung (gerade oder geschwungen, scharfe oder abgerundete Ecken und Kanten), der Topfrand als äußerste Begrenzung des Wurzelbereiches (abgeschnitten oder ausgezogen, verziert), der Topffuß (zum Topf nahtlos übergehend oder abgesetzt, gestuft oder geschweift), die Seitenflächen (unstrukturiert, glatt, abgesetzter Spiegel wie Topf 8, bemalt oder beschrieben) und schließlich die Farbe.

Wie bei gleichen Größen die Formen zu berücksichtigen sind, zeigen die Gefäße 5 bis 9 im Vergleich. So gering auch die Unterschiede erscheinen mögen, für eine vollendete Bonsai-Komposition fallen sie dennoch ins Gewicht.

Die Topfgrößen – sie werden beim Kauf gewöhnlich nur nach Höhe und größter Seitenlänge benannt – lassen sich in vier Hauptkategorien zusammenfassen:

1. Tiefe, rechteckige oder ovale Typen für gewichtige Bonsai-Einzelstücke und große Gruppenpflanzungen. Die Topfhöhe beträgt 9 cm, die größte Seitenlänge 27, 30, 33, 39 oder 45 cm. Beispiele Nr. 1 bis 4.

2. Ebenso tiefe, aber deutlich kleinere Schalen, auch in quadratischer Form, mit Seitenlängen zwischen 15 und 24 cm. Sie werden für mittlere Einzelstücke verwendet. Beispiele Nr. 5 bis 9.

3. Ein nur 6 cm tiefer Schalentyp in Seitenlängen von 15, 21, 24, 27, 30, 33 und 39 cm. Mit diesem Typ wird sich ein Anfänger in erster Linie auseinandersetzen müssen, denn jeder neigt zunächst dazu, die großen, schweren Töpfe zu nehmen, was dazu führt, daß so eingetopfte Bonsais „übertopft" („overpotted") wirken. Beispiele Nr. 10 bis 12.

4. Flache, 3 cm hohe rechteckige oder ovale Schalen für Gruppenpflanzungen und Miniaturlandschaften oder, ohne Abzugslöcher, als Wasserschalen beim Ishitsuki-Stil. Größen: 18, 21, 24, 27, 30, 33, 39, 45, 54, 60, 69 und 78 cm. Beispiele Nr. 13 bis 16.

Es gibt noch flachere, allerdings nur selten benötigte Schalen: zur Pflanzung steht 1 cm Tiefe und weniger zur Verfügung. Größen wie bei den 3 cm hohen Schalen.

Außerhalb der Hauptkategorien stehen einmal die Gefäße für Kaskaden und Halbkaskaden; in den Abmessungen mit den heimischen Blumentöpfen vergleichbar, könnten sie nicht allein zu Bonsai-Zwecken genutzt werden, sondern in sehr vielen Fällen sinn- und stilvoll das europäische Schmucktopfchaos „ersetzen". Beispiel Nr. 17, ein Typ, von dem es auch viele runde und sechseckige Formen gibt. Zum anderen sind die winzigen Töpfchen für Mame-Bonsais wenigstens zu erwähnen; die putzigsten sind so groß wie ein Fingerhut.

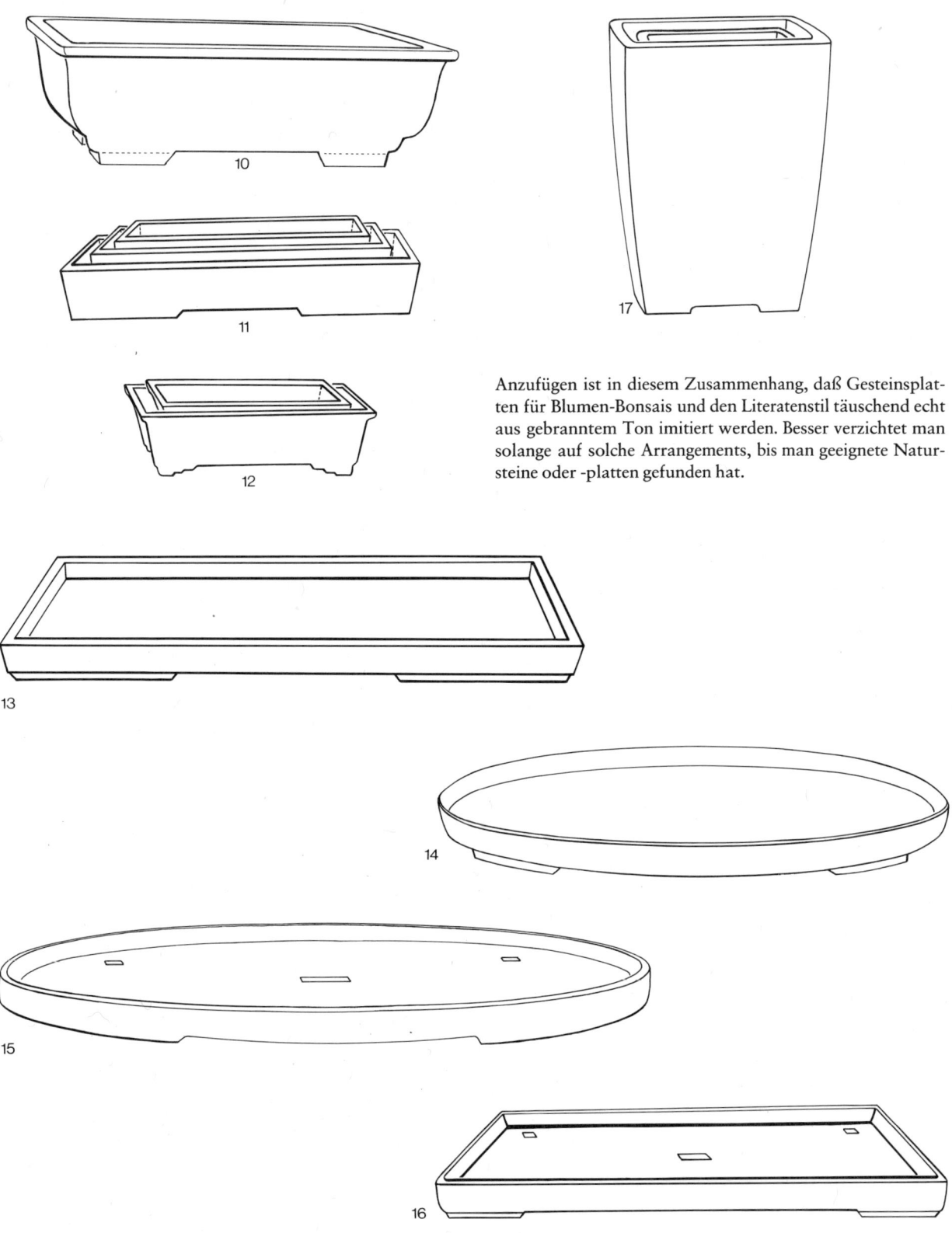

Anzufügen ist in diesem Zusammenhang, daß Gesteinsplatten für Blumen-Bonsais und den Literatenstil täuschend echt aus gebranntem Ton imitiert werden. Besser verzichtet man solange auf solche Arrangements, bis man geeignete Natursteine oder -platten gefunden hat.

25

absoluten Vorrang hat, sollte die Umgebung auf diese abgestimmt werden (s. auch Aufstellung in der Wohnung).

Die Topfgröße steht immer in Relation zur Pflanzengestalt und -größe, wird also keineswegs von der Ballengröße bestimmt. Die Reduzierung des Ballens wird häufig Schwierigkeiten machen, manchmal muß man auch wohl schrittweise vorgehen; aber ohne ausgewogene Größenverhältnisse gibt es keinen Bonsai.

Formale Pflanzentypen stehen meistens in rechteckigen oder quadratischen Töpfen, deren Ecken ausgezogen oder anders betont wurden; weiche, runde Pflanzengestalten erscheinen in ovalen oder quadratischen und rechteckigen Schalen mit abgestumpften Ecken. Je dicker der Stamm, desto tiefer der Topf, desto gröber auch sein Material. Kaskaden stehen immer in tiefen Töpfen von runder, quadratischer oder sechseckiger Form.

Je freier die Pflanzung, desto weniger bedarf man der „architektonischen" Komponente des Pflanzgefäßes. Bei den Landschaftsszenen sollte der Topfrand nur dann sich farbig abheben, wenn das Bild einen kräftigen Rand benötigt. Meistens ist die einfache braune Tonware das richtige. Naturhafte Phantasieszenen werden auch gern auf Natursteinen oder zu diesem Zweck hergestellten Ton- und Keramikplatten aufgebaut.

Topf-, Blatt- und Blütenfarbe dürfen nie gleich oder ähnlich sein. Bei blühenden und fruchtenden Bonsais muß eine mehrfache Abstimmung getroffen werden. Bei diesen Pflanzentypen sind fast immer runde, ovale und vieleckige Töpfe angebracht, die nicht formal wirken.

Von allen Farben ist Blau neben Braun am vielseitigsten einzusetzen, es dient manchmal bewußt zur Verstärkung der Assoziation „Wasser".

Bei Kräutern, Gräsern und Bambus muß der Topf klein, leicht und zart wirken. Tiefe Formen sind ungeeignet. Die Pflanzen dürfen optisch nicht belastet werden.

Die Topfform und das Material des Gefäßes beeinflussen natürlich auch unmittelbar den Pflegevorgang. Flache Schalen trocknen im Sommer schnell aus, Moos auf ihrer Oberfläche verzögert die Verdunstung. Wasserspeichernde Erdzusätze sind zu empfehlen. Pflanzungen auf Platten und Steinen werden sehr geduldig in kleinsten Dosierungen gegossen oder gesprüht, um das Erdreich nicht abzuschwemmen. Glasierte Töpfe brauchen weniger Wasser, heizen aber auch schneller auf, da durch die Glasur kein Wasser nach außen verdunstet. Man stellt sie im Sommer vor direkter Sonnenstrahlung geschützt auf. Besonders in tieferen glasierten Töpfen sind Hygro- und Styromull oder andere Zusätze wichtig, welche die Porosität des Bodens erhalten.

Neben den ausdrücklich zur Pflanzenkultur entwickelten Gefäßen kann man auch alle möglichen anderen zu diesem Zweck umfunktionieren; auch das hat eine lange Tradition in China und Japan. Dort waren es vor allem die Schalen, in denen Weihrauchstäbchen abgebrannt wurden, die man mit Abzugslöchern im Boden versah und bepflanzte. Auch bei uns kann man mit Phantasie und Einfühlungsvermögen Gefäße finden, die sich stilvoll bepflanzen lassen. Abzugslöcher müssen sein; bei wertvollen Gefäßen wird man sie tunlichst vom Fachmann bohren lassen.

Kein Bonsai-Freund kann Töpfe für alle Zwecke besitzen. Im Fachhandel werden hinsichtlich der Größen, des Verwendungszweckes und der Qualität Grundsortimente angeboten, mit denen sich gut arbeiten läßt. Hat man in einem bestimmten Fall für eine Pflanze einen ganz besonderen Wunsch, sucht man am besten mit der Pflanze unter dem Arm aus, oder man schickt dem Fachmann ein deutliches Photo des Bonsais mit Größenangabe, damit dieser das Geeignete auswähle.

Die Aufstellung in der Wohnung

Was nützt der schönste Bonsai, wenn er nicht wirkungsvoll auf- und ausgestellt werden kann, damit sich die Menschen daran freuen! Wirken kann das Arrangement nur, wenn sich ihm die Umgebung völlig unterordnet, Topf und Pflanze aus dem Drumherum herausgehoben werden. Es

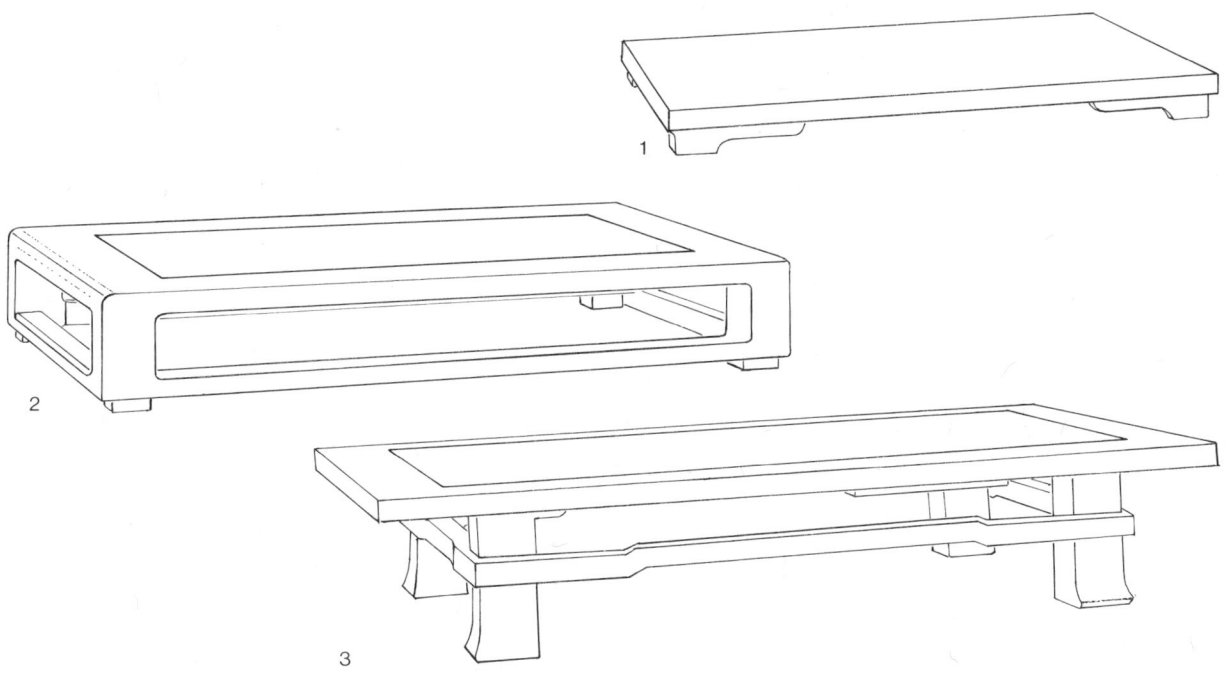

Original-japanische Holztabletts und -bänkchen
für Einzelstücke

Sie schaffen schöne und sinnvolle Übergänge zwischen dem exponierten Bonsai und der Wohnungseinrichtung. Es sind traditionelle Stücke, glänzend farblos lackiert, in einem dunklen Braunrot.

1   Tablett, in drei Größen üblich:
30 × 22 × 3,5 cm, 38 × 25,5 × 4 cm, 45 × 30 × 4 cm,
2   Holzbank für größere Arrangements.
Abmessungen: 60 × 36 × 10 cm, 75 × 45 × 12 cm,
3   Tischchen, unverkennbar fernöstlich geprägt,
in zwei Größen: 60 × 36 × 12 cm, 75 × 45 × 15 cm.

Alle drei Bonsai-Möbel sind für Einzelstücke geeignet. Das Tablett darf nur ganz knapp größer sein als der Bonsai-Topf, bei Holzbank und Tischchen darf der überstehende Rand breiter ausfallen.

ist geradezu eine Katastrophe, wenn übervorsichtige Hausfrauen, um Möbel und Fensterbänke vor austretendem Gießwasser zu schonen, zu den üblichen Blumentopfuntersetzern oder gar Untertassen usw. greifen. Im Hause werden die Bonsais auf dem Spültisch, im Duschbecken oder in der Badewanne überbraust; wenn das überflüssige Wasser abgelaufen ist, stellt man sie an entspre-chendem Orte auf. Immer ist ein Bonsai erhöht zu plazieren. Sind Möbel da, worauf man ihn stellen kann, genügt ein kleiner Bock, ein Tablett oder eine Bastmatte, um ihm einen angemessenen Rahmen zu geben. Wenn ein geeigneter erhöhter Platz fehlt, der Raum aber groß genug ist, sollte man die Anschaffung eines Bonsai-Ständers erwägen, wie er im Handel angeboten wird. Abgesehen von den (auf Seite 113 eigens behandelten) „Zimmerhelden" unter den Bonsais wird für sie eine von der Heizung möglichst weit entfernte Position zu wählen sein, denn so sehr uns das Natur-Kunstobjekt „Bonsai" in den Wohnräumen erfreut — es ist keine Zimmerpflanze und verträgt daher nur periodische Aufstellung im Hause. Es ist schwer, hier für die klassischen Bonsais allgemeinverbindliche Angaben über die Zeiten zu machen, für die das Hereinnehmen in die Wohnung als unbedenklich anzusehen ist. Denn die mögliche Dauer hängt von mehreren Faktoren ab: erstens von der Jahreszeit, zweitens von den Pflanzengattungen, drittens vom Aufstellungsplatz in der Wohnung.

Werden die Wohnungen nicht beheizt, kann man Bonsais bis zu einer Woche drinnen halten, wenn

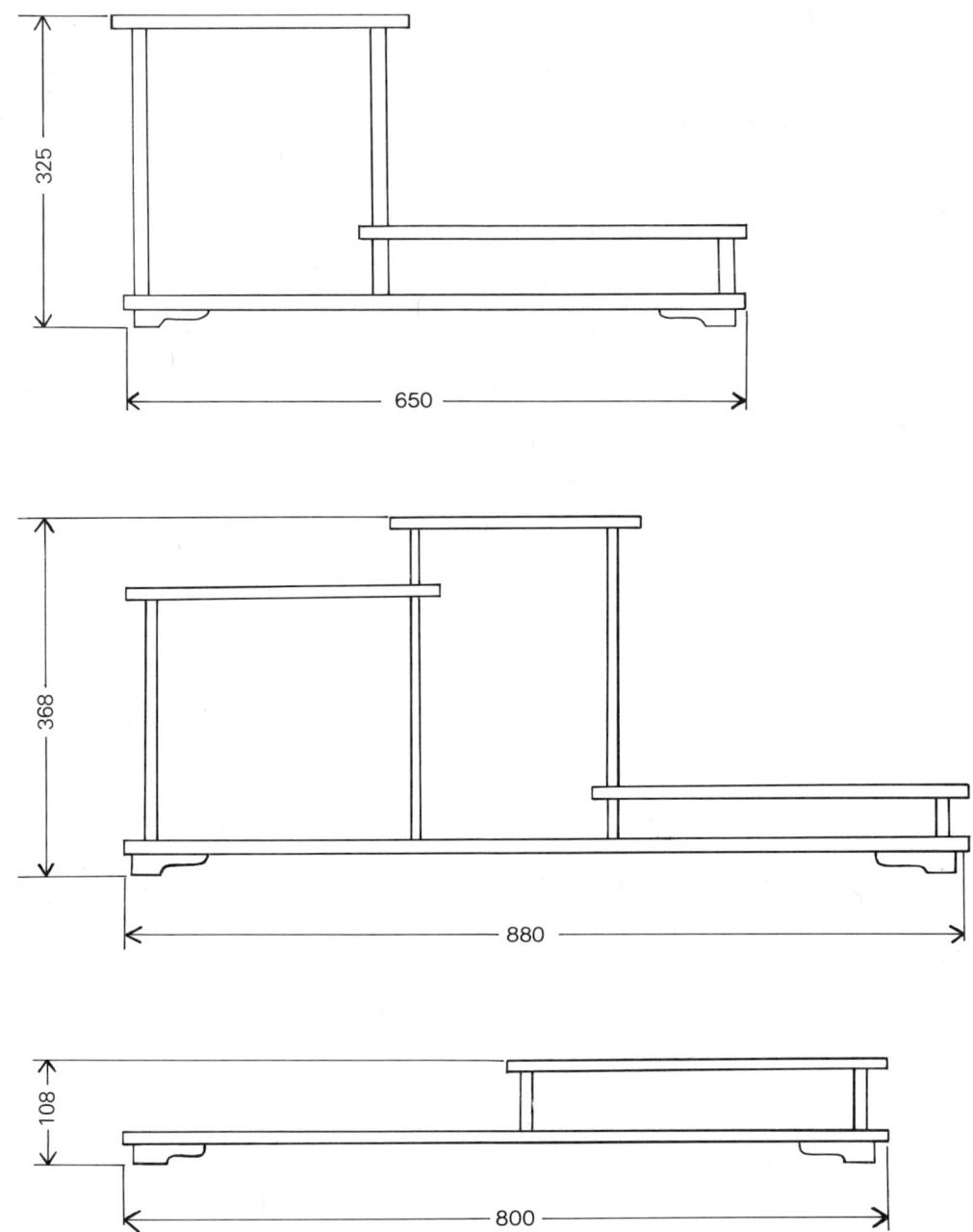

Ständer für Mame-Bonsais,

wie sie im Handel angeboten werden. Mame-Bonsais sollten, damit sie in ihrer Winzigkeit nicht untergehen, aus ihrer Umgebung besonders herausgehoben und vors Auge geführt werden. Die Japaner haben diese abgestuften Ständer entwickelt, auf denen man jeweils ganze Gruppen plazieren kann; nur der mit einem Kreuzchen (✗) gekennzeichnete Typ ist für ein Einzelexemplar. (Hält man Baby-Bonsais im Doppelfenster, sollte man sich von den hier gezeigten verschiedenen Ebenen bei der Disposition der einzubauenden Regale leiten lassen.) Natürlich könnte man auch alle Ständer entsprechend vergrößern und für normale Bonsais verwenden. Man bedenke jedoch, daß diese, im Gegensatz zu den Mame-Bonsais, in erster Linie als Einzelstücke betrachtet werden wollen.

28

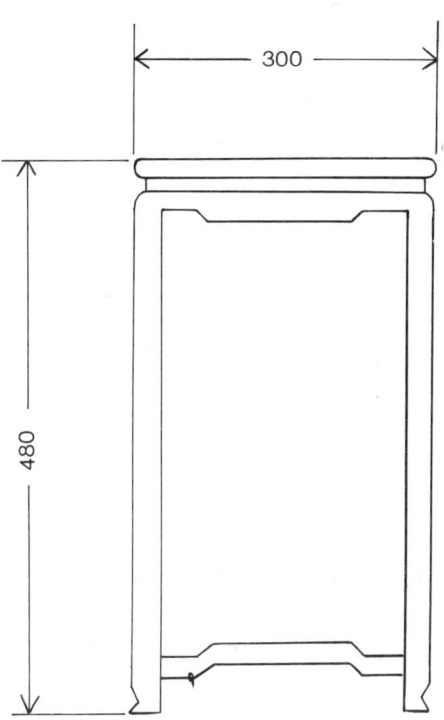

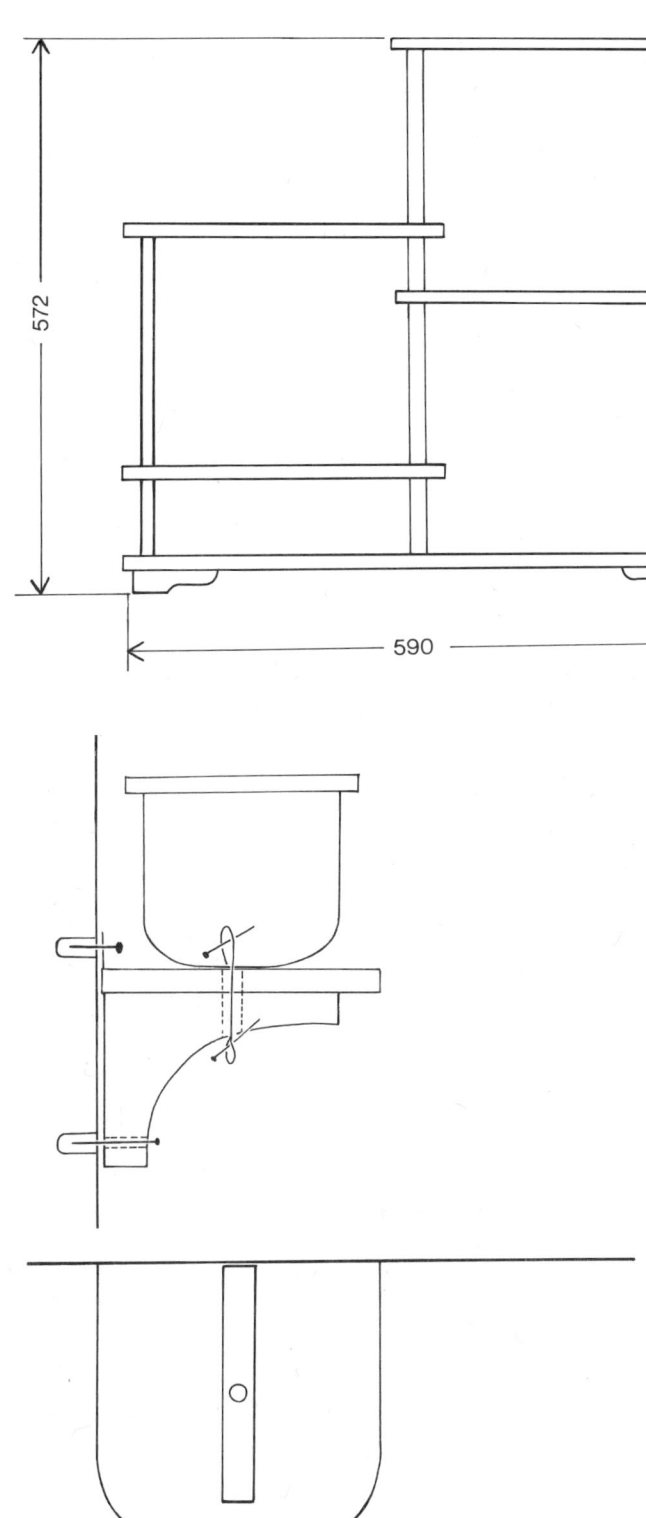

Konsole für einen Bonsai,

links Längsschnitt, darunter Aufsicht von unten. Der Topf muß unsichtbar verankert werden können – hier geschehen mit einem Draht, der durch das Abzugsloch und durch deckungsgleiche Bohrungen in den Konsolteilen (Kreis) gezogen und oben und unten mit einem Stift (Nagel) gesichert wird. Die Seitenlängen der Konsolfläche betragen je nach Topfgröße 20 bis 30 cm.

sie sich in einem kräftigen Zustand befinden. Wird geheizt, geht es nur stunden- bis tageweise, vorausgesetzt, das Zimmerklima stimmt (s. auch „Zimmerharte Bonsais") und die Winterruhe der harten Gehölze wird nicht unterbrochen. In jedem Fall sollte der klimatische Gegensatz zwischen drinnen und draußen, zum Wohle der Pflanzen, möglichst gering sein.
Zu den Pflanzengattungen: Selbstverständlich sind auch die traditionellen Bonsaipflanzen unterschiedlich zimmerhart. Am besten geht man von den natürlichen Ansprüchen aus und vergleicht sie mit den in der Wohnung erfüllbaren; so

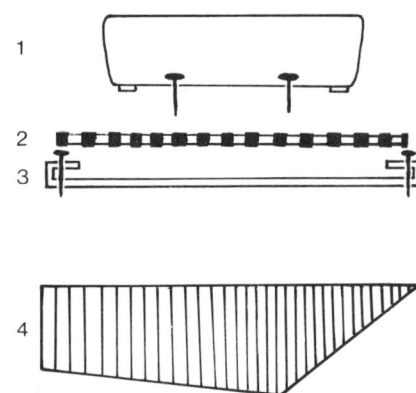

35–50 cm

Bonsais vor dem Fenster

1 Bonsai-Topf,
2 verzinktes Drahtgitter,
3 wasserdichter flacher Kasten (Holz, mit Zinkblech ausgeschlagen), auf den Rändern aufschraubbare Leisten zur Sicherung des Gitters und damit der Bonsai-Töpfe,
4 Ausgleichsunterstützung an beiden Seiten, damit die Schrägung des Fensterbrettes aufgehoben ist und der Bonsai-Topf genau in Scheibenhöhe steht, Pflanze und Topf also voll sichtbar sind.

Die auch für Miniaturgärten sehr gut geeignete Anlage wird durch Sturmhaken oder besser durch Verschraubung der Unterstützungskeile am Mauerwerk gesichert.

wird man sicher bald die zumutbare Dosis „Wohnungszeit" herausfinden.

Zum Aufstellungsplatz in der Wohnung: Ganz abgesehen einmal von der Stellung des Bonsai zu den Wärmequellen im Raum, spielt natürlich das Licht eine Rolle. Hat doch die als Bonsai reduzierte Pflanze einen noch höheren Lichtbedarf als die frei wachsende! Diesen Bedarf sollte man nicht unnötig lange beschneiden, zumal der meist einseitige Lichteinfall in der Wohnung dann bald auch formale Probleme mit sich bringen würde, d. h., die Pflanze orientiert sich auf die Lichtquelle hin. Bei nur stundenweisem Aufenthalt in der Wohnung kann aber ein Bonsai sehr wirkungsvoll – weitab und ganz ohne natürliches Licht – unter einem Punktstrahler in Szene gesetzt werden.

DIE KLASSISCHEN BONSAI-TYPEN

Sicher ist jeder ausgewachsene Baum eine Individualität. Jedem von uns sind einige bestimmte Wuchsformen bekannt, nach denen wir gelernt haben, Bäume zu erkennen. Schon von weitem, und zwar auch im Winter, ist eine Buche von einer Eiche, einer Pappel oder einer Weide leicht zu unterscheiden. Hängeformen, Säulenwuchs und andere Formen der Stammbildung und Verzweigung werden als typische Erkennungsmerkmale verstanden, die in der Pflanze genetisch vorprogrammiert sind.

Andere, ebenso auffällige Merkmale können durch mancherlei Faktoren verursacht werden, denen der Baum von der Keimung des Samenkorns an mehr oder weniger ununterbrochen ausgesetzt ist: Wir kennen den gedrungenen Wuchs der Gehölze im Hochgebirge (hervorgerufen durch die Kürze der Vegetationszeit, ungünstige Bodenverhältnisse und starke UV-Strahlung), die sich hinter den Dünen duckenden, sturmgebeugten Wälder am Meer und die sich ohne alle Konkurrenz frei nach allen Seiten entfaltenden Bäume im freien Feld. Die Pflanzen der genannten Beispiele sind nicht allein Vertreter einer botanischen Gattung, sondern auch Zeugen ihres Standortes, der sie formte und der auch dann immer wieder imaginiert wird, wenn man ihre markanten Gestalten losgelöst von ihrer Umgebung betrachtet.

Dem Bonsai-Gärtner sollte es nun im wesentlichen darauf ankommen, daß die Geschöpfe seiner Gestaltungskunst in der Phantasie des Betrachters Bilder von Landschaften und Plätzen entstehen lassen, an denen solche Bäume stehen könnten. Der Bonsai, wie auch einige Formen des japanischen Gartens, wird somit zum Anreger der Vorstellungskraft und Phantasie. Hierin kann wohl die Besonderheit, wenn nicht Überlegenheit, der alten japanischen Gartenkultur gesehen werden, daß sie in allen ihren Bereichen – Blumengesteck, Bonsai, Meditations- und Teegarten, großer Landschaftsgarten – dem Gegenstand der Gestaltung eine übergreifende, Himmel, Mensch, Erde, Theologie und Moral, Sitte und Gesetz einbeziehende Bedeutung zuwies, die sich nicht in okkulten Spekulationen, sondern in ganz greifbaren ästhetischen Prinzipien niederschlug.

Dieses sinnliche Element wird vom geschulten Auge des Europäers mehr oder weniger erkannt und gewürdigt, doch ist es nur die lockende, begrenzte Oberfläche, welche den Betrachter einlädt, die andere, unbegrenzte Dimension der inneren Bilder- und Ideenwelt zu entdecken. Der hier angedeutete Anspruch der traditionellen japanischen Kulturprodukte wird indes auch im modernen Japan nur noch von einer Minderheit verstanden. Daß diese Kunstabsichten jedoch auch in Europa nicht gänzlich unbekannt sind, zeigen die Aussagen einiger prominenter Theoretiker. So schreibt z. B. der italienische Komponist, Pianist und Musikphilosoph Ferruccio Busoni: „Das Publikum kann und will es auch nicht wissen, daß die wesentliche Arbeit bei der Aufnahme eines Kunstwerkes von ihm selbst geleistet werden muß." (Zitat sinngemäß.)

Für die Kultur von Bonsais haben sich eine Reihe von Formen als praktikabel erwiesen, die, nicht schablonenhaft angewandt, als Richtschnur zur Gestaltung verstanden werden wollen, von der Abweichungen, soweit motiviert, durchaus möglich sind. Unter diesen Formtypen finden sich die eindrucksvollsten Wuchsformen der freien Natur. So sonderbar auch auf den ersten Blick diese oder jene Bonsai-Form sich ausmachen wird: ihr Vorbild ist immer die Natur. Sie selbst ist jedoch nicht Natur-, sondern Kunstprodukt. Der Bonsai soll eine in der Natur mögliche Form zu höchst vorstellbarer Reinheit hin entwickeln.

Aber nicht nur die Form ist an der Natur zu messen, sondern ebenso der normale Habitus einer Pflanze. Kiefern soll man nicht in Form von Trauerweiden ziehen (obgleich technisch durchaus möglich), da der Ausdruck des Ganzen unbefriedigend bliebe. Man stelle sich so eine „Trauerweidenkiefer" als großen Baum in einem Park vor: ein Kuriosum! Kuriosa sind, so merkwürdig das beim Anblick der jahrzehntealten Zwergbäume auch erscheinen mag, in der Bonsai-Kultur verpönt. Um die Jahrhundertwende hat es zwar, aus einem Mißverständnis der ästhetischen Gesetze der Bonsai-Kultur und gärtnerischer Virtuosität heraus, monströse Bonsai-Formen gegeben. Heutzutage werden sie jedoch allgemein abgelehnt.

Der moderne Europäer wird durch die von den alten Japanern entwickelten Formeln in die Lage versetzt, Natur-Kunstprodukte im traditionellen Sinn zu schaffen, ohne von dem geistigen Hintergrund getragen zu sein, der die Alten zu ihrem Tun motivierte.

Die Bonsais werden hinsichtlich der Form und Anzahl der Stämme klassifiziert.

Form, das heißt die Stellung im Pflanzgefäß, der Winkel, welcher zwischen Stamm des Bonsai und Erdoberfläche gebildet wird, die mehr oder weniger gerade Weiterführung des Stamms bis in die Kronenspitze, das Arrangement der Zweige, die Behandlung des Blattwerks. An einem solitären Bäumchen durchexerziert ergeben sich so alle Grundtypen der Bonsai-Kultur.

Pflanzt man mehrere Bonsais zu einer Gruppe oder entwickelt aus einer einstämmigen eine mehrstämmige Pflanze, so ergeben sich gewisse Grundmuster aus der Zuordnung der Stämme zueinander und der Anzahl der verwendeten Pflanzen, nach denen diese Bonsais klassifiziert

werden. Steht bei der Einzelpflanze der Stamm im Mittelpunkt und wird besonders sorgfältig behandelt, da er den Bonsaityp trägt, so kann die Stammbehandlung bei Gruppenpflanzungen etwas laxer gehandhabt werden.

Besondere Wuchsformen, überwiegend einstämmig

Chokkan

Diese Bezeichnung bedeutet „formal aufrechter Stamm". Ein senkrechter Stamm bildet mit seinen nach allen Seiten ausgehenden Wurzeln und Ästen etwa einen spitzen bis stumpfen Kegel. Selbstverständlich ist eine hierorts gelegentlich übliche Vorgartensymmetrie wie bei einer Stechfichte (*Picea pungens* 'Glauca') unerwünscht. Gleichgewicht, nicht Schematismus, heißt das Schlüsselwort. Gegenständigkeit der Äste ist zu vermeiden, damit auch nicht einmal der Anschein einer Axialsymmetrie erweckt wird, deren Gleichmäßigkeit ohne Spannung ist. Chokkan ist die strengste Bonsai-Form. Kulturfehler treten bei ihr besonders auffällig in Erscheinung; daher wird ein Anfänger sich mit dieser Gestaltungsform fürs erste am besten noch nicht befassen.

Obgleich regelmäßig gezogen, steht die Pflanze nicht genau in der Mitte des Gefäßes. Dieses ist, dem Charakter des Baumes entsprechend, rechteckig, von mittlerer Höhe (seltener sieht man eine flache Schale), in dunklen Erdfarben gebrannt. Die Größenverhältnisse mögen schwanken, aber nie ist das Gefäß länger als die Pflanze hoch. Bei breit gezogenen Exemplaren wird dieses Verhältnis bis 1 : 1 toleriert, stellt aber einen absoluten Grenzwert dar.

Der Stamm kann vom Boden aus bis zu einem Drittel der Pflanzenhöhe ohne Verästelung sein; er muß in jedem Fall so weit unbeastet sein, daß die Wurzelscheibe voll sichtbar ist, denn für fast

Chokkan

jede Bonsai-Form ist der Übergang von der Pflanze in den Boden von besonderer Bedeutung. Immer sollen die Wurzelansätze freiliegen. Bei Bonsais, die über Steine wachsen oder bei der Neagari-Form (freigelegte Wurzeln) liegen sogar größere Wurzelpartien oberhalb der Erde. Ein hoher Prozentsatz der ästhetischen Aussage des Bonsai-Arrangements beruht auf der im Stamm-Wurzel-Bereich sichtbar werdenden Kraft sowohl des Herauswachsens als auch des sicheren Verankert- und Verwurzelt-Seins. Wie in der Natur nimmt zur Spitze des Baumes hin die Distanz zwischen den Ästen ab. Insgesamt sollte die Struktur eines chokkan-gezogenen Baumes besonders klar sein. Jeder überflüssige Wuchs, selbst der geringste, muß sofort entfernt werden. Zwischen den Ästen wird auch schon wegen der allseitigen Belichtung für genügend Spielraum zu sorgen sein. Entscheidend für das Gesamtbild ist ferner die untere Kronenpartie, die in einer Dreiergruppe mit deutlichen Beziehungen zueinander arrangiert wird. Der unterste oder zweitunterste Ast hat gegenüber den beiden anderen in Länge und Blattmasse ein deutliches Übergewicht. Er weist kraftvoll nach vorn oder zur Seite. Das optische Übergewicht dieses einen Astes ist so groß, daß es erst in einem höheren Teil der Krone wieder ausgeglichen werden kann. Der kleinste Ast in der Trias „darf" nach hinten zeigen; er ist nur halb oder sogar ein Drittel so groß wie der dominierende Hauptast. Der dritte liegt in der Größe zwischen den beiden anderen. Für seine Ausrichtung ist der weitere Aufbau des Baumes verantwortlich. Er leitet über vom Hauptast, dem Akzentträger, zum oberen Teil der Krone.

Als Formmangel gilt, wenn bei einem sonst schön ausgebildeten Exemplar die Verästelung zu weit vom Boden entfernt beginnt; dieser „Schaden" kann auf zweierlei Weise behoben werden:

1. Zweiglein derselben Art werden an den gewünschten Positionen aufgepfropft – entweder hinter die Rinde pfropfen oder seitlich anplatten. Diese Methode kann aber nur dann empfohlen werden, wenn sie von einer wirklich geübten Hand ausgeführt wird. Das soll nicht heißen, daß die „Operation" in ganzer Linie sofort gelungen sein muß (obgleich das natürlich besser wäre); man kann das Pfropfen bei Mißerfolg durchaus wiederholen. Wenn sich auch Pfropfwülste und Narben nicht gänzlich vermeiden lassen, so will man ja doch nicht den Stamm seines Bonsais mit übermäßig vielen Überwallungen entstellen (s. Anmerkung hierzu).

2. Die Krone wird in der gewünschten Höhe abgemoost. Besonders bei jüngeren Bäumen gibt dies die besten Ergebnisse. Auf Seite 144 wird diese Methode ausführlich behandelt.

Anmerkung zum Aufpfropfen: Bei der Massenanzucht von Bonsais wird in Japan häufig im Hankan-Stil die kurznadelige, blaugrüne *Pinus parviflora* auf *P. thunbergiana* und *P. densiflora* gepfropft. So erhält man schneller und in ausreichender Menge verkaufsfertige Ware, jedoch selten einen guten Bonsai. Die Veredelungsstellen liegen bei diesen Pflanzen ca. 5 cm und mehr über dem Boden. Nicht immer läßt sich die Krone so ausrichten, daß sie diese Stelle bedeckt, und selbst dann stören bei der Betrachtung auf jeden Fall die unterschiedlichen Rindenstrukturen. Also Vorsicht bei den Veredelten, sie bleiben Masse!

Das Vorbild des Chokkan ist der sich frei im flachen Land zwischen Feldern und Wiesen erhebende Gemarkungsbaum, die einzige Vertikale in einer großen Ebene, die von ihm beherrscht wird. Sein Ausdruck ist der majestätischer Strenge und Würde. Dieser selbstverständlichen Souveränität hat die Gestaltung exakt zu entsprechen.
Der formal aufrechte Typ wird am sichersten aus Jungpflanzen (Sämlingen) herangezogen, bei denen Schritt für Schritt der aufrechte Wuchs und die gleichmäßige Verzweigung überwacht werden können. Wenn man Glück hat, findet man wohl auch einen geeigneten Teil an einem Gartengehölz, der sich abmoosen läßt, oder sogar einen natürlichen Chokkan, der vom freien Feld mitgenommen wird. Da diese Form in guter Qualität selten ist, sollte man bei Abmoosen oder Umpflanzen sehr sorgfältig und geduldig vorgehen. Geeignet sind u. a.:

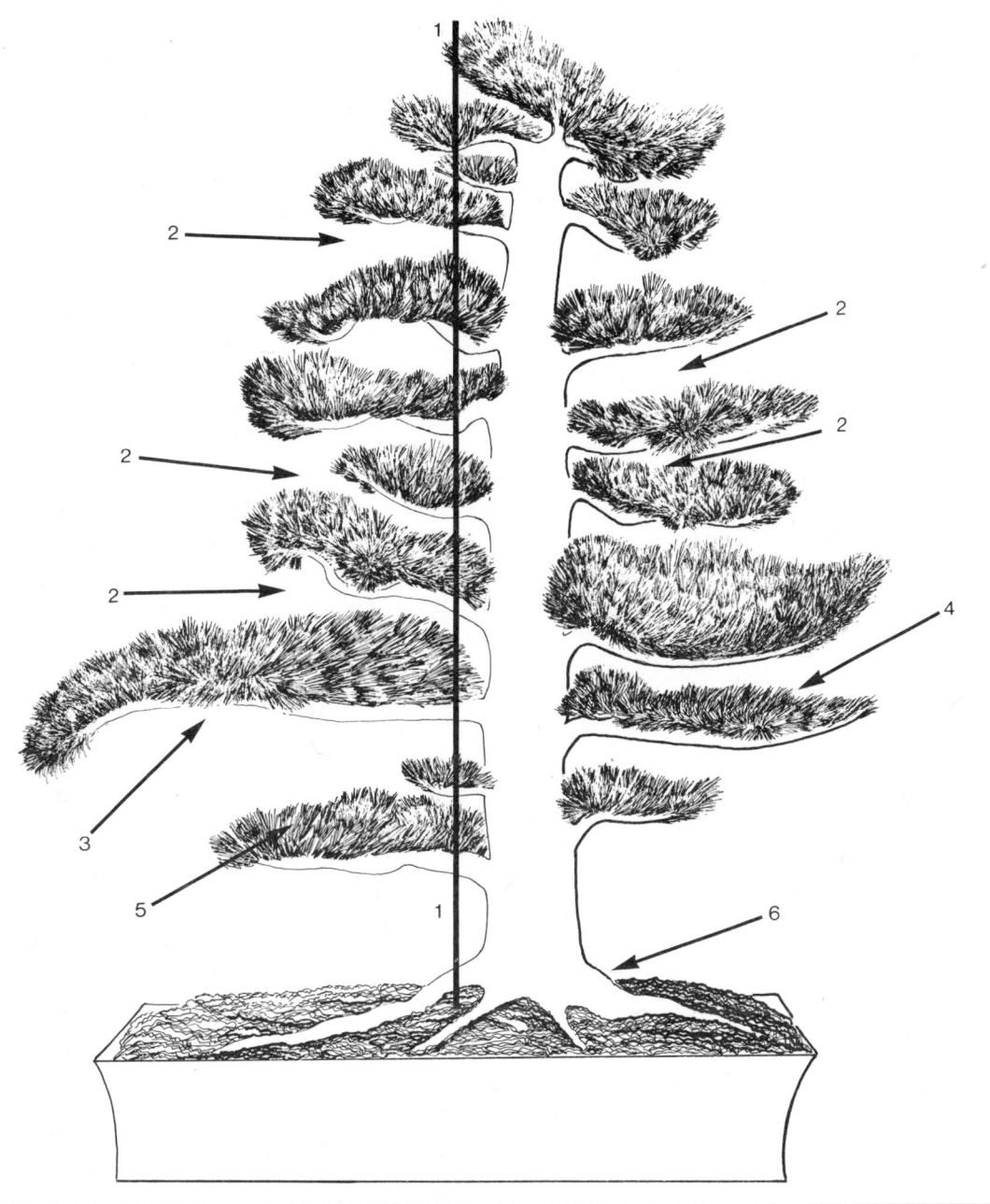

Schema für den Chokkan-Bonsai

1 Geometrische Mittellinie; der zu ihr versetzte Stamm
fungiert als vertikale Schwerelinie,
2 Zwischenräume im Astwerk,
3 Hauptast, sollte ein wenig zum Betrachter weisen,

4 zweitgrößter Ast, nicht genau gegenständig zum
Hauptast,
5 kleinere Zweige als Vorspiel zum Hauptast,
6 sichtbare Wurzelscheibe.

Koniferen

Chamaecyparis obtusa	Scheinzypresse
Cryptomeria japonica	Sicheltanne
Ginkgo biloba	Ginkgo-,
	Fächerblattbaum
Juniperus chinensis	China-Wacholder
J. rigida	
Larix kaempferi	
(= L. leptolepis)	Japanische Lärche
Picea jezoensis	Ajan-, Yedofichte
Pinus densiflora	Japanische Rotkiefer
P. parviflora	Mädchenhaarkiefer
P. sylvestris	Gemeine Kiefer,
	Föhre
P. thunbergiana	Japanische
	Schwarzkiefer

Laubgehölze

Acer campestre	Feldahorn
A. palmatum	Japanischer
	Fächerahorn
Carpinus betulus	Hain-, Weißbuche
Quercus	Eiche

Viele andere Arten sind geeignet, wenn sie sich entweder aus der Mittelachse eines geradschäftigen Stammes verästeln oder wenn sie besonders formungstolerant sind.

Moyogi (Tachiki)

Die „frei aufrechte Form" sieht aus, als habe man einem Chokkan-Bonsai befohlen: „Stehen Sie doch bequem!" Der aufrechte Wuchs ist deutlich ausgeprägt; die Kronenspitze befindet sich über dem Stamm, genau dort, wo dieser aus dem Boden herauskommt. Er weist jedoch in seiner Gesamtlänge eine deutliche, nach rechts oder links ausschweifende Krümmung auf, die in der unteren Hälfte des Stammes stärker ist und sich gegen die Baumspitze hin verliert. Diese ist dem Betrachter zugewandt, zeigt also nach vorn. Die Kronenpartie hält die Form im Gleichgewicht; ihre Hauptmasse oder der stärkste Ast der unte-

ren Dreiergruppe weist in die der Stammkrümmung entgegengesetzte Richtung. Bei vielen Bonsais ist der untere Hauptast auch nicht streng horizontal gezogen, sondern neigt sich mit seinem Ende ein wenig nach unten, als wolle er die nachlässige Biegung verstecken.

Zu den frei aufrechten Bonsai-Formen werden auch die gezählt, deren Stamm in ganzer Länge in leichten Biegungen und Wendungen emporwächst. Bei diesen ist die Formung der Krone insofern noch freier zu gestalten, als man nicht auf die Dominanz einer herausfordernden Stammbewegung Rücksicht zu nehmen hat. Unter den aufrecht wachsenden Bonsais ist dies die bei weitem anmutigste, heiterste Form. Während Chokkan einen strengen, ja düsteren Charakter in seiner Geradheit repräsentiert, ist Moyogi – zwar ebenso sehr Einzelgänger wie jener – von eigenwilliger Individualität.

In der Geschichte der Bonsai-Kultur treten weitere Prototypen mit sehr viel stärker gewundenem und verschlungenem Stamm und Astwerk auf:
- Bankan, der geschlungene, gewundene Stamm
- Nejikan, der um sich gedrehte Stamm
- Hankan, auch Honai-Bonsai genannt (nach dem Ort in der Provinz Echigo in Nordwest-Japan) oder (den Züchtern selbst, im Anklang an ihren Heimatort) Horai-Bonsai (horai ist der sagenhafte Berg ewiger Jugend), ein mäanderhaft sich hin- und herwindender Stamm.

Wenn auch nicht ausgeschlossen werden kann, daß in der freien Natur an besonders exponierten Plätzen, an denen sich die Pflanze nach allen Seiten hin den Elementen gegenüber behaupten muß, solche kuriosen Formen vorkommen können, so wirken sie auf uns doch eher befremdlich als ästhetisch befriedigend. Selbst wenn es sich um alte, ausgereifte japanische Meisterexemplare handelt, scheint sich ihr Manierismus wenig mit dem gestalteten Material zu vertragen.

Hôkidachi

Relativ einfach zu ziehen und in Form zu halten ist der „Bonsai in Besenform". Er hat einen ker-

Moyogi (Tachiki)

Hôkidachi

zengeraden Stamm, aus dem die Äste und Zweige nach allen Seiten, in der Ansicht fächerförmig, wachsen. Das Verhältnis von Krone zu Länge des Stammes beträgt 2 : 1. In seiner Wuchsform ist dieser Typ mit dem Chokkan verwandt. Im Gegensatz zu diesem löst sich der Stamm jedoch spätestens im oberen Drittel der Pflanze auf. Auch ist beim formal aufrechten Bonsai eine untere Zweigpartie deutlich stärker und länger als alle übrigen; der Hôkidachi dagegen dehnt seine Krone nach allen Seiten gleichmäßig weit aus. Wegen dieser fast axialsymmetrischen Form der Pflanze (wir wissen, daß sie in der traditionellen japanischen Ästhetik verpönt ist) darf man sie nie in die Mitte des Gefäßes setzen. Nur dezentralisiert ist dieses Gleichmaß zu ertragen. Als Hôkidachi werden Pflanzen gezogen, deren natürlicher Wuchs den Absichten des Gestalters entgegenkommt. Am häufigsten sieht man: *Zelkova serrata* (Zelkowe), *Ulmus davidiana* var. *japonica* (Ulme), *Carpinus betulus* (Hain-, Weißbuche), *Chamaecyparis pisifera* 'Squarrosa' (Scheinzypresse), *Ginkgo biloba* (Fächerblattbaum).

Bei der Trimmung, die an den Laubbäumen besonders einfach im unbelaubten Zustand durchzuführen ist, muß man sowohl aus ästhetischen wie auch aus physiologischen Gründen nicht nur auf die gleichmäßig feine Verteilung des Zweigwerks achten, sondern auch darauf, daß die Krone von allen Seiten und an allen Stellen gleichmäßig und genügend Licht und Luft erhält.

Die Graphik des entlaubten Baums kann sehr wohl Gegenstand des Enthusiasmus eines Bonsai-Liebhabers sein. Die Farbe des Topfes und die Gestaltung der Erdoberfläche werden auch auf diesen Zustand hin abgestimmt. Zarte, verwaschene, erdfarbene Töne bei den Pflanzgefäßen und eine Unterpflanzung aus Moos und Kräutern erzielen eine wunderbare Wirkung.

Bunjingi

Ob Bunjingi, die „Literaten"- oder „Gelehrten"-form, sich auch bei den europäischen Bonsai-Freunden durchsetzen wird, bleibt abzuwarten.

Es handelt sich um ein Arrangement aus einem oder mehreren, meistens schlanken, Stämmchen in Positionen zwischen aufrecht und geneigt. Ihre Länge kontrastiert mit einem bemerkenswert kleinen Container (ca. ⅓ bis ¼ der Baumgröße). Die Zartheit des Stammes wird noch dadurch betont, daß er fast auf ganzer Länge, mit Ausnahme der obersten Spitze, unbeastet und unbelaubt bleibt. Baumgruppen im Bunjingi-Stil werden gern mit einer Unterpflanzung aus Moos, Gräsern, Farnen usw. versehen, die den einsiedlerischen, pastoralen Ausdruck noch verstärkt.

Immerhin sind für die Literatenform besonders hochbeinige Jungpflanzen zu gebrauchen, für die man sonst als Bonsai-Gärtner nur wenig Verwendung hat.

Fukinagashi

Bei flüchtiger Betrachtung scheint Fukinagashi, „die windgepeitschte Form", Shakan sehr ähnlich zu sein, ist es aber nur in der eventuell identischen Abwinkelung des Stammes. Wesentlich sind dagegen andere Unterschiede: Erstens ist Shakan immer ein einzelner Baum, was beim Fukinagashi durchaus nicht sein muß. Zweitens entstand die Neigung beim Shakan durch ein Nachgeben des Bodens oder des Wurzelwerks – beim Fukinagashi hat ein ständig aus einer Richtung blasender Wind die Pflanzengestalt gebildet. Daher weisen nicht allein der Stamm, sondern auch alle Äste und Zweige in die von dem imaginären Wind abgewandte Richtung.

Während ein Shakan- oder Han-kengai-Bonsai dichtes und reichliches Laubwerk aufweisen darf, wird man beim Fukinagashi den zerzausten Ausdruck nur treffen, wenn bis auf ein notwendiges Blattminimum die Krone kahl ist. Z.B. läßt man bei Koniferen fast nur den nach dem Trimmen übriggebliebenen Neuzuwachs an Nadeln am Baum. Vorsicht bei der Aufstellung eines windgepeitschten Bonsais, damit, vor allem im Winterquartier, der Lichteinfall der einseitigen Ausrichtung nicht entgegenwirkt, sondern diese noch verstärkt.

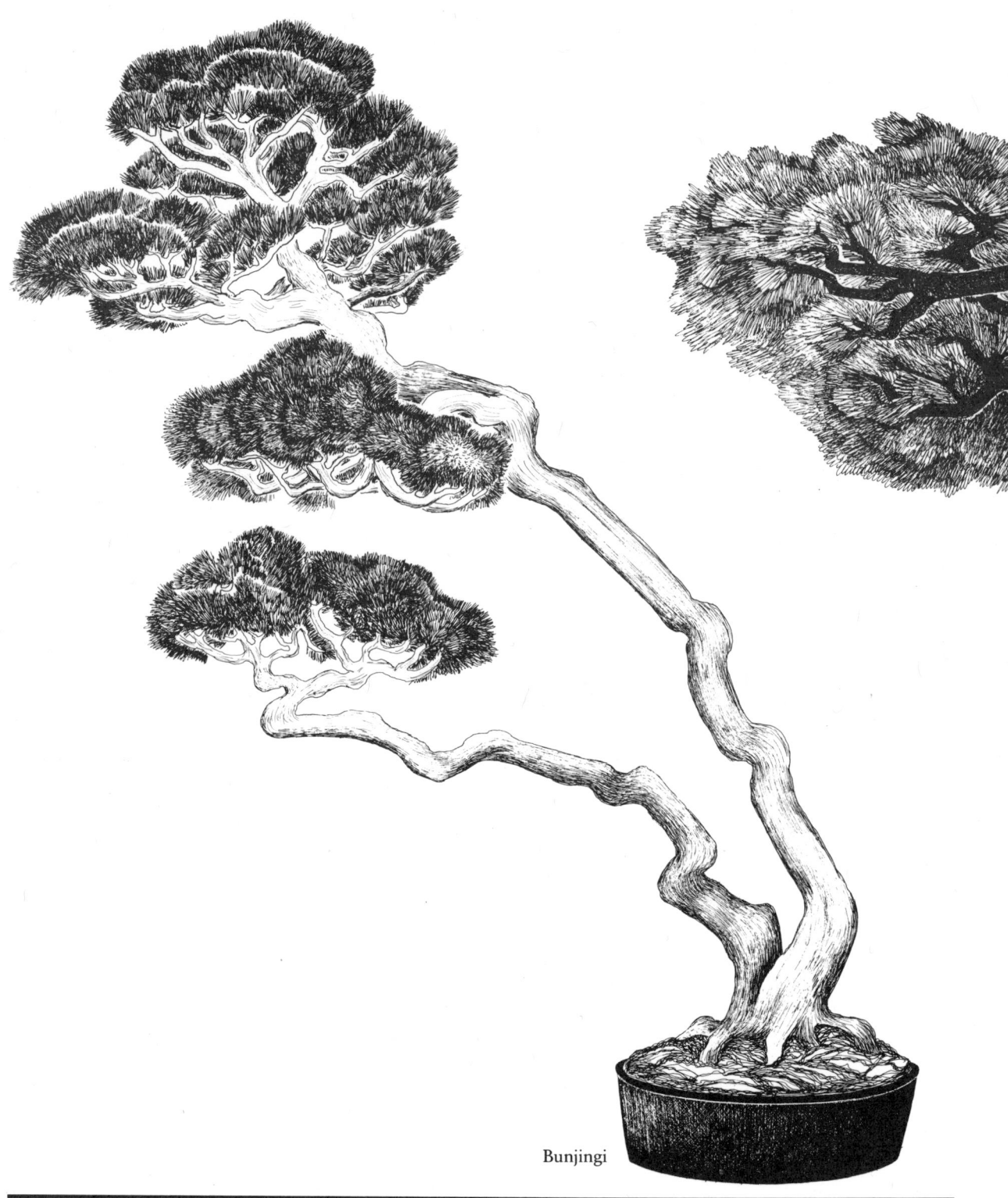

Bunjingi

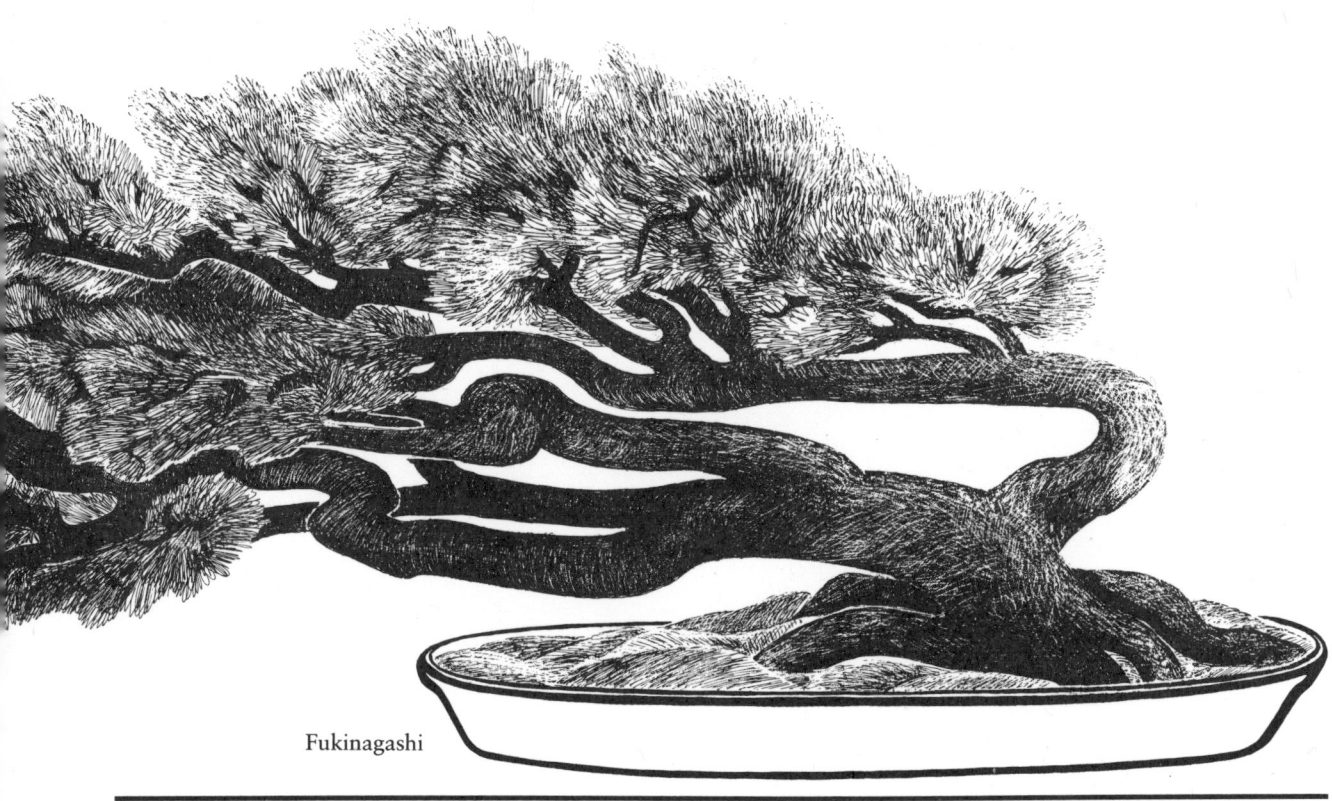

Fukinagashi

Der windgepeitschte Bonsai ist nicht unbedingt eine einstämmige Form. Oftmals erzielt man große Wirkung durch ein mehrstämmiges Arrangement, vielleicht sogar durch eine Gruppenpflanzung, der die sturmgekämmte Mähne noch besser zu Gesicht steht.

Man denke nur an die sich hinter und in den Dünen unserer nördlich gemäßigten Küsten dukkenden Waldstreifen.

Shakan und Han-kengai

Zu deutsch: „geneigter Stamm" und „Halbkaskade"; sie werden von den Japanern als zwei unterschiedliche Stile betrachtet. Die Übergänge zwischen ihnen sind jedoch so fließend, ihr Ausdruck so ähnlich und die anzuwendende Kulturtechnik dieselbe, so daß sie gemeinsam besprochen werden können. Es gilt lediglich einen Unterschied zu beachten: beim Shakan geht der Stamm mehr oder weniger dominierend bis in den Wipfeltrieb durch, beim Han-kengai verliert er schon kurz über der Erde seine Funktion als dominierende Achse; der Wuchs des Bonsai ist aufgelöst und buschiger.

Der Stamm entwächst dem Boden in einer Schrägung von 0° bis 65° nach rechts oder links. Zwar haben alle Bonsais ihre „Schokoladenseite(n)"; einige sind aber schon auf Grund ihrer Gestaltung von vornherein in ihren „Ansichten" beschränkt – so auch der Shakan-Bonsai. Freiliegendes Wurzelwerk weist meistens in die Neigungsrichtung des Stammes. Diesem kommt noch insofern eine besondere Bedeutung zu, als durch seine Größe und Ausbildung glaubhaft sein muß, daß ein ausgewachsener Baum wirklich in dieser Stellung sicher gehalten werden kann. Damit ist schon gesagt, daß mit Shakan eine Szene dargestellt ist, in der sich ein Baum an einem Steilhang oder Felsabsturz im Gebirge behauptet, nach Unterspülung eines Fluß- oder Seeufers sich nun über die Was-

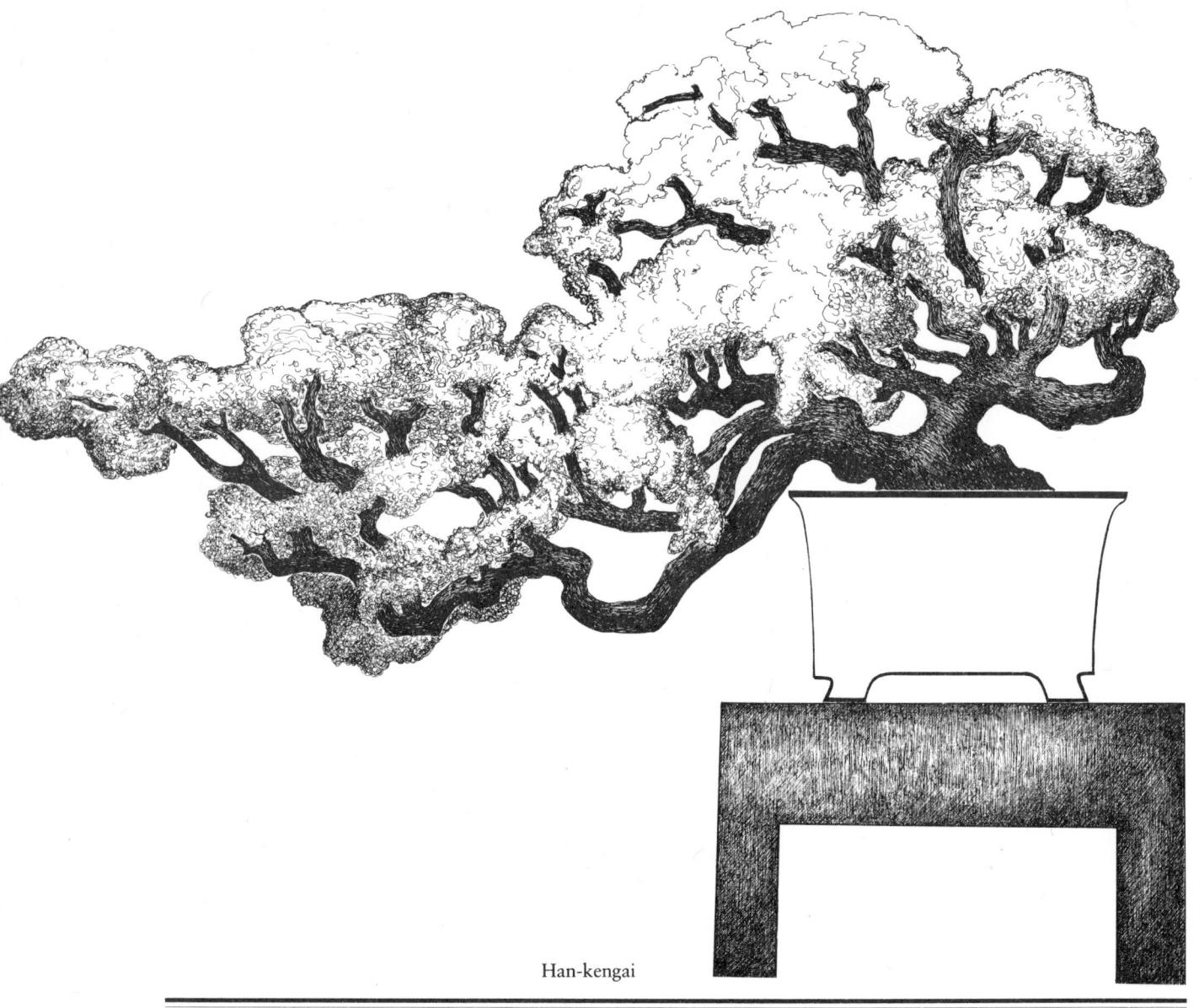

Han-kengai

Shakan

serfläche neigt oder auch nur auf dem flachen Lande schräg steht. Die Anordnung der Zweige, die sich nach allen Seiten in der Horizontalen erstrecken, zeigt jedenfalls, daß dieses Exemplar sich langsam in dieser Form entwickelte, denn bei plötzlich kippenden Pflanzen hat sich der Winkel der Äste zum Stamm noch nicht oder nicht mehr auf die neue Lage hin korrigieren können.

Die Proportionierung der Äste und Laubmasse sollte in Relation zu ihrer Neigung sehr sorgfältig bedacht sein. In dem Bereich von 45° bis 65° kann man sich zur Gestaltungshilfe folgendes vorstellen: Ein aus der Balance geratener Seiltänzer versucht, mit Händen und Füßen rudernd, wieder ins Gleichgewicht zu kommen. Für die Standfestigkeit (und damit eben auch für die Schönheit dieser Form) ist es ferner von Bedeutung, daß der möglichst große, freie Teil des Pflanzgefäßes sich unter dem geneigten Stamm befindet. Wo das zunächst wegen der Form des Wurzelballens noch unmöglich ist, wird man diese Position bei jedem Umpflanzen mehr und mehr zu erreichen suchen.

Kengai

Zu den eindrucksvollsten Bonsai-Typen gehört Kengai, die „Kaskaden-" oder „hängende Form". Während bei der Halbkaskade der am tiefsten hinabhängende Zweig allenfalls bis zur Höhe des Topfbodens reichen wird, wächst die Vollkaskade weit über ihr Topfniveau hinunter. Für die Länge des hängenden Pflanzenteils gibt es keine Begrenzung, je länger desto besser. Man stelle sich einen Baum vor, der, an eine Klippe am Meer oder einen Felsrand im Gebirge geklammert, in die Tiefe weist.

Die Wirkung, welche von einer derart gestalteten Pflanze ausgeht, kann dabei durchaus unterschiedlich sein. Kiefern und andere Immergrüne haben einen kühnen, waghalsigen Charakter; Kirschen, Weiden und Glyzine wirken dagegen eher lyrisch, sentimental. In jedem Fall gehört ein Kengai-Bonsai in einen tiefen, schweren Topf, der das nötige Gegengewicht für die hinabwallende Pflanze bildet, und er wird auf einen Bonsai-Stän-

der gestellt. Die Japaner fertigen eigens für diesen Zweck verschiedene formschöne, traditionelle Typen an, die sich durchaus in eine europäische Wohnung einfügen.

Beim Kengai interessiert natürlich in erster Linie der herabhängende Teil der Pflanze, der, im Gegensatz zu den meisten anderen Formen, den sehr kurzen Stamm und den Wurzelbereich in einigen Fällen verdecken darf. Der Wert eines Exemplars wird jedoch wesentlich gesteigert, wenn auch diese Partien sichtbar durchgestaltet werden. Es wirkt ferner vorteilhaft, wenn im oberen Bereich der Pflanze der erste oder zweite Ast sich noch über den schräg aus dem Boden wachsenden Stamm erhebt – eine Atempause, nach der sich dann der Rest in Form eines spitzen Dreiecks in die Tiefe „ergießt".

Die relativ großen Freiheiten bei der Gestaltung des Kengai und der kurzstämmige, fast buschige Wuchs der Pflanzen machen ihn zu einer auch von Anfängern erfolgreich zu ziehenden Bonsai-Form. Geeignet sind u.a.:

Koniferen

Juniperus in Sorten	Wacholdersorten
Picea jezoensis	Yedo-, Ajanfichte
Pinus parviflora	Mädchenhaarkiefer
P. thunbergiana	Japanische Schwarzkiefer

Laubgehölze

Chaenomeles japonica	Japanische Zierquitte
Hedera	Efeu
Prunus	Pflaume, Kirsche, Pfirsich, Mandel, Aprikose
Punica granatum	Granatbaum
Salix alba 'Tristis'	Trauerweide
S. babylonica	

Außerdem eignen sich, Schnittverträglichkeit vorausgesetzt, jene in den Katalogen der Baumschulen genannten Pflanzen, die nach der lateinischen (internationalen) Nomenklatur folgende Artnamen führen: *declinatus, pendulus, decum-*

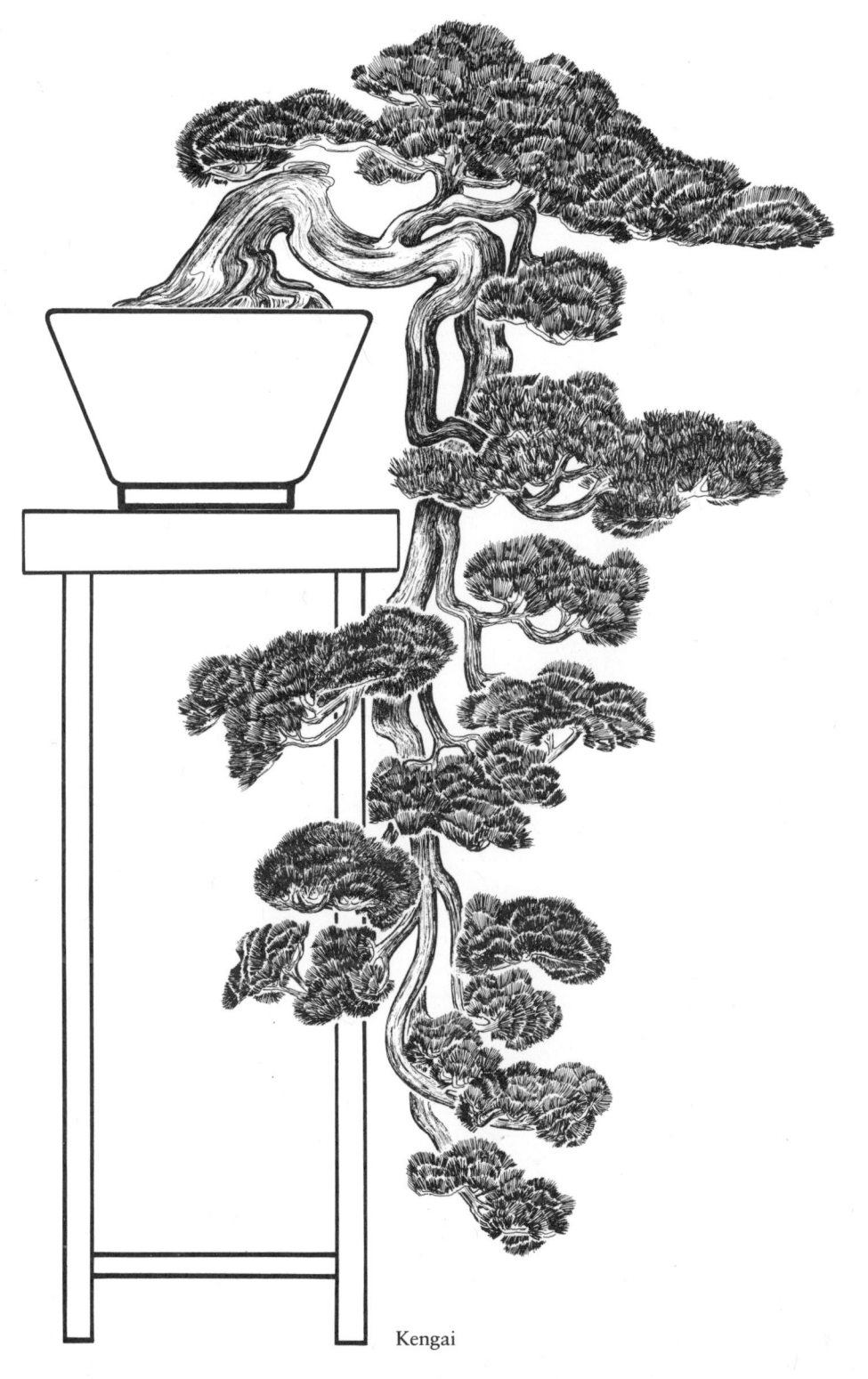

Kengai

Hankan

bens, horizontalis, procumbens, prostratus, repens und *reptans.* Unter den Gräsern bildet das Schilf *(Phragmites australis = P. communis)* eindrucksvolle Sommerkaskaden.

Hankan

Vor allem für die Massenproduktion ist der Hankan-Stil beliebt, da das komplizierte Hin und Her des Stammes einen außergewöhnlich exotischen Eindruck hervorruft, der den besonderen Wert des Bonsai – und damit auch den Preis – dem ungeschulten Publikum eher plausibel macht. Dem klassischen Formideal des Schlichten, Einfachen und Selbstverständlichen entsprechen diese Gestaltungen kaum. Für Züchtervirtuosen mag ein Reiz darin bestehen, bei aller Verworrenheit des Details doch noch zu einer einfachen Gesamtaussage zu kommen. Dann handelt es sich aber um Meisterstücke, die selten im Handel sind und

kaum je exportiert werden. Bei der Massenware wird man dergleichen nicht finden. Auch sind diese Bonsais viel zu jung und bedürfen dringend einer entsprechend weiterführenden Trimmung. Ganz wertlos braucht für uns ein Hankan-Bonsai aber trotzdem nicht zu sein, denn in diesen Pflanzen, die kaum über 15 Jahre alt sind, steckt oft noch die Möglichkeit, sie im Laufe mehrerer Jahre zu einer einfacheren, besseren Form zu entwickeln, z.B. zu der frei aufrechten Moyogi-, der geneigten Shakan-, der windgepeitschten Fukinagashi- oder der Literaten-(= Bunjingi-)Form. Oder man bringt sie in einer Gruppenpflanzung unter, wo sie nicht so auffallen, oder in einer Miniaturlandschaft, bei der Stilkriterien keine so entscheidende Rolle spielen.

Fast alle hinsichtlich des Stamms freieren Formen werden möglich sein: der geneigte Bonsai, die Halbkaskade, die windgepeitschte Form und Kombinationen mit Steinen. Den Ehrgeiz, das verwickelte Geschlinge eines kommerziellen

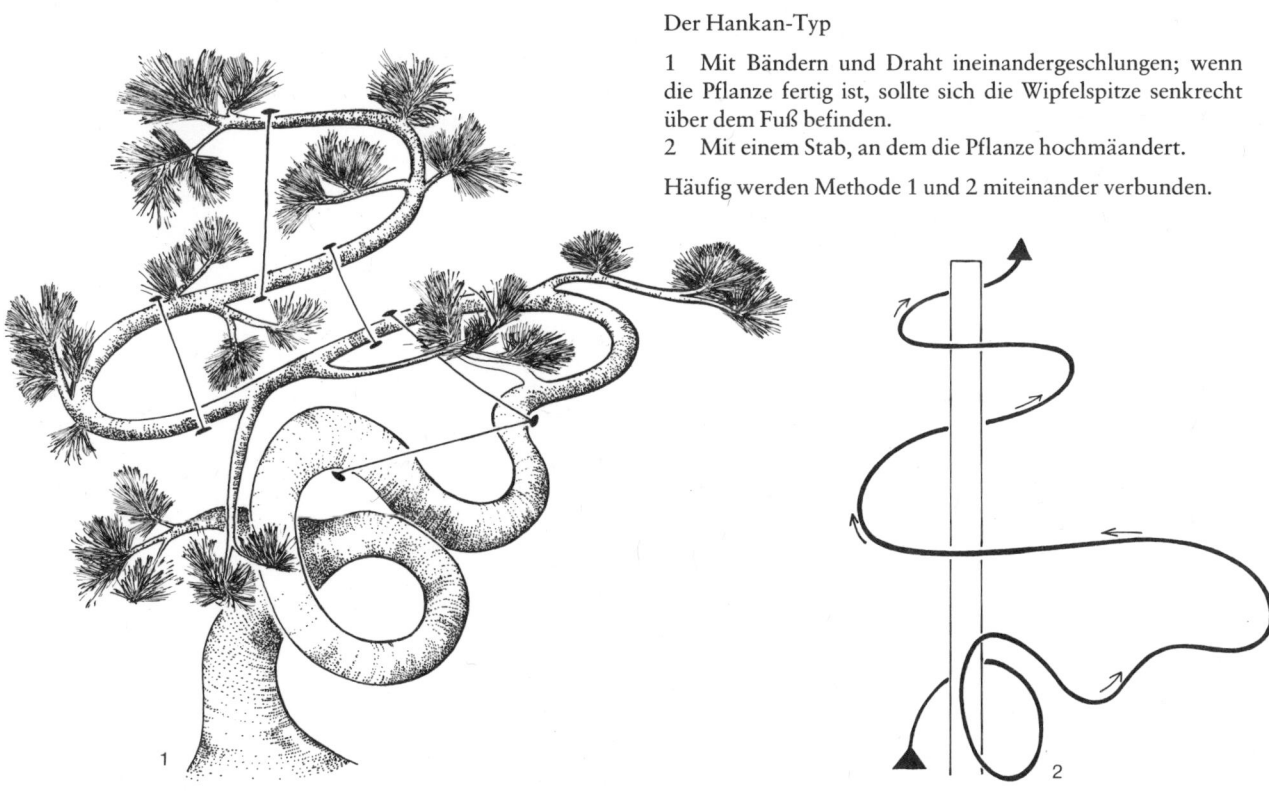

Der Hankan-Typ

1   Mit Bändern und Draht ineinandergeschlungen; wenn die Pflanze fertig ist, sollte sich die Wipfelspitze senkrecht über dem Fuß befinden.
2   Mit einem Stab, an dem die Pflanze hochmäandert.

Häufig werden Methode 1 und 2 miteinander verbunden.

Hankan-Bonsai weiterzuführen, sollte man tunlichst fahren lassen. Immerhin sei erwähnt, daß starke Biegungen und Schlingen einen Stamm schnell und wirkungsvoll verkürzen. Wenn also dem Bonsai-Gärtner einmal so ein hochbeiniges Etwas unter die Finger kommt und Abmoosen oder Pfropfen aus irgendeinem Grund unerwünscht ist, kann das Geschlängel die Pflanze verkürzen, der Stamm ist gewissermaßen ineinandergeschoben, geknautscht. Die notwendige Manipulation wird im Mai bis Juni vorgenommen.

Sabamiki und Sharimiki (Jin und Uro)

Außergewöhnliche, uns sehr asiatisch anmutende Bonsai-Formen sind die Sabamiki („gespaltener Stamm") und Sharimiki („Treibholz") genannten Typen, bei denen ein größerer Teil des Stammes und der Äste entrindet und das darunterliegende Holz gebleicht wurde. Diese Technik, welche auch jüngere Bäume wie sturmerprobte Veteranen erscheinen läßt, wird zwar auch bei anderen Gestaltungsformen angewendet, ist aber erst bei Sabamiki, in größeren Partien der Pflanze, der Mittelpunkt des Interesses. Siehe dazu die Zeichnungen auf Seite 168 und Seite 2.

Hier zeigt sich das Bild phantastisch-gespenstischer Baumruinen aus Heide, Moor und anderen unwirtlichen Gegenden: halb abgestorben, das Kernholz meistens weggefault, kurz vorm Niederbrechen oder bereits gestürzt, noch über einige Reste aktiven Gewebes versorgt.

Selbstverständlich haben sich die Bonsai-Gärtner die Ausdrucksmöglichkeiten dieser von hohem Alter und ungebrochenem Lebenswillen kündenden Baumgestalten nicht entgehen lassen.

Beide Stile werden fast ausschließlich bei *Juniperus chinensis* 'Sargentii' (Chinawacholder) angewendet. Für Ungeübte ist es schwer, sie so zu ziehen daß man nicht die Absicht, das Manipulierte, bemerkt. Für sie besteht viel eher die Chance, solche Formen auf einer Sammelexpedition zu entdecken und der Sammlung hinzuzufügen.

Auf jeden Fall sollte man sich in der Technik für Sabamiki und Sharimiki üben, denn sie wird bei der Behandlung abgestorbener Zweige, durch Frosteinwirkung aufgeplatzter Rinde und bei notwendigen größeren Trimmaktionen anderer Bonsai-Formen anzuwenden sein, wie das folgende Beispiel zeigt.

Nehmen wir an, eine Baumkrone sei zu hoch, zu weit aufgeschossen. Jetzt kann man versuchen, einen Teil der Krone so zu entfernen, daß Schnitt- und Sägestellen wenig oder gar nicht zu sehen sind. Der Bonsai kann aber auch so gestaltet werden, daß es aussieht, als sei der Blitz in die Krone geschlagen und habe – gerade den unerwünschten Teil – herausgeschmettert. Soll ein stärkerer Ast entfernt werden, versucht der Gärtner darzustellen, daß dieser Ast, unter Zurücklassung einer äußerst dekorativen Bruchstelle, von selber abgestorben und abgefallen sei.

Neagari

Der Züchter will im „Wurzelstamm-Bonsai" die physiologische Bedeutung der Wurzeln sichtbar machen. Daher legt er ihren oberen Teil um den Stamm herum frei. Hier setzt nun japanische Gärtnertechnik ein – vielleicht etwas über das Ziel hinausschießend – und legt die Wurzeln bis zu einem Drittel der Gesamthöhe, manchmal auch mehr, frei. Der Eindruck ist der von Mangrovengewächsen (Rhizophoraceen), die an tropischen Küstenstreifen mit ihren stelzigen Luftwurzeln einen ganz eigentümlichen Vegetationstyp bilden. Nur handelt es sich bei den Neagari-Bonsais keineswegs um Mangrovenarten, sondern um Wacholder und Kiefern; auch steht die Pflanze nicht im Schlick der Mündung eines tropischen Urwaldstromes, sondern ganz einfach in der Erde eines runden, quadratischen oder sechseckigen Topfes. Immerhin sagen selbst die Japaner, daß die hoch aus dem Topf wachsenden Wurzeln „dem Stamm (und dem Baum) einen ungewöhnlichen Charakter verleihen" (KOIDE/KATŌ/TAKEYAMA 1970). Und das ist schon fast ein Geständnis.

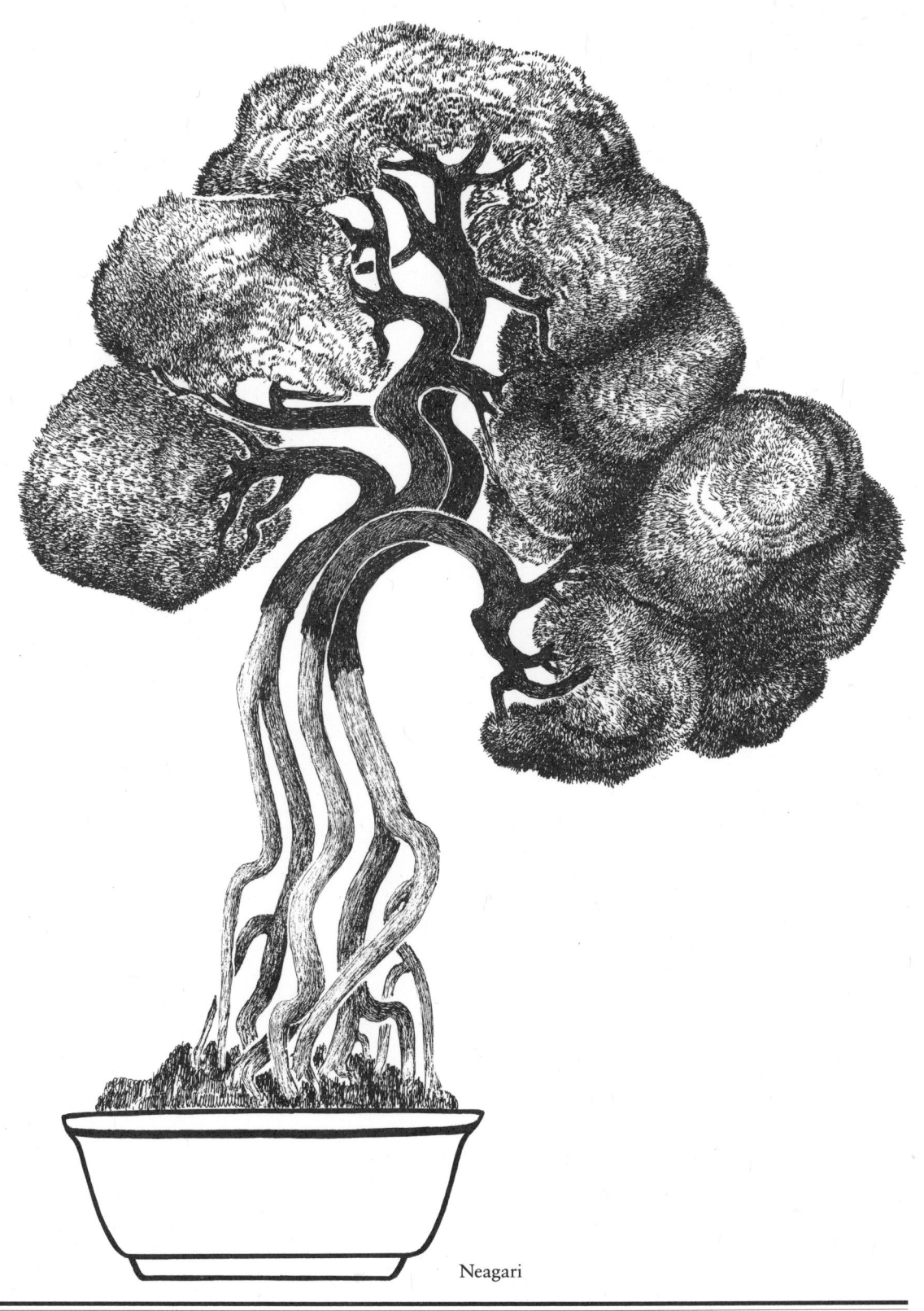

Neagari

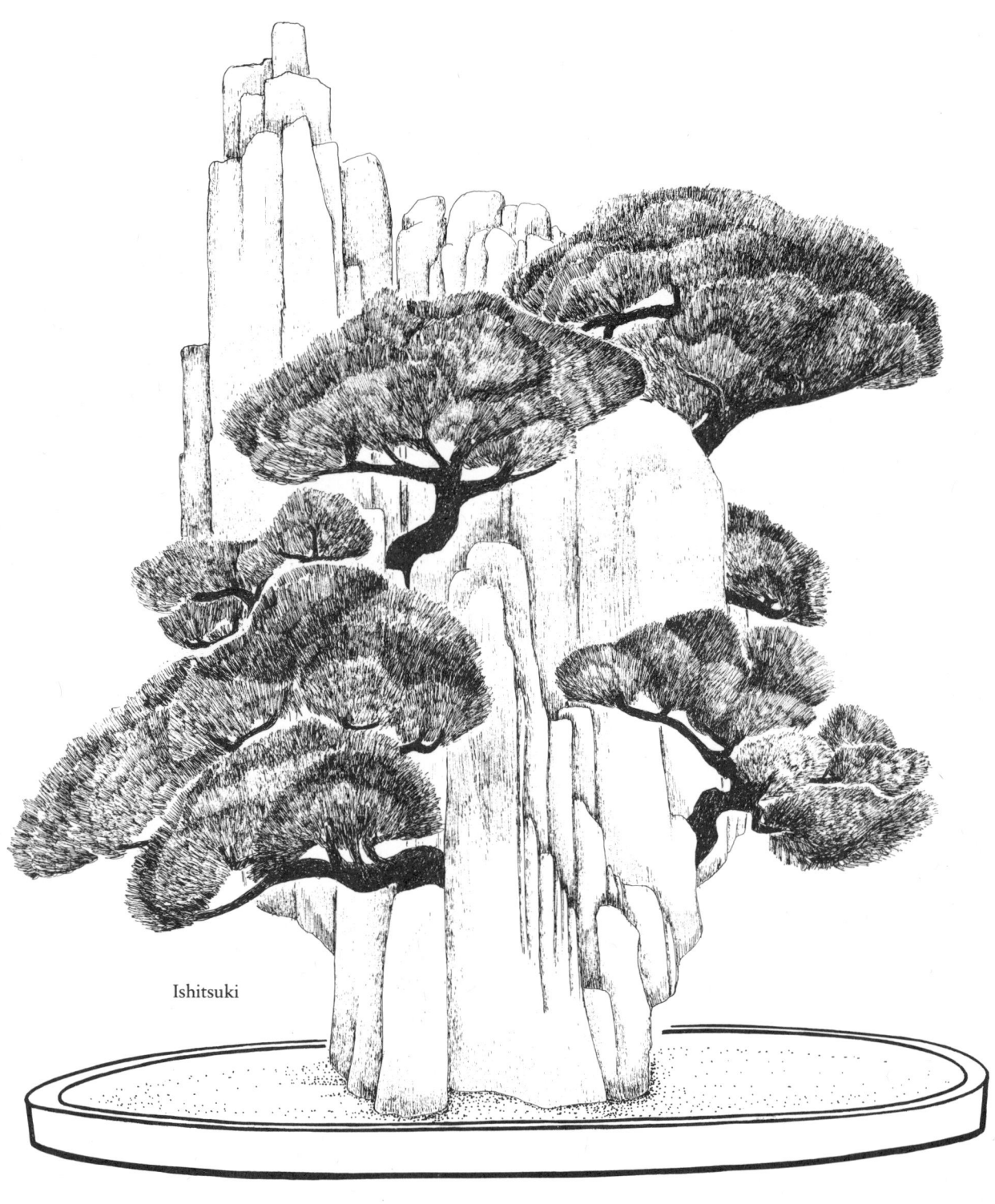

Ishitsuki

Sekijôju

Gestaltung mit Steinen

Sekijôju und Ishitsuki

Bei der allgemeinen Würdigung des Steines als gestaltendem Element in der chinesisch-japanischen Gartenkunst ist er auch dem Bonsai auf natürliche Weise verbunden. Wenn eine Pflanze, die sich in freier Natur normalerweise zu einem großen Baum auswachsen würde, selbst in vielen Jahrzehnten nicht mehr als ein paar Dezimeter

Höhe erreicht hat, liegt die Ursache häufig in einem durch Felsen eingeengten Wurzelraum.

Die Sekijôju-Form, bei welcher der Baum, wenn auch auf Umwegen, schließlich doch noch das Erdreich im Pflanzgefäß erreicht, gewinnt ihren Ausdruck hauptsächlich aus dem Wurzelwerk; dieses muß, den Stein fest umklammernd und den Baum hierdurch verankernd, bei einem guten Exemplar deutlich sichtbar sein. Die Szenerie des Sekijôju verlangt eine Vorstellung von „Gebirge".

Eine weitere Art der Verbindung von Bonsai und Stein ist die Ishitsuki-Form („Felsenform"). Die

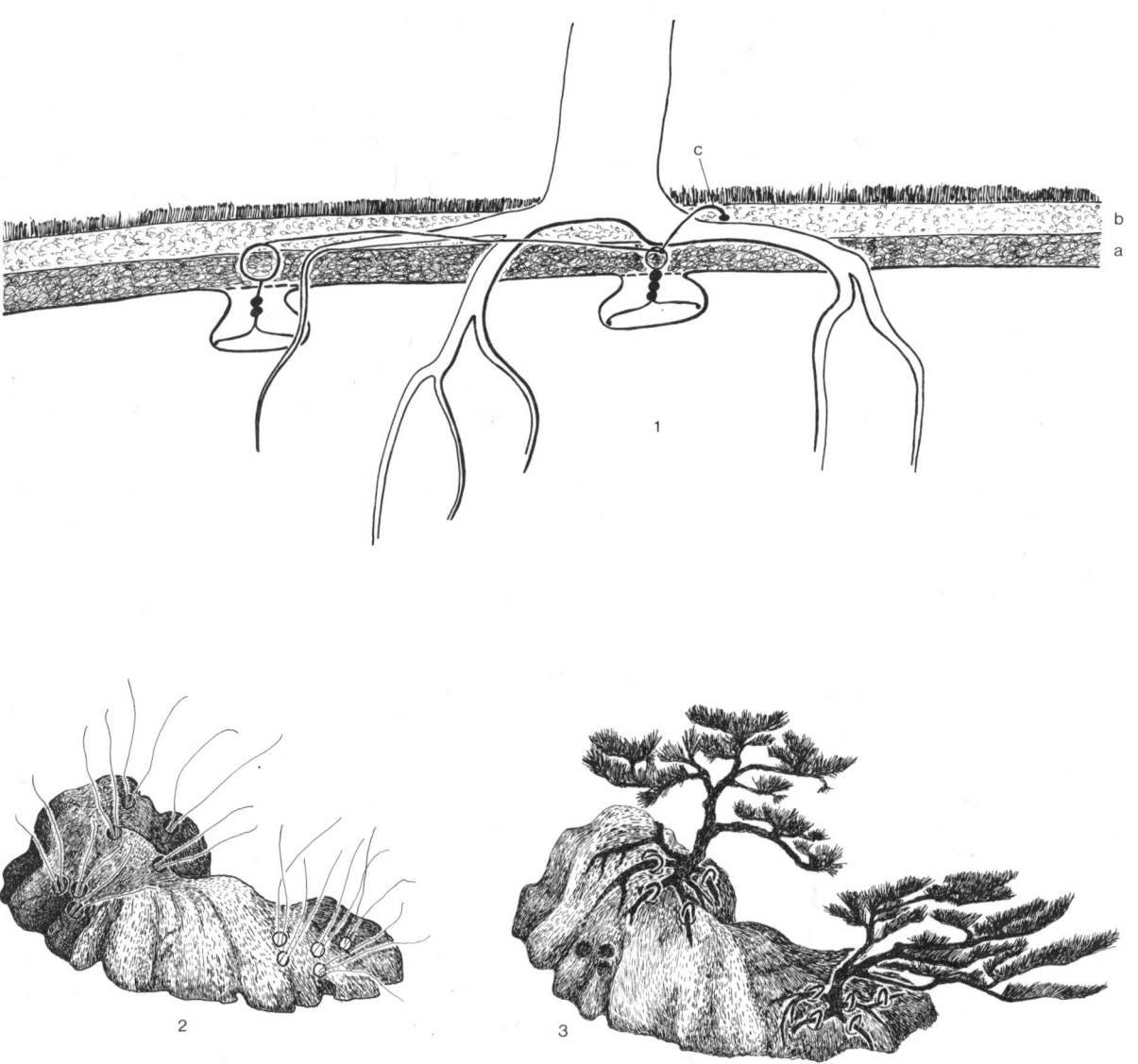

Technik für Ishitsuki

1, 2 In den Stein an passenden Stellen Löcher bohren oder meißeln. Drahtösen eingipsen, einzementieren oder mit flüssigem Kunststoff einlassen. Durch die Ösen dünne Drähte ziehen. Die halbe Stärke der letztlich möglichen Lehmschicht auftragen (Schicht a). Sie wird je nach Beschaffenheit des Steines und Größe der Pflanze immer variieren.

1, 3 Die von alter Erde befreiten Wurzeln zwischen den Drahtösen auf dem Lehm verteilen und leicht andrücken. Mit den Drähten die Wurzeln fixieren; sind Verletzungen oder Einschnürungen zu befürchten, legt man kleine Streifen Kunststoffolie zwischen Wurzel und Draht. Im Anschluß

daran wird die zweite Lehmschicht (b) aufgetragen und glattgestrichen. Darauf kann dann mit Drahtbügeln (c) Moos aufgebracht werden.

Bei größeren Arrangements besteht auch die Möglichkeit, Samen allerfeinster Gräser in die oberste Lehmschicht zu drücken. Der sich bildende Rasen verhindert, wie das traditionelle Moospolster, die allzu rasche Austrocknung des Bodens und das Abschwemmen beim Gießen.

In der ersten Zeit wird diese Form nur gesprüht; jede andere Art der Wässerung ist zu grob. Bis zur Erholung und Einwurzelung der Pflanzen halbschattig stellen.

Pflanze entwächst einer Spalte oder Vertiefung im Stein und hat keinen weiteren Wurzelraum zur Verfügung als den auf oder im Stein vorhandenen. Dabei steht der Stein häufig in einer flachen, mit Wasser gefüllten Schale, ein größeres Gewässer andeutend.

Die Gestaltung der Pflanze folgt in beiden Fällen dem frei aufrechten, dem geneigten, dem windgepeitschten oder dem Literatenstil. Eine Kaskadenform, deren Wurzeln über Steine wachsen, ist selten. Der formal aufrechte oder der Besentyp paßt nicht zu der dramatischen Gestaltung mit einem Stein. Da dieser ein wichtiger Faktor der Komposition ist, wird man auf seine Größe und Form in bezug zur Pflanze und zum Gefäß sorgfältig achten müssen. Pflanzenform und Silhouette des Steins bilden eine Einheit. Es reicht nicht aus, einen Stein einfach zu bepflanzen, auch wenn die Pflanze gesund, Topf und Stein an sich schön sind. Nur in der sinnreich gestalteten Beziehung aller Teile zueinander gewinnt auch dieser Typ erst seine Qualität.

Hinsichtlich der Gesteinsarten gibt es keine Beschränkung, nur ist bei der Ishitsuki-Form eine poröse Gesteinsart, z.B. vulkanisches Gestein, sehr vorteilhaft. Bei der Pflanzung auf den Stein sollte das Erdreich überall mit einer Unterpflanzung von Moosen und Kräutern bedeckt sein, wodurch einer allzuschnellen Austrocknung vorgebeugt wird. Gute japanische Bonsais vereinen jedoch kaum mehr als drei verschiedene Pflanzen (einschließlich Hauptpflanze). Ferner ist zu bedenken, daß ein Arrangement mit einem Stein sinnlos wird, wenn dieser unter Laubmassen verschwindet. In mindestens einem Drittel des Bildes muß Felsoberfläche sichtbar bleiben.

Präsentation eines unbearbeiteten Steines

Weist ein Stein eine die Phantasie besonders anregende Form auf, so daß jeder ganz spontan sagt: „Der sieht aus wie ein Boot, ein Berg in der Ferne, ein Wasserfall, eine Schäre im Meer usw.", hat er eine ausdrucksvolle Maserung oder interessante Oberflächenstruktur, so wird man ihn wohl auch ohne Baum, in einer flachen Schale im Wasser liegend oder von schwellenden Moospolstern umrahmt, vielleicht aber auch ohne alle Zutat, aufstellen. Dazu wird der Stein auf eine flache, metallene oder keramische Unterlage gesetzt, deren Material, Form und Farbe seine Schönheit dezent unterstreicht.

Europäische Leser sind eventuell zunächst geneigt, hier den Kopf zu schütteln: Alles was recht ist, ein Stein und nichts dabei – etwas mager, nicht wahr? Dabei ist die Repräsentation eines unbearbeiteten Steines in dieser Form die logische und ästhetische Konsequenz der Handhabung naturgeformten Felsgesteins in der japanischen Gartentradition. Wenn ganze Gärten einzig aus Steinen und Sand bestehen können, dann wird sich die Kraft des „Alles-Auslassen" und „Alles-Vorstellen" auch in den nachgebildeten Miniaturen bewähren. Schließlich teilen wir Europäer mit den Japanern die Faszination, welche von zufällig aufgefundenen Steinen ausgeht. Jeder hat doch sicherlich schon einmal vom Urlaub an der See oder im Gebirge einen bemerkenswert geformten, wunderbar gemaserten Stein mit nach Hause genommen. Dort mit dem Fund angekommen, wußte man nicht so recht etwas mit ihm anzufangen. Lassen wir uns von der japanischen Behandlung dieses herrlichen Materials zu nachgestaltender Interpretation alter Formen und zu eigenen Experimenten anregen!

Flache Gesteinsplatten und Steine mit natürlicher Mulde (es kann mit dem Meißel nachgeholfen werden, wenn es nur unsichtbar bleibt) werden auch an Stelle von Pflanzgefäßen verwendet. Mulden sollten, wenn es die Gesteinsart irgend erlaubt, mit einem Abzugsloch versehen werden. Es geht auch ohne, aber richtiges Wässern wird dann zu einem Kunststück. Man braucht diese Pflanzungsträger aus naturgeformtem Material bei jahreszeitlichen Arrangements mit Kräutern, dem Literatenstil und den formal-freien Bonsai-Typen wie Halbkaskade, windgepeitschte Form, Floßstil und anderen Gruppenpflanzungen.

Kabudate (Kabubuki,
Kabudachi)

Sôkan

Mehrstämmig aus einer Wurzel: Kabudate (Kabubuki, Kabudachi)

Eine weitere Gruppe von Bonsais unterscheidet man durch die Anzahl ihrer Stämme, die aus einem Wurzelstock wachsen. Das können zwei (Sôkan), drei (Sankan), fünf (Gokan), sieben (Nanakan), neun (Kyûkan) oder auch mehr Stämme sein. Diesen Typ nennt man Kabudate (= „viele Stämme“), aber auch Kabubuki und Kabudachi (= „Gruppe, Haufen, kleines Gehölz“). Niemals sollte ein Bonsai mit einer geraden Anzahl von Stämmen gezogen werden, weil die Gefahr einer unerwünschten Symmetrie zu groß wäre. Typisch für diesen Gestaltungsstil ist – im Gegensatz zum Netsuranari- oder Ikadabuki-Bonsai, bei dem auch mehrere Bäume aus einem Wurzelsystem wachsen –, daß die Stämme entweder als eine dichte Einheit aus dem Boden treten oder sich aus einem, nur sehr kurzen, gemeinsamen Stumpf teilen.

Sôkan

Ist die Behandlung der drei- und mehrstämmigen Formen sehr frei und nur eben den allgemeinen Gesetzen eines ausgewogenen Pflanzenaufbaus unterworfen, so kann man doch Sôkan („Zwillingsstamm“) als selbständigere Form ansprechen. Von den beiden Stämmen, die am Boden in einem spitzen Winkel zusammenwachsen, ist der eine deutlich dicker und länger als der andere, meistens ist das Verhältnis 2 : 1. Stärkere Differenzen oder nähere Angleichung der Doppelstämme aneinander wirken unbefriedigend. Eine Frage des anschließenden Kronenaufbaus ist es, ob der kleinere, auch „das Kind“ genannt, sich auf der Hälfte seiner Länge in einer mehr oder weniger scharfen Biegung zur Seite von seinem „Elternteil“ abwendet, oder ob beide Kronen aufrecht wachsend sich zu einer einzigen vereinigen. Der Ausdruck eines Sôkan ist freundlich, heiter und zufrieden, so wie es einer zärtlichen Zweierbeziehung zukommt.

Die mehrstämmigen Formen werden durch Abmoosen oder Veredeln gezogen, falls man nicht mit spontanem Stockausschlag Glück hat. Während man sonst vor Veredelungen warnen muß, da die Ergebnisse in ihrer Qualität mehr als unsicher sind, wird man bei diesem Typ auf Erfolge hoffen können: die Veredelungsstelle befindet sich dicht über dem Boden oder sogar auf dem Wurzelhals, so daß die beim Zusammenwachsen zu erwartende Schwellung entweder nicht sichtbar wird oder als natürliche Verdickung des Stammes interpretiert werden kann.

Hinsichtlich der zu verwendenden Arten gibt es bei den mehrstämmigen Bonsais kaum Beschränkungen. Nur werden Koniferen und besonders kleinlaubige Arten vorgezogen, da die enge Stammstellung und das Verfilzen der Äste und Zweige bei größerlaubigen Pflanzen nicht genügend Licht und Luft in die Krone gelangen lassen. Daher werden in Japan in diesem Stil vorzugsweise die folgenden Gehölze gezogen: *Cryptomeria* (Sicheltanne), *Picea jezoensis* (Yedofichte), *Pinus parviflora* (Mädchenhaarkiefer), *Punica granatum* (Granatbaum), *Acer buergerianum* und *A. palmatum* var. *matsumurae* (Japanischer Fächerahorn).

Netsuranari und Ikada-buki

Auch die Netsuranari-Form („verbundene Wurzeln“) und Ikada-buki („Floßform“) zeigen mehrere Bäume, die aus einem Wurzelwerk wachsen, jedoch an voneinander entfernteren Punkten aus der Erde kommen. Dieser Wurzelstock liegt jedenfalls an den Stellen, an denen die einzelnen Bäume aus ihm emporwachsen, frei über dem Boden. Beim Netsuranari ist es eine sich halb oberirdisch schlängelnde Wurzel, aus der sich die Stämme frei nach allen Seiten erheben. Die in der Natur vorkommende Ausbreitung durch Wurzelausläufer und die Schleppenbildung einiger Gehölzarten ist hier das Vorbild, daher die ungezwungene, fast regellose Gestaltungsform. Verwendet werden Mädchenhaarkiefer *(Pinus parviflora)*, Yedofichte *(Picea jezoensis)*, Chinawacholder (*Juniperus chinensis* 'Sargentii') und Kriechwacholder (*J. horizontalis* 'Alpina'), bei denen an entsprechenden Stellen Zweiglein als „Bäume" mittels Stäbung oder Drahten aufgerichtet werden.

Die für die Floßform nötige Zuchtmethode ist genau das, was der fertige Bonsai in der Phantasie des Betrachters als Bild wachrufen sollte: in einem Sturm wird ein Baum umgeworfen. Der Stamm liegt flach auf dem Boden, die Äste, die sich auf dieser Seite befanden, sind abgebrochen oder haben sich in das weiche Erdreich gedrückt.

Wenn der Baum auch gestürzt ist, so funktioniert doch das Wurzelwerk weiterhin. Die Zweige, die nicht „abbrachen", ordnen sich neu nach oben, dem Licht entgegen, wachsen weiter als Bäume. Da sie alle dem alten Stamm entspringen, stehen alle auf einer Linie, in einer Ebene, und werden – auch darin im Gegensatz zum Netsuranari – aufrecht, höchstens leicht geneigt, gezogen. Daher auch der Name, welcher auf die Ähnlichkeit dieser Form mit zu einem Floß zusammengebundenen Baumstämmen hinweist. Hauptsächlich findet man in dieser Gestalt die Mädchenhaarkiefer *(Pinus parviflora)*, aber auch andere Arten sind einen Versuch wert.

Netsuranari

Ikada-buki

Gruppen aus Einzelbäumen

Yose-ue

Zusammenpflanzung mehrerer Einzelbäume zu Bonsai-Gruppen ist sicherlich eine der wirkungsvollsten Stilrichtungen. Nirgends sonst wird die Vorstellung von Landschaft, Weite, in der die Bäume in Wäldern und Hainen zusammenstehen, so unmittelbar angesprochen. Bei keiner anderen Form können perspektivische Wirkungen so intensiv die Phantasie unterstützen wie bei Yose-ue („Waldform").

In der Regel werden Pflanzen gleicher Art zusammengestellt. Wenn jedoch eine gemischte Komposition erwünscht ist, darf man natürlich nur Bäume zusammenbringen, die auch in der Natur zusammen wachsen würden, also gleiche Boden- und Klimaansprüche haben. Es sei jedoch vor den gemischten Gruppen ein wenig gewarnt. Ihnen haftet leicht ein sichtbar Gewolltes an. Wer noch nicht über gehörige Erfahrungen verfügt, sollte sich erst gar nicht mit ihnen abgeben. Außerdem ist die Pflanzung mit einer Art schon deshalb befriedigender, weil alle Bäume der Gruppe zur selben Zeit gleiche Kulturmaßnahmen erfordern und sich daher auch immer in einem gleich attraktiven Zustand befinden, was bei einer Mischung von Immergrünen und Laubgehölzen keineswegs der Fall ist.

Wie bei den mehrstämmigen Bonsais sind auch hier, mit Ausnahme der Zweiergruppe, geradzahlige Formen unerwünscht. Einige weitere Richtlinien der aufgelockerten Gruppenpflanzung sind:

1. Es sollten alle Bäume etwa das gleiche Alter haben.
2. Wuchshöhe und Stammstärke sind proportional, d. h., der höchste Baum ist auch der dickste von allen.
3. Weder vorn noch von der Seite gesehen, dürfen zwei oder gar mehrere Bäume in einer Linie stehen.
4. Die größeren Bäumchen werden nach vorn, die kleineren nach hinten gesetzt, um eine größere Tiefenwirkung der Perspektive zu erzielen.
5. Vorn stehen die Bäume weiter auseinander als hinten. Auch das verstärkt die Tiefenwirkung.
6. Hohe und niedrige Pflanzen nicht wild durcheinander setzen. Versuchen, eine ruhige wel-

Yose-ue

Tsukami-yose

lenförmige Bewegung in den Größenabstufungen zu erreichen.

7. Die Zweige dürfen sich, damit ein echter Waldeindruck entsteht, wohl kreuzen, durcheinander und ineinander verlaufen, aber immer muß noch genügend Licht in die Pflanzung dringen, da sie sonst von innen heraus verkahlt.

8. Vielstämmige Gruppen werden in zwei oder drei Untergruppen geteilt, die bei der Zusammenstellung als mehr oder weniger deutlich sichtbare Einheiten zueinander in Beziehung gesetzt werden.

9. Die Bodenoberfläche des flachen Containers sollte nicht viele kleine, sondern eine einfache deutliche Bewegung zeigen.

10. Die unbepflanzten Stellen (Pausen) zwischen den einzelnen Bäumen, den Baumgruppen und der Bepflanzung insgesamt gegen den Rand der Pflanzschale hin sind ebensowichtige Gestaltungselemente wie die Pflanzen selbst.

11. Krautige Unterpflanzung ist immer nur Gewürz, nicht Teil der Speise selbst. Es soll also

die Wirkung verstärken, ohne sich aufzudrängen. Stets sparsam verwenden und regelmäßig trimmen, um die Proportionen zu erhalten.

Tsukami-yose

Diese Gruppenpflanzung ist in der Wirkung der vielstämmigen Kabubuki- oder Kabudachi-Form sehr ähnlich. In jedem Fall kommen an einem Punkt mehrere Stämme aus dem Boden, bei Kabudachi allerdings mit einem gemeinsamen Wurzelsystem, während bei Tsukami-yose jedes einzelne Stämmchen sein eigenes Wurzelwerk hat.
Für die Gruppengestaltung sind eigentlich alle Bonsai-Pflanzen geeignet; am meisten gebraucht werden jedoch *Pinus parviflora* (Mädchenhaarkiefer), *Picea jezoensis* (Yedofichte), *Cryptomeria japonica* (Sicheltanne), *Zelkova serrata* (Zelkowe), *Carpinus betulus* (Hainbuche), *Acer buergerianum* und *A. palmatum* (Japanischer Fächerahorn).

WEITERE STILRICHTUNGEN

Mame-Bonsais (Baby- oder Miniatur-Bonsais)

Beschränkte sich der ursprüngliche Bereich der Bonsai-Kultur auf Gehölze in Größen von 30 cm bis höchstens 1 m, die in subtil auf sie abgestimmten Pflanzgefäßen gezogen wurden, so trieb der Enthusiasmus der Gärtner schon in Japan zu einer Ausweitung des Bonsai-Gedankens. Dies geschah einmal im Hinblick auf das absolut mögliche Reduzierungsminimum eigentlich großer Bäume und Sträucher (Mame-Bonsai), zum anderen führte es zur Einbeziehung neuer Pflanzen in den Bereich der Bonsai-würdigen, die sowieso im japanischen Leben eine besondere Rolle spielen, wie Bambus und Chrysantheme. Auf diese Weise entstand der „Mame"-, der Baby- oder Miniatur-Bonsai. Er stellt nun wirklich mit seinen 5 bis 15 cm das Nonplusultra an denkbarer Baumwinzigkeit dar. Das Baumleben bleibt aber doch mit allen seinen Funktionen erhalten, mit Blättern, Blüten und Frucht. Äpfel und Kirschen wachsen an einem nur fingerlangen Stamm. Es ist wirklich verblüffend, wenn man es zum erstenmal sieht. Ist es aber auch schön?

Selbst in Japan, wo das Ziehen von Mame-Bonsais durchaus seine Anhänger hat, ist man geteilter Meinung. Viele Autoren, die für die englischsprachige Welt das Thema „Bonsai" behandelten, erwähnen den Miniatur-Bonsai nicht. Sicher reizt es die Gärtner, die eigene Geschicklichkeit unter Beweis zu stellen und das schier Unmögliche zu versuchen. Daher mag man Baby-Bonsais als persönliche Herausforderung betrachten. Sicherlich ist es erstaunlich, in welchen äußersten Einschränkungen sich pflanzliche Lebenskraft behauptet und unveränderlich nach den ihr genetisch eingeprägten Daseinsäußerungen des Grünens, Blühens und Fruchtens drängt.

Es sollen in diesem Zusammenhang einige reizvolle Aspekte der Mame-Bonsai-Zucht nicht unerwähnt bleiben. Wer sich dem Bonsai-Hobby zuwenden will, ohne ein Stück Garten zur Verfügung zu haben, kann sich mit Baby-Bonsais eine sehr viel größere Sammlung schaffen als mit den erheblich größeren normalen Pflanzen. Man bedenke – und das ist wörtlich zu nehmen: Miniatur-Bonsais lassen sich schon in einer Nußschale ziehen!

Mame-Bonsais werden zwar lange nicht so alt wie die anderen, aber dafür sind sie auch eher fertig. Ein zwei- bis dreijähriger Sämling ist als üblicher Bonsai ohne jedes Interesse, als Mame zählt er aber durchaus schon.

Vielleicht wird auch die ganzjährige Aufstellung im Wohnbereich nicht auf die Schwierigkeiten stoßen, die bei den größeren Pflanzen zu gewärtigen sind. Wer Doppelfenster hat oder sie in seiner Wohnung einbauen lassen kann, vermag eine beachtliche Sammlung dieser Zwerge auf einem leichten Regal zwischen diesen beiden Fenstern unterzubringen. Auch eine voll klimatisierte Pflanzvitrine beherbergt schon leicht ein Schock der Winzlinge. Man kann so also die ganze Gesellschaft auf einen Blick vor Augen haben.

Die Pflanzenauswahl ist eigentlich dieselbe wie bei den üblichen Bonsais, nur daß man hier noch sorgfältiger auf kleinste Blattformen achten muß. Kurznadelige Kiefern (z.B. *Pinus parviflora* 'Bonsai', *P. parviflora* 'Brevifolia'), Wacholderformen

(*Juniperus communis* 'Compressa', *J. pfitzeriana* 'Compacta'), Sicheltanne *(Cryptomeria japonica)*, Buchsbaum *(Buxus microphylla)*, Zwergmispel *(Cotoneaster microphyllus)*, Mammutbaum *(Metasequoia glyptostroboides)* und andere Arten wurden als Mame behandelt.

Staunenswert sind natürlich immer wieder blühende und fruchtende Miniaturformen (Zieräpfel, Kirschen usw.), bei denen jedoch sowohl die Blüte als auch die Frucht deutlich außer Proportion sind. Denn was mit den Blättern möglich ist, daß man sie ein- bis dreimal vom Frühjahr bis in den Sommer entfernt, damit ein neuer, kleinerer und damit nun besser proportionierter Blattaustrieb erscheint, das kann man mit Blüte und Frucht eben nicht tun, so daß wohl die ausgewachsenen Holzäpfel an ihrem Stiel genauso lang und groß sind wie der ganze Baum.

Die Anzucht der Miniatur-Bonsais erfolgt vorzugsweise aus Samen und Stecklingen. Gruppenpflanzungen werden von beiden Vermehrungsarten meistens nicht erst später zusammengestellt, sondern sofort in den entsprechenden Container gesät oder gesteckt und so von vornherein als eine Einheit behandelt. Wegen des winzigen Wurzelraumes ist die Gefahr totaler Austrocknung sehr schnell gegeben. Die Erdmischungen werden daher immer etwas lehmhaltiger sein als üblich, und die Pflanzen müssen, besonders im Sommer, in Bereichen mit hoher Luftfeuchtigkeit stehen (leichter Schatten, häufiges Überbrausen der Bonsais und ihrer Umgebung!).

Richtige Pflanzgefäße hält der Fachhandel bereit. Da die Gestaltung hier eine nicht so entscheidende Rolle spielt, gibt es auch bei der Auswahl der als geeignet erscheinenden Gefäße keine so strengen Kriterien. Unauffällige Töpfchen sind aber in jedem Falle vorzuziehen; indiskutabel ist die Bepflanzung von Eierbechern, Souvenirgläschen und -stiefelchen und anderem Touristenmüll.

Mame-Bonsai

63

Kengai-giku
(Kaskade-Chrysanthemen)

Die Chrysanthemen sind in China und Japan schon seit jeher besonders geschätzte Blumen. Viele Sorten wurden gezüchtet, in vielen Formen und für viele Zwecke sind sie kultiviert worden. Eigentlich gehört die Zucht von Chrysanthemen in Kaskaden- und anderen Formen nicht in den engeren Bereich der Bonsai-Kultur. Sie ist viel eher mit der westlichen Floristik verwandt, prächtig, doch ohne die stille Kraft eines Bonsai-Gehölzes. Im handwerklichen Ansatz, der gärtnerischen Geschicklichkeit, gibt es jedoch Verbindungen zwischen beiden Gebieten. Der meist ungeduldige Europäer wird sich über die schnell zu erzielenden Ergebnisse und die große Dekorationswirkung freuen, erst recht, solange seine anderen Bonsais jung sind und noch nicht so viel herzeigen.

Kaskade-Chrysanthemen werden wie einjährige Blumen behandelt. Schon ab Mitte November werden noch weiche Stecklinge gepflanzt, denn je früher der Steckling gesetzt wird, desto größer kann die Pflanze werden. Die Meister in ihrem Fach erreichen Exemplare bis zu 2,50 m; ein geschickter Laie kann aber auch bald Größen bis zu 1,20 m ziehen. Für unseren Zweck wird man besonders wüchsiges Stecklingsmaterial wählen. Wenn man im November nicht zum Setzen der Stecklinge gekommen ist, kann man es noch einmal von Mitte Februar bis Anfang März versuchen; danach ist es für Kaskade-Chrysanthemen zu spät.

Das Prinzip dieser Kultur liegt darin, die Pflanzen von der Wurzelbildung ab andauernd und kräftig, ohne alle Unterbrechung, wachsen zu lassen. Daher wird auch gleich einzeln in Töpfe gesteckt, was bei den zu erwartenden hohen Anwachsprozenten auch aus Platzgründen zu vertreten ist. Ob man mit oder ohne Bewurzelungshormon arbeitet, spielt keine große Rolle. Als Anzuchttöpfe werden die aus Preßtorf hergestellten Jiffy-Pots (4 cm) empfohlen. Sicher und schnell ist die Bewurzelung bei gespannter Luft, also unter Glas oder Plastik. Sehr gut sind kleine, mit einer Fuß-

bodenheizung ausgestattete Vermehrungskästchen; sie werden bei allen Bonsai-Anzuchtarten verwendet.

Nach der Bewurzelung gibt man viel Licht und Luft, um die Blumen abzuhärten. Leichte Bodenwärme (16 bis 18 °C), also der Gebrauch einer Heizmatte o. ä., führt zu deutlich schnellerem Wachstum. Über die ganze Entwicklung der Pflanze hin bis zum voll erblühten Exemplar wird regelmäßig gedüngt, entweder mindestens wöchentlich einmal oder besser bei jedem Gießen mit entsprechend reduzierten Konzentrationen. Sobald die ersten Wurzeln die Topfwände zu durchwachsen beginnen, der bisher zugestandene Wurzelraum also ausgenutzt ist – aber nicht früher –, wird in 7-cm-Töpfe umgepflanzt. Die Erde soll kräftig und locker sein, also etwa:

5 Teile Lehm
4 Teile Lauberde/Kompost (sterilisiert)
2 Teile fermentiertes Rapsschrot oder
   Hornspäne
1 Teil Holzkohle (2,5 bis 1,0 cm)

Aber auch andere Mischungen mit ähnlichen Eigenschaften sind möglich. Da nichts den ungestümen Wachstumsverlauf bremsen oder gar hindern darf, wird in jedem Fall vorbeugend alle 14 Tage mit einem Kombinationsmittel gegen tierische und pilzliche Schädlinge gespritzt. Und immer wieder, sowie es die Witterung erlaubt, lüften und viel Sonne an die Pflanzen lassen.

Mitte März sollten die Chrysanthemen bis zu 15 cm hoch sein und schon die ersten Seitentriebe bilden. Ein neuer Topf, etwa 18 cm, wird nötig. Will man große Pflanzen, kann man Töpfe bis zu 30 cm verwenden. Für unsere Zwecke sind die schwarzen Baumschul-Container aus Polyäthylen geeignet. Besonders schöne Töpfe benötigt man nicht unbedingt, da sie hinter der Blumenschleppe verschwinden werden.

Das Umtopfen soll bestimmt und behutsam vorgenommen werden; in der ersten Woche nach dem Umtopfen wird noch nicht gedüngt, damit die Pflanzenwurzeln Zeit haben, sich in dem neuen Raum „einzugewöhnen". Jetzt beginnt die eigentliche Erziehungsarbeit.

Bambus, Take, 60 cm hoch, wird, seiner eigentlichen Natur entsprechend, als Yose-ue-Bonsai gezogen. Hier dient als Pflanzgefäß eine hart gebrannte Steingutscherbe, wie sie für solch freie Formen, Gruppenarrangements und den Gelehrten-Stil angeboten wird. Im unteren Drittel werden die Verzweigungen des Bambus entfernt, um die glatten Stämme und Internodien sichtbar zu machen. Der zarte Unterwuchs im Moos erhöht die Wirkung des Bambushains. (Eigentümer: Tomio Yamada.)

Acer palmatum, Kaede, mit Rhododendron, Moosen und Gräsern als Ishitsuki-Bonsai, Höhe 22 cm. Die Wirkung des Wassers in der Schale wird durch eine verhaltene, blaue Innenglasur verstärkt. (Eigentümer: Tomio Yamada.)

Acer palmatum, Yama-momiji, Fächerahorn im Moyogi-Stil. Rindenfarbe, Stamm- und Zweigstruktur machen so vollkommene Bonsais auch im entlaubten Zustand interessant. Man hüte sich jedoch, den Baum aus seiner Winterruhe zu reißen, indem man ihn länger in einem geheizten Raum aufstellt. Wichtig für die Qualität dieses Exemplars ist die wuchtige Verbreiterung der Stammbasis. Die matte Farbe der Glasur paßt zur Pflanze in jeder Jahreszeit. ▷

Blühende 50jährige Chaenomeles speciosa, Chojubai, Scheinquitte, im Kabudachi-Stil, etwa 30 cm hoch. Wenn sich das Moos im Frühjahr noch gar nicht neu begrünt hat, öffnen sich die Blüten, deren Rot in der überlaufenden Glasur der wertvollen Schale widerklingt.

Ginkgo biloba, Icho oder Ginnan, dreistämmiger Ginkgo, ▷ als Sankan-Bonsai zum Kabubuki-Stil gehörend, 80 cm hoch und etwa 50 Jahre alt, in prächtiger Herbstfärbung. Der farbliche Gegensatz zwischen Blättern und Holz macht die ausgewogene Struktur der Pflanze deutlich, welcher das rechteckige, unglasierte, rote Tongefäß entspricht. Auch unglasierte Tongefäße werden in Japan so gebrannt, daß die entstellenden Ausblühungen selbst nach jahrelangem Gebrauch nicht auftreten.

Tsuga diversifolia, Kome-tsuga, Hemlockstanne, als 90 cm breiter Han-kengai. Da die Tsuga diversifolia langsamwüchsig ist, eignet sie sich gut als Bonsai-Material. Am besten gedeiht sie, wie alle Tsugen, bei hoher Luftfeuchtigkeit und nicht zu hohen Sommertemperaturen. Auf die schlichte Urtümlichkeit der Pflanze ist der dunkle, unglasierte Topf abgestimmt. (Eigentümer: Denji Yamagishi.)

Fagus crenata, Buna, Kerbbuche, aufgenommen vor dem ▷ Laubaustrieb im Frühjahr, als Yose-ue-Gruppenpflanzung. Wie wir es auch bei unseren Buchen kennen, bleiben bei dieser Art einige trockene Blätter den ganzen Winter über hängen und erhöhen so im Kontrast die Ausdruckskraft der hellen Stämme. (Eigentümer: Tokijiro Matsumoto.)

Ilex serrata [var. sieboldii], Umemodoki, als Sankan-Bonsai, 50 cm hoch. Diese Stechpalme (oder Hülse) ist laubabwerfend, aber die reichlich angesetzten roten Beeren zieren den Baum bis weit in den Winter hinein. Glasur und Dekor der Pflanzenschale entsprechen japanischer Tradition. (Eigentümer: Kajuji Matsushima.)

Fagus crenata, Buna, Kerbbuche, auf der in Form einer Gesteinsplatte gestalteten Tonscheibe, 66 cm hoch. Sicherlich wäre eine Naturgesteinsplatte vorzuziehen, aber man muß auch daran denken, daß Platten in diesen Stärken oft nicht so stabil sind wie die häufig gebrauchten Tonscheiben. Man kann also auch ganz ohne Topf auskommen, ja alle Naturarrangements, zu denen auch die Yose-ue-Gruppe zählt, werden sogar besonders gern so aufgepflanzt. Allerdings ist die Wartung dieser Bonsais etwas heikel. Die Feuchtigkeit hält sich hier nicht wie in einem Topf. Besonders im Sommer muß häufiger überbraust werden, und das Moos auf dem Boden fungiert nicht nur als grünender Unterwuchs. Aber durch die schmucklose, schlichte Schönheit dieser Gruppe wird jeder Aufwand mehr als entschädigt. (Eigentümer: Tomio Yamada.)

Yose-ue-Gruppenpflanzung mit Zelkova serrata, Keyaki, Höhe etwa 60 cm, in blau glasierter Schale (80 cm). Dies ist eines der wenigen großen Meisterwerke im Yose-ue-Stil, so vollkommen ausgeführt, daß es im belaubten wie auch unbelaubten Zustand gleich stark fasziniert. Mustergültig die perspektivische Pflanzung: starke Stämme und hohe Pflanzen vorn, dünne und kleine hinten; aber auch diese Regel

aufgelockert durch natürliche Ausnahmen. Vorbildlich die Gliederung des Kronenbereichs: dicht, aber nicht verfilzt, immer noch – selbst im belaubten Zustand – Durchblicke gewährend; feine Abstufungen von starkem über mittlerem zu feinerem Holz. Selbstverständliche farbliche Ausgewogenheit: Laub, Stämme und moosbedeckte Erde, blaue Wasserkühle der Schale und warmer Braunton des polierten Holzständers.

Eine Hokidachi-Form wird man fast immer aus einer Zel-kova serrata, Keyaki, ziehen, da sie in freier Natur fast von selbst in dieser Besenform wächst. Selbstverständlich ist die Position des Baumes im Topf dezentralisiert, wunderbar nu-ancenreich die hügelige Erdoberfläche in ihren Grün- und Brauntönungen, aus der sich die Glätte des kompakten Stammes erhebt, um sich in der Verästelung der Krone zu zerstäuben.

Pinus parviflora, Goyomatsu, Mädchenkiefer in Kabudate-Form, über 50 Jahre alt, etwa 75 cm hoch, in einer Pflanz-schale aus unglasiertem Steingut in solider Standardqualität. Die besondere Schönheit dieses Bonsai beruht auf der zwar freien, jedoch äußerst klar gegliederten Struktur der Pflanze im etagenmäßigen Aufbau mit genügend Zwischenräumen und den scheinbar absichtslos stehengelassenen, abgestorbe-nen Ästen, welche gerade das Alter der Kiefer betonen.

Pinus parviflora, Goyomatsu, Mädchenkiefer, mit Unterwuchs im Ishitsuki-Stil auf einen Stein gepflanzt. Auch jüngere Pflanzen gewinnen Greisencharakter, wenn man sie mit
einem Stück gebleichten Holzes so arrangiert, daß die mut-
willige Verbindung der beiden verschiedenen Hölzer nicht
sichtbar ist. Der feingesiebte Kies in der wasserdichten, glasierten Schale symbolisiert – wie auch sonst im japanischen
Garten – Wasser. (Eigentümer: Hideo Katoh.)

Carpinus laxiflora, Aka-shide, Hainbuche, mit Unterwuchs ▷
in einer sehr naturhaften Yose-ue-Form auf eine Steingutscherbe gepflanzt. Verwendet man für solche Arrangements
Natursteinplatten, sollte man in diese für die Pflanzung eine
leichte Senke meißeln oder – bei brüchigerem Material –
schleifen. (Eigentümer: Hideo Katoh.)

„Sengoku-Schiff", Chrysanthemen im Sekijoju-Stil. Chrysanthemenkompositionen erhalten von ihren Gärtnern, wenn es sich nicht um reine Kaskadenformen handelt, häufig phantasiereiche Namen, die entweder auf die Form oder den farblichen Ausdruck der Pflanze anspielen. Bemerkenswert sind hier die lang über den Stein herabrinnenden Wurzeln und das bemooste Umfeld des Steins. (Besitzer: All-Japan Chrysanthemum Association.)

Wisteria floribunda, Fuji, Wistarie, als Han-kengai. Wegen ▷
ihrer schönen Stammbildung sind die Wistarien oder Glyzinen unter den blühenden Kaskade- und Halbkaskadeformen besonders beliebt. Dabei lassen sich Wistarien sogar hochstämmig ziehen. Obgleich auch in blütelosem Zustand bemerkenswert, ist natürlich das Frühjahr *die* Zeit für den Blauregen. Um so reichlichen Blütenansatz zu erzielen, muß, wie bei den frei wachsenden, intensiv geschnitten und gedüngt werden. Blätter, die Blüten abdecken, wird man entfernen.

Prunus mume, Ume, japanische Aprikose in Bunjingi-Form. Wesentlich für die ganz außergewöhnliche Schönheit dieses Bonsais sind die Stammführung, der Flechtenbesatz auf Stamm und Boden und die unaufdringliche Schlichtheit des mit der Krone korrespondierenden Gefäßes. Wünscht man Moose und Flechten auf Pflanzen und Erdoberfläche, so stellt man die Bonsais – besonders im Sommer – halbschattig auf und sorgt durch häufigeres Übersprühen für gleichmäßige, leichte Feuchtigkeit.

Pinus parviflora, Goyomatsu, Mädchenkiefer, mit Unterpflanzung ordnet sich stilistisch in den Bereich der Literaten (Bunjingi)-Form ein, Höhe 95 cm. Bei diesem ausdrucksstarken Gehölz ist es schwer zu entscheiden, ob die Bleichtechnik für den verwitterten oberen Stammbereich verantwortlich ist oder ob die Kiefer schon so in freier Natur gefunden wurde. Falls Gärtnerkunst das Holz herauspräparierte, ist in diesem Fall die Bleichtechnik besonders sinnvoll angewendet worden. (Eigentümer: Hidekazu Yoda.) ▷

Bonsai-Garten in Japan. Ob es sich um eine öffentliche Ver-
kaufsausstellung oder die Aufstellung im privaten Bereich
handelt? Solche umlaufenden Steinbalustraden präsentieren
die Pflanzen angemessen und zweckmäßig in der richtigen
Betrachtungshöhe. Ein guter Bonsai braucht zur vollen Wirkung auch den rechten Rahmen. (Eigentümer: Mansei-en,
Ohmiya.)

Für unser rauheres Klima ist eine Schatten- und Schutzhalle, wenn nicht ein Gewächshaus, wünschenswert. Das Bild zeigt ein Beispiel aus einem englischen Garten. Die durchgängige Holzlattenkonstruktion ist einfach, schlicht und entspricht somit durchaus klassisch japanischem Empfinden.

Rhododendron keiskei, einzuordnen zwischen der windgepeitschten (Fukinagashi) und der Halbkaskaden-Form (Han-kengai). Bei blühenden Gehölzen, besonders bei Rhododendren, können wegen des Interesses, welches eben gerade an der Blüte besteht, strengste Formkategorien nur bedingt angewendet werden, wollte man nicht in jedem Jahr, auf Kosten der Struktur, einen Großteil der Blütenknospen opfern. Bei diesem Exemplar fällt die besondere Qualität des Stammes ins Auge, der sich kraftvoll aus dem bemoosten Boden erhebt. Blauglasierte Pflanzgefäße sind bei Rhododendren fast immer passend.

Ein vollendeter Ishitsuki-Bonsai mit Goyomatsu, Mädchenkiefer, Ahorn, weiteren Pflanzen und Moosen. Der Stein, auf den das Arrangement gepflanzt wurde, mag Europäern vielleicht zu bizarr erscheinen. Man vergleiche jedoch diese Form mit den Felsdarstellungen in der Malerei und man sieht sofort die Übereinstimmung, eine Übereinstimmung, die in beiden Fällen auf ganz realistische Vorbilder in der heimischen Umwelt zurückzuführen ist. Die blaue Innenglasur der Schale suggeriert, auch wenn sie nicht gefüllt ist, Wasser. (Eigentümer: Tomio Yamada.)

Eine etwa 50jährige Larix leptolepis, Kara-matsu, Japanlär- che, im Shakan-Stil, Höhe etwa 60 cm. Geschickt sind die abgestorbenen Zweige im oberen Stammbereich dem Be- trachter sichtbar gemacht und können so die Alterswürde des Baumes zusätzlich akzentuieren.

Prunus mume, Ume, die japanische Aprikose, wurde in ihrer ▷ Heimat zu einem der bedeutendsten Gartenbäume. Im Laufe der Zeit benannte man über dreihundert Varietäten. Selbst- verständlich wurde ein so hochgeschätztes Gehölz auch in die Bonsai-Kultur einbezogen. Dies ist eines der charakter- vollsten, über 100jährigen Meisterstücke. Vielleicht würde ein Purist etwas gegen die Form einzuwenden haben. Bei so alten Exemplaren lösen sich jedoch die ehemals intendierten Formvorstellungen auf, werden – fast – überflüssig.

25jähriger Acer palmatum 'Atropurpureum', Fächerahorn, in Sankan-Form, etwa 50 cm hoch, in tiefblau glasierter Schale. Eine Besonderheit der länglich-rechteckigen Schalen ist ihre leichte Wölbung zur Mitte hin, die sie leichter, aber auch spannungsreicher macht.

Juniperus chinensis var. sargentii, Shinpaku, Chinesischer ▷ Wacholder, in der Sabamiki(Spaltholz)-Technik. Eine Wacholder-Varietät, die an Japans Küsten und in den Bergen überall auf felsigem Grunde wächst. Diese extremen Standortbedingungen führen den Japanern den Shinpaku ständig in „Verwitterungszuständen" vor Augen, welche in der Bonsai-Kultur beim Sabamiki und Sharimiki nachgestaltet werden. Es fällt auf, daß die japanischen Gärtner beim Chinesischen Wacholder nur die weichen, schuppenförmigen Blättchen zulassen und alle stechenden Nadelaustriebe entfernen.

Etwa 20jähriger Yose-ue-Bonsai aus Acer buergerianum, To-kaede, Ahorn, etwa 65 cm hoch. Zum besonderen Ausdruck dieser Komposition gehört die leichte Linksneigung der meisten Stämme auf den freien Raum der Schale hin.

Es gibt kaum ein zarteres Grün als das des Fächerahorns im Frühjahr. (Wer es nicht erwarten kann, dem bietet sich die Möglichkeit, den Ahorn, wie auch die Weide und einige andere Gehölze, vorzutreiben!) Hier ein etwa 20jähriger Bonsai in Shakan-Form. Der braun glasierte Topf mit dem traditionellen Knopfleistenmuster trägt die optische Schwerelosigkeit der lichten Krone. ▷

Besonders gedrungene Pinus parviflora, Goyomatsu, Mädchenkiefer, im Chokkan-Stil. Dem starken Stamm und der
ausladenden Wurzelhalspartie entspricht das kompakte
Gefäß.

„Seemöve", Chrysantheme im Sekijoju-Stil. Hier inspirierte ▷
die Form der Pflanze den Gärtner zum Namen. (Besitzer:
All-Japan Chrysanthemum Association.)

Pinus parviflora, Acer, Rhododendron und andere Pflanzen auf einem Stein im Ishitsuki-Stil. Zur gewünschten Wirkung ist bei allen diesen Kompositionen die Insellage in einer größeren ovalen Schale auf einer Kies-Wasser-Fläche nötig. Für einen vollendeten Bonsai vereinigt dieses Arrangement zu viele verschiedene Pflanzen, die dazu noch den Stein fast völlig bedecken.

Zelkova serrata, Keyaki, im Sekijoju-Stil. Bei diesem außergewöhnlich eindrucksvollen Bonsai wird noch einmal deutlich, was es mit der Verbindung von Pflanze und Stein auf sich hat. Machtvoll umklammern die Wurzeln, den Baum in allen Wettern sichernd, den Fels. Die feine Verzweigung löst nach oben hin die Mächtigkeit von Stamm und Ästen auf. Gut sichtbar sind die hervorragend behandelten Schnittstellen, die hier ganz natürlich wirken. Schließlich ist auch der Farbeindruck des unbelaubten Bonsai harmonisch und vielseitig: Aufsteigend vom kühlen Blau der Schale über den von Moosen und Flechten überzogenen Boden, den dunkelschweren Stein zum hellen Rindengrau der Zelkowe, das bei den abgeblätterten Stellen ein helles Orange aufleuchten läßt.

96

Keine Pflanze kann vermittels der Spaltholz- oder Bleich-technik in relativ jungen Jahren schon wettergegerbte, wunderliche Greisenphysiognomie zeigen wie Juniperus chinensis, der Chinesische Wacholder, hier in der Varietät sargentii, Shimpaku, 70 cm hoch. Es ist richtig, daß man bei Anwendung der Bleichtechnik nicht nur den Stamm, sondern auch ein bis zwei Äste mitbehandelt, damit der Übergang vom Stamm zur Krone fließend wird. (Eigentümer: Yatsushi Uehara.)

Acer palmatum 'Atropurpureum', Nomura-kaede, Fächer- ▷ ahorn, in der Moyogi-Form. Ahornschönheiten gibt es zu jeder Jahreszeit; hier zeigt sich der erste rötliche Blattaustrieb, der im Laufe des Sommers ein wenig vergrünt, um in der Herbstfärbung noch strahlender wiederzukehren. Dazu passend das Gefäß mit ablaufender, mattblauer Glasur, die – wie bei fast allen japanischen Töpfen – den Fuß frei läßt, wodurch eine Trennungslinie zwischen dem allgemeinen Untergrund und dem Bonsai gezogen wird. Für die Wirkung von Pflanzen in glasierten Töpfen ist dieser Umstand keineswegs unerheblich.

Sogar eine Stecklingspflanzung kann – wenigstens vorübergehend – Bonsai-Qualitäten aufweisen. Diese sind sicherlich nicht mit den Maßstäben der klassischen Formkategorien zu messen, vielmehr tendieren solche Arrangements in den Bereich der Blumen-Bonsais, die häufig als jahreszeitliche Stimmungsbilder angelegt sind. So erfährt ein Satz fruchtender Prunus ästhetische Würdigung, wenn man vorausschauend ein schönes Gefäß zur Anzucht aussuchte. (Eigentümer: Iwao Arata.)

Sokan-Bonsai aus einer Rose. Wer hätte schon zu vermuten ▷ gewagt, zu welcher Holzschönheit Rosen heranwachsen können? Blüte und Frucht fügen weiteren Zauber hinzu. Dabei sind Rosen wirklich leicht zu ziehen. Stecklinge oder Sämlinge ergeben ein überall beschaffbares Ausgangsmaterial. Natürlich muß man etwas Geduld haben, bis ein solches Meisterwerk herangewachsen ist. (Eigentümer: Tomio Yamada.)

100

Taxus cuspidata, Eibe, im Tachiki-Stil. Die Kronenbildung ist ein wenig von dem sonst selten anzutreffenden Kraken- oder Takozukuri-Stil beeinflußt, bei dem einzelne Zweigpartien sich wie die Arme eines Octopus ausbreiten. Recht selten ist auch die Bleichtechnik bei dieser Gattung anzutreffen. Ein herrlicher Bonsai, bei dem noch einmal exemplarisch gezeigt wird, wie eine Stammbewegung von einer Gegenbewegung der Krone aufgefangen werden sollte.

Trachelospermum asiaticum, Teikazura, als Kengai, 130 cm ▷ hoch, im Schmuck der duftenden Blüten. Trachelospermum ist als Gartengehölz bei uns nicht bekannt, da nicht winterhart. Es gehört in die Familie der Hundsgiftgewächse (Apocynaceae), aus der uns Oleander (Nerium) und Immergrün (Vinca) vertraut sind. Wertvoll ist für uns Trachelospermum, neben dem ähnlich zu behandelnden Jasmin, wegen der recht guten Zimmerhärte, die es erlaubt, solch herrliche Pflanzen die ganze Blütezeit über in der Wohnung zu haben. (Eigentümer: Masao Koyama.)

Auch kleinere Yose-ue-Kompositionen folgen den Prinzipien, die für umfangreichere Miniwälder gelten: dezentralisierte Hauptachse, Zusammenfassung mehrerer Bäumchen zu Gruppen, gleichmäßige, klare Verästelung, die höchsten Bäume sind auch die stärksten und umgekehrt. Nicht immer wird eine so glückliche farbliche Übereinstimmung zwischen Holz und Schale zu erreichen sein wie hier. Dann kann man wählen, ob sich das Pflanzgefäß völlig unterordnen soll – dezente, zurückhaltende Farbtöne, dabei möglichst edle Verarbeitung des Tonmaterials – oder mit der Farbe des Gefäßes weiterführende Assoziationen verbunden sein sollen. Dies in erster Linie durch Blau, welches die klare Kühle des Wassers mitempfinden läßt. (Eigentümer: Tomio Yamada.)

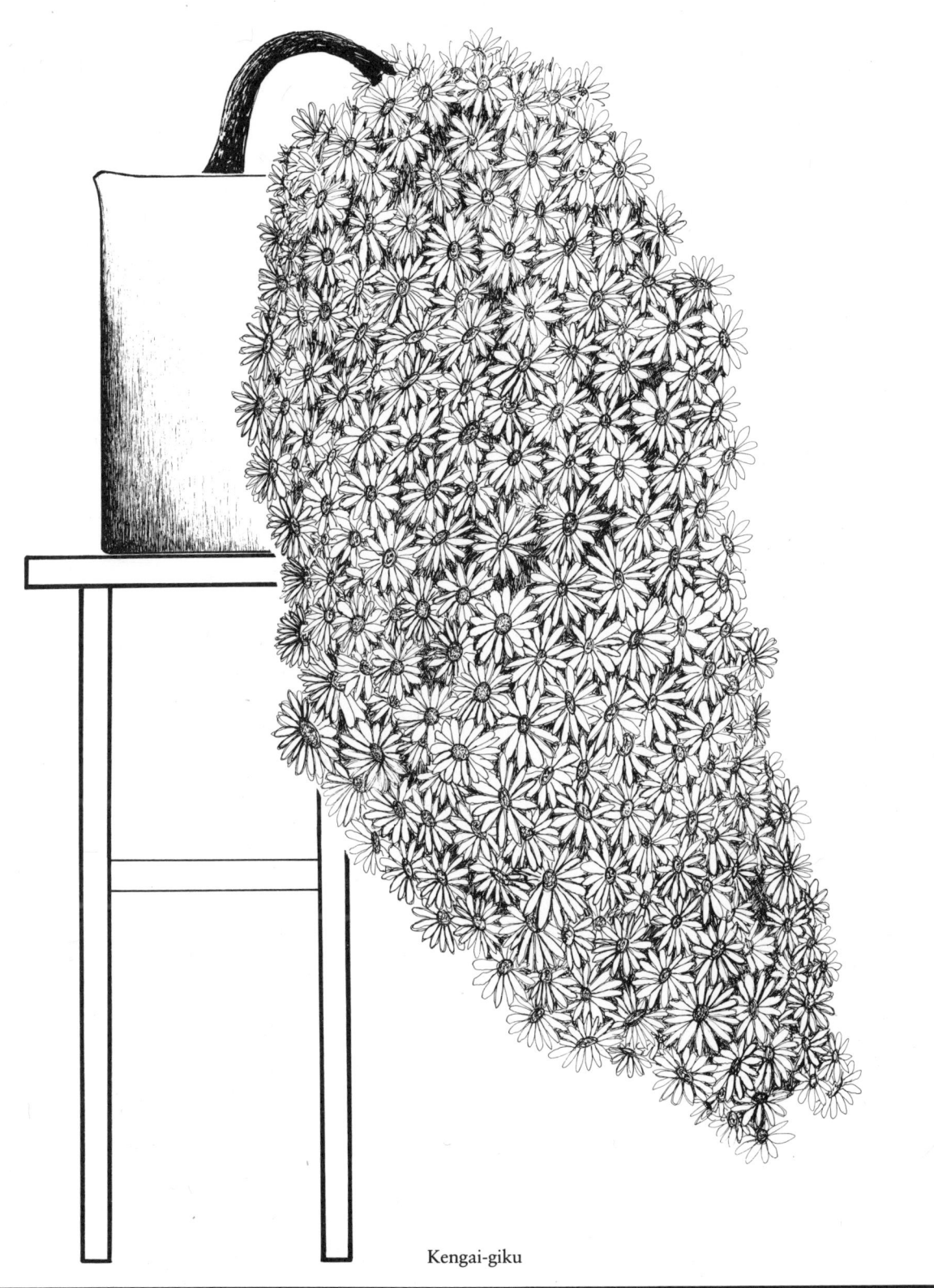

Kengai-giku

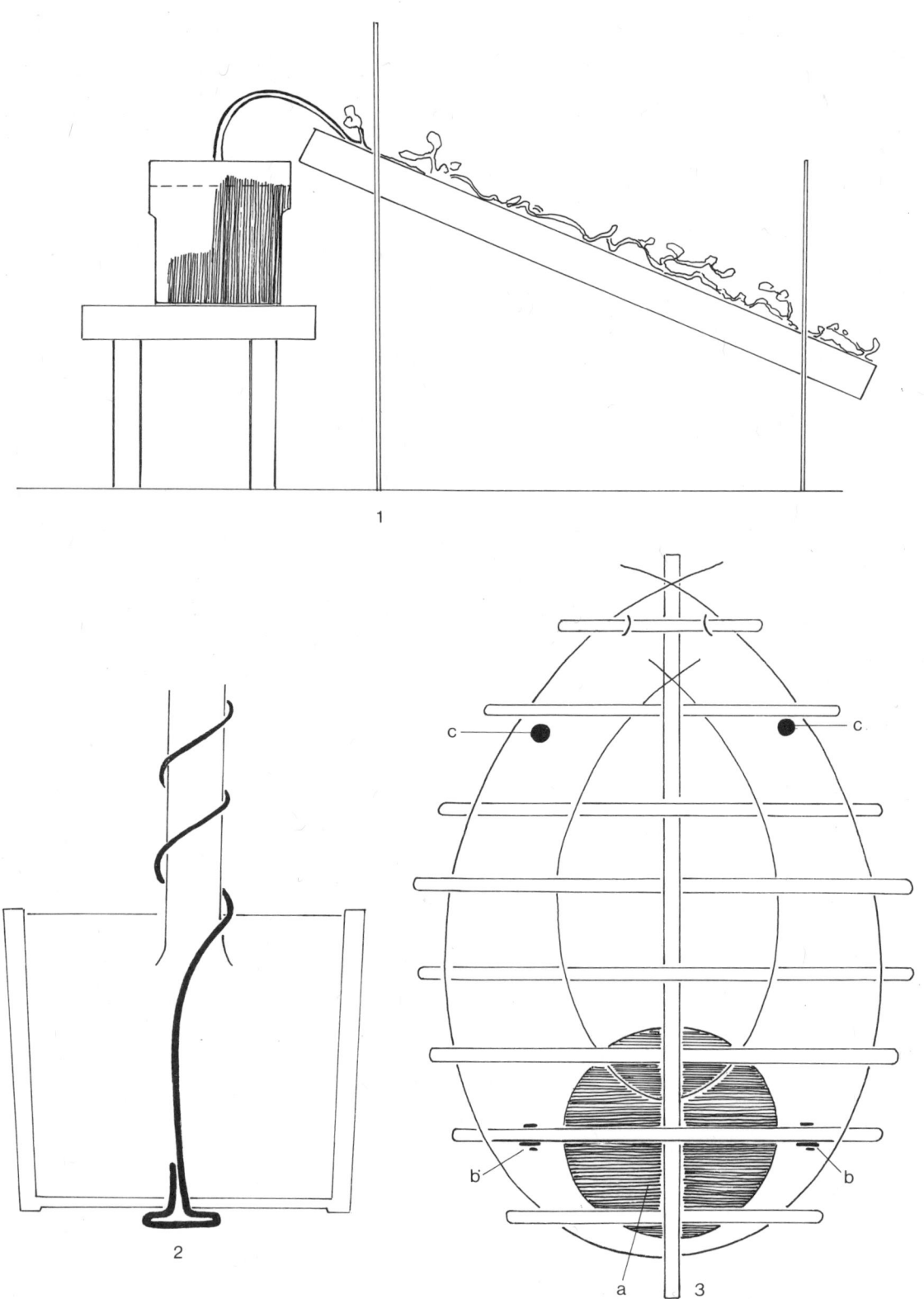

1

2

3

c ——●   ●—— c

b·   b

a   3

106

Wenn die Pflanzen etwa 25 cm hoch sind, werden die Seitentriebe, falls vorhanden, bis zum vierten oder fünften Blatt zurückgeschnitten. Ein schlecht wachsender oder verletzter Leittrieb ist zu entfernen und dafür der kräftigste Seitentrieb in die Position des Mitteltriebs zu drahten. Ebenso verfährt man, wenn der Leittrieb abgebrochen sein sollte. Die anderen Triebe müssen dabei allerdings, in Proportion zum neuen Haupttrieb, stärker gestutzt werden.

Es gibt mehrere Methoden, die Chrysanthemenschleppe aufzufächern und zu stützen. Wenn die Pflanze sowieso nicht recht breit wird, reicht es aus, den Leittrieb anzubinden. Will man die Blütenfront weiter auffächern, sollte man aus Bambusstäben und Bast ein Gitter in der gewünschten Form bauen, dem entlang die Triebe geleitet werden. Diese Unterstützung stört nicht, wenn die Chrysantheme dann zur Dekoration

Erziehung von Kaskadechrysanthemen

1   Der Topf steht erhöht auf einer Bank oder einem Bock. Davor ist an vier Pfählen ein Drahtgitter geneigt befestigt, auf dem die Pflanze ausgebreitet wird. Achtgeben, daß kein Trieb von unten her durch das Gitter wächst, denn das gäbe ein Malheur, wenn man die Pflanze abnehmen will.
2   Zur Stabilisierung ist der Chrysanthemenhals zu drahten. Das hat aber nur dann einen Sinn, wenn der Draht auf diese oder jene Weise im Topf verankert wurde. Nicht zu fest wickeln!
3   Dieser „Schneeschuh" ist aus Bambus und Bast zu flechten. Er soll so leicht wie möglich sein, denn man läßt ihn an der Pflanze, wenn sie ausgestellt wird.
a   Der Topf,
b   Halterung, die das Geflecht und die Chrysantheme unterstützt,
c   Pfähle, die den „Schuh" halten und an denen das untere Ende der Kaskade schrittweise abgesenkt wird.

Das Bambusgeflecht wird nur bei wirklich großen Pflanzen benutzt. Solange nicht sicher ist, daß man so große Chrysanthemen überhaupt ziehen kann, begnügt man sich mit dem Drahtgitter oder arrangiert die Pflanze „im freien Fall" nur mit der Drahtung des unteren Stammes.

aufgestellt wird; sie bleibt also an der Pflanze und stabilisiert diese. Wenn man die Pflanze dagegen zunächst auf einem Drahtgitter arrangiert, muß man sie später davon lösen. Dabei ist schon manches hoffnungsvolle Ausstellungsstück abgebrochen worden, weshalb bei dieser Methode der Pflanzenhals mittels einer Drahtung stabilisiert werden sollte.

Bis zum September wird die Chrysantheme gleichmäßig auf der Stellage ausgebreitet. Immer wieder ist, vor allem an den Seitentrieben, der Zuwachs nach dem zweiten oder dritten Blatt zu kappen; die Mitte sollte etwas hervorragen, so daß endlich eine gleichmäßig dichte Pflanze erzielt wird. Wasser- und Düngergaben sind der wachsenden Pflanze anzupassen.

Damit die Kaskade möglichst überall auf einen Schlag blüht, wird man größere Chrysanthemen bei der letzten Trimmaktion in Etappen beschneiden:

– Das untere Drittel (zur Wurzel der Pflanze hin) etwa Ende August,
– die Mitte ungefähr zehn Tage später,
– fünf Tage darauf den oberen Teil.

Selbstverständlich handelt es sich hier um Mittelwerte, zu denen jeder Gärtner seine eigenen Erfahrungen addieren muß. Vollkommene Ergebnisse hängen von vielen Faktoren ab, die nur durch Praxis in den Griff kommen. Bei den Kaskaden hat man den Vorteil, es jedes Jahr wieder probieren zu können. Auch ist bei der so einfachen Aufzucht Gelegenheit gegeben, mehrere Methoden parallel auszuprobieren. (Buchführung!)

Bei kleineren Chrysanthemen ist das Timing nicht so nötig. Etwas Erfahrung braucht der hoffnungsvolle Gärtner für den Zeitpunkt des letzten Stutzens. Macht man es zu früh, und die Pflanze treibt noch weiter durch, so verschwinden schließlich die Blüten unterm Blattwerk. Setzt man aber die Schere zu spät an, so werden sich Knospen kaum noch entwickeln können.

Einige für Kaskaden geeignete Sorten: Anna, Cherry Blossom, Desert Sun, Dwarf Jane Hart, Golden Cascade, Irene, Jane Hart, Mount Hood, Real Mackay, Shimo-Bashira, White Daphne.

Bambus

Der Bambus gehört, ebenso wie die Chrysanthemen, nicht im engeren Sinne zu den klassischen Bonsai-Pflanzen. Obgleich verholzend, ist er doch seinem Charakter nach mehr den Gräsern assoziiert. Man schätzt ihn besonders als eine dem Sommer zugeordnete Pflanze, deren Assoziationsfeld Wasser, Wind und Kühle sie in der heißen Jahreszeit schätzenswert macht.

Dem Bonsai-Freund bietet der Bambus viele Vorteile. Kaum ein Bonsai ist so billig und schnell herzustellen, so daß in Japan kaum noch Bambus-Bonsais im Handel sind. Diese Gattung ist ganz dem Liebhaber überlassen worden, der mit ihr ohne große Mühe schnell Erfolge erzielen kann, da die Aufzucht und Pflege von Bambuspflanzen denkbar einfach ist. Außerdem sind sie wintergrün und zeichnen sich gegenüber den meisten Bonsai-Pflanzen durch Zimmerhärte aus. Wenn sie nicht direkt an der Heizung stehen und neben ausreichender Bewässerung zwei- bis dreimal wöchentlich überbraust werden, können sie das ganze Jahr über wie eine normale Topfpflanze im Zimmer gehalten werden. In der Bonsai-Dekoration werden sie immer dann auftauchen, wenn die empfindlicheren Arten sich draußen an der freien Luft erholen müssen. Dennoch sollte man sie keineswegs als Lückenbüßer ansehen. Ihr außergewöhnlich zarter und eleganter Aufbau ist in der Skala der Gehölzstrukturen unersetzlich. Leider sind wir bisher in der Gartengestaltung bei den Bambusgewächsen auf einige wenige zuverlässig harte Sorten angewiesen; bei der Topfkultur steht uns jedoch eine breite Palette an Wuchsformen und Grünschattierungen bis hin zu diversen Panaschierungen zur Verfügung. Die Beschaffung geeigneter Pflanzen kann z.B. noch einige Schwierigkeiten bereiten, die aber bei steigender Nachfrage sicher geringer werden.

Bonsai-Pflanzungen mit Bambus sind immer Gruppenarrangements. Das ergibt sich ganz selbstverständlich aus der natürlichen Wuchsform der Pflanze. Zwergformen dürfen zu einem richtigen Dickicht im Topf zusammenwachsen. Bei den mittelhoch bis hochwachsenden Arten sollten dagegen die Rohre mehr vereinzelt stehen, ähnlich den hainartigen Gruppierungen von Laub- oder Nadelbäumen.

Es ist sicherlich ein Vorteil, daß beim Bambus das Drahten und andere kompliziertere Gestaltungspraktiken entfallen. Es gibt nur zwei Trimm-Methoden, die exklusiv oder alternativ angewendet werden. Beide sind leicht zu erlernen, zumal die schnellwüchsigen Pflanzen einen Fehler in der Behandlung rasch ausgleichen.

Bei der ersten Methode können die Pflanzen im späten Frühling bis auf den Boden radikal abgeschnitten werden. In vier bis sechs Wochen treiben die neuen Schößlinge aus den Wurzeln. Das Blattwerk ist dann deutlich kleiner als das vorherige, was für die Proportionen der Pflanzung auch erwünscht ist. Diese „Rasur" kann im Frühherbst bei Bedarf wiederholt werden. In erster Linie, jedoch nicht ausschließlich, wird diese Methode des radikalen Rückschnitts bei den mehr oder weniger freiwachsenden niedrigen Bambusarten angewendet.

Bei der anderen Methode wird der Terminaltrieb mit dem obersten frei entfalteten Blatt einfach herausgezogen. Das ist einfach, wenn der Zuwachs noch weich ist. Man hält mit einer Hand den im Topf verbleibenden Rest des Rohrs fest, um die Pflanze bei dieser Prozedur nicht aus dem Gefäß zu ziehen oder etwa das Arrangement durcheinanderzubringen. Einzelne trockene Blätter werden mit dem Blattschneider oder der Schere entfernt, falls es überhaupt wünschenswert ist: gelegentlich ist es nämlich reizvoll, in der sonst frischen Gruppe einige kontrastierende trockene Blätter zu finden.

Für Bambus werden meistens flache Töpfe gewählt. Bläuliche Glasuren sind besonders bei den buntlaubigen Arten wirkungsvoll und verstärken die Assoziation zu Wasser. Sehr schöne Bonsais entstehen auch, wenn man den Bambus auf einen Stein pflanzt, der in einer flachen, mit Wasser gefüllten Schale liegt. Kaum ein anderes Arrangement vermag so viel kühlende Frische zu suggerieren.

Bambus ist immer durstig. Wenn er auch nicht direkt im Wasser stehen soll, so darf doch die

Erde niemals austrocknen. Aus diesem Grund wird in der Erdmischung der Anteil wasserspeichernder Stoffe besonders hoch sein (bis 50%). Um sicher zu gehen, daß eine ausreichende Speicherkapazität vorhanden ist, kann dem Substrat neben natürlichen Materialien zusätzlich eine entsprechende Menge Hygromull beigefügt werden.

Damit die Blätter ihre frische Farbe bewahren, sollte man Bambus im lichten Halbschatten aufstellen. Bei besonders trockenem, heißem Wetter steht er tagsüber am besten in einem Dauerfußbad, da wohl niemand die Zeit hat, ständig den Feuchtigkeitsgehalt der Erde zu überprüfen. Zweckmäßig und schonend gedüngt wird der Bambus, indem man den Topf in eine milde Dün-

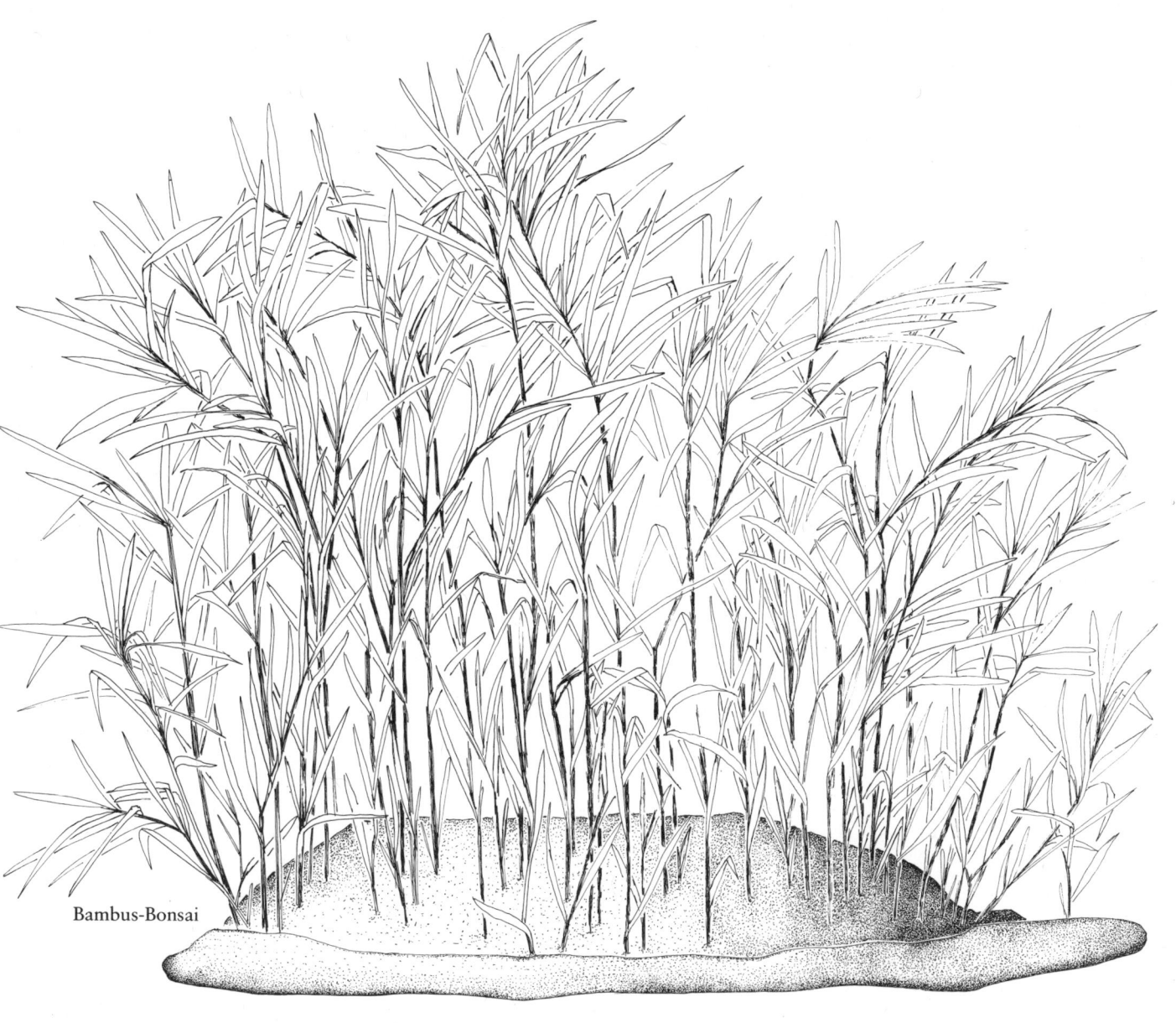

Bambus-Bonsai

gerlösung taucht, denn besonders die hellaubigen Arten bekommen sofort fleckige Blätter, wenn sie mit Düngerlösung in Berührung kommen. Selbstverständlich sollte der Bambus-Bonsai auch dann häufiger überbraust werden, wenn er im Freien gehalten wird.

Da manche Bambusarten mit ihren unterirdischen Wurzelausläufern sehr stark wuchern, würden sie sich, in einem Topf gehalten, sehr schnell totwachsen. Sie müssen deshalb jedes Jahr unmittelbar vor dem Frühjahrsaustrieb umgepflanzt werden. Dabei wird alles schlaffe und verfilzte Wurzelwerk herausgeschnitten. Bei besonders wüchsigen Pflanzen wird der dann noch verbliebene Wurzelstock zusätzlich um ein Drittel bis um die Hälfte verringert. Doch darf man beileibe nicht einfach flott drauflosschneiden; man berücksichtigt – das Bild des zukünftigen Bambusarrangements vor Augen – die schon deutlich sichtbaren Austriebsstellen. Wenn man sehr behutsam vorgeht, kann man das ganze Wurzelnetz auf dem für alle Gruppenpflanzungen hilfreichen Bambussplitgitter neu arrangieren. Dieses Wurzelverlegen und das Ausschneiden unerwünschten Wuchses sind die einzigen Methoden, um dem vitalen Bambus Grenzen zu setzen.

Chinesen und Japanern war der Bambus die Verkörperung des edlen, vorbildlichen Menschen; daher wurde er „tz'u-chün", japanisch „shi-kun" = „dieser Gentleman", genannt. Und in das zierliche, elegante, anspruchslose und doch unerschöpfbar vielfältige Formenspiel seiner schlanken Zweige und Blätter sind die Ostasiaten ganz einfach verliebt. Gegensätzliche Züge und Lebenswerte sind im Bambus vereinigt: Biegsamkeit und Widerstandskraft, Stärke und Anmut, Härte und Eleganz – dies alles aber in schlichter, bescheidener, zurückhaltender und vornehmer Weise. So symbolisiert der Bambus ein in China wie in Japan gültiges Menschenideal, das nicht bloß – und das ist bezeichnend – Ethisches betrifft, sondern zugleich auch ästhetische Werte einschließt" (SECKEL 1960).

Wir fügen diese auf reifer Kennerschaft asiatischen Wesens beruhende Interpretation an, um für unsere europäische Empfindungswelt etwas von dem Glücksgefühl bewußter zu machen, das auch uns der Bambus zu erschließen vermag.

Von den vielen Bambusgewächsen sind ausprobierte, schöne Arten für die Topfkultur:

Bambusa eutuldoides
B. tuldoides
Chimonobambusa marmorea
Phyllostachys aurea
P. edulis (= Bambusa edulis)
P. nigra
P. viridi-glaucescens
Pleioblastus fortunei
Pseudosasa japonica
Sasa pygmaea (= Pleioblastus pygmaeus)
S. variegata (= P. variegatus)
Shibataea kumasaca
Sinarundinaria murielae
  (= Arundinaria murielae)
S. nitida (= A. nitida)
S. viridi-striata (= A. viridi-striata)

Aber es gibt noch viel mehr Arten, auch bambusähnliche Gräser *(Setaria palmifolia, Olyra latifolia)*, die einen hohen Zierwert haben und als Bonsai verwendet werden sollten.

Blumen-Bonsais

Unter dem Begriff 'Blumen-Bonsai' wollen wir alle nicht verholzenden Bonsai-Pflanzen zusammenfassen. Der größte Teil dieser Gruppe interessiert wegen seiner Blüte, aber auch Gräser sollen hier mit behandelt werden. Keine Rolle soll spielen, ob es sich um ein- oder mehrjährige Pflanzen handelt, obgleich die mehrjährigen in der Bonsai-Gestaltung leichter zu handhaben sind.

Zu unterscheiden ist der Blumen-Bonsai von den wegen ihrer Blüte gezogenen Gehölzen, wie z. B. Pflaume, Kirsche, Jasmin. Das Arbeitsmaterial des Bonsai-Gärtners wird damit reichhaltiger. Schon bei der „Flächengestaltung" der Bonsai-Gefäße wurden Moos, Farne, Gräser und kleine Kräuter hinzugezogen, um den Ausdruck der So-

Blumen-Bonsai

litärpflanze oder der Gruppe zu verstärken und abzurunden. Im Vergleich zu dem an seinem Fuße wachsenden Miniaturfarn gewinnt jeder Bonsai-Baumstamm an Größe und Würde. Moos, das gepflanzt wurde oder sich häufig auch wohl von selbst ansiedelt, ist nicht nur wegen der schönen grünen Farbe erwünscht: bemooste Schalen lassen sich leichter gießen und trocknen weniger schnell aus.

Beim Blumen-Bonsai werden nicht verholzende Pflanzen, annuelle und mehrjährige, selbst als Hauptthema behandelt. Keine Pflanzengruppe kann so jahreszeitlich spezifische Akzente setzen wie sie. Von diesen Möglichkeiten wird besonders der in städtischen Ballungsgebieten lebende Mensch Gebrauch machen wollen, der sonst wenig Gelegenheit bekommt, das Auf und Ab im Jahreskreislauf zu erfahren. Dabei zeigen die schnell und preiswert herzustellenden Blumen-Bonsais noch einmal sehr nachdrücklich, daß das

eigentliche „Bonsai-Erlebnis" – wie jedes Kunst- und Naturerlebnis – nicht von der außergewöhnlich kostbaren materiellen Beschaffenheit, noch viel weniger vom überragenden ökonomischen Wert des Kunstgegenstandes abhängig ist, sondern einzig von der Fähigkeit des Betrachters, sich in das sich Darstellende zu versenken und sich von ihm ergreifen zu lassen.

Die Pflanzenauswahl ist auf dem Gebiet des Blumen-Bonsais noch vielfältiger als bei den Gehölzen. Da Größenreduktion durch die üblichen Bonsai-Trimmethoden nicht angewendet werden kann, kommt es darauf an, daß der Pflanzenwuchs von vornherein in einem guten proportionalen Verhältnis zum Gefäß und etwaiger Begleitpflanzung steht. Wenn hauptsächlich die Einzelpflanze geschätzt wird, so kann doch auch durch Kombination mehrerer Kräuter ein nachhaltiger Eindruck erzielt werden. Die Gestaltungsarbeit beschränkt sich hier auf die Auswahl des richti-

111

gen Gefäßes und die Plazierung der Pflanze(n) darin. Bei selbstzusammengestellten Böden sind diese in jedem Fall zu sterilisieren, da das Ausziehen später keimender Unkrautsaat lästig ist und zartere Arrangements zerstören würde. Ferner wird man auslichten und Pflanzenteile entfernen, die zu groß sind, die Blüte verdecken oder die Linienführung der Komposition stören.

Wer hinsichtlich der Wirkung von Blumen-Bonsais trotz der gezeigten Bilder noch seine Bedenken hat, ob sich der Aufwand überhaupt lohnt, der sollte einmal in England ein Alpinenhaus der großen Gärten besichtigen oder eine der Ausstellungen der Royal Horticultural Society besuchen. Dort wird er einen Eindruck davon bekommen, wie krautige Pflanzen in Töpfen vereinzelt wirken, wie sehr die einzelne als Individuum herausgehoben wird, so daß ihre spezifische Schönheit genossen werden kann, die im Garten und in der Wildnis leicht zwischen den anderen Gewächsen untergeht.

Bei den Baum-Bonsais haben wir darauf hingewiesen, daß der Mensch bei der reduzierten Gehölzgröße im wahrsten Sinne des Wortes einen besseren Überblick gewinnt; durch die Eintopfung geraten uns manche Kräuter erst einmal ins Blickfeld, ohne daß wir uns auf den Bauch legen müssen, um ihrer ansichtig zu werden.

Es entspricht der Bonsai-Idee mehr, einfache Wildformen oder wildformartige, nicht aber hybridisierte Zierformen auszuwählen. Soweit es sich um harte ausdauernde Stauden handelt, werden sie nach „Gebrauch" im Garten ausgepflanzt und können dann meistens mehrere Jahre zwischen Topf und Freiland hin und her wandern. Ist kein eigener Garten verfügbar, wird man vielleicht mit einem Gartenbesitzer in Kooperation treten, der die Pflanzen nach ihrem Bonsai-„Einsatz" auspflanzt. Da sich die meisten Stauden bei diesem jährlichen Umsetzen auch teilen lassen, ja für die Bonsai-Schalenbepflanzung sowieso nur kleinere Exemplare verwendbar sind, lohnt sich das auch für den Partner. Für die empfindlichen Arten ist das Kalthaus notwendig.

Viele Kräuter sind erstaunlich zimmerfest. Dennoch ist neben dem Gießen häufigeres Übersprü-

hen notwendig, um ihr frisches Aussehen zu erhalten. Im Hause aufgestellte Pflanzen wässert man am besten draußen oder im Spülbecken, damit man sich nicht scheut, wirklich reichlich und durchdringend zu gießen. Wenn das Wasser abgelaufen ist, werden die Pflanzen wieder im Wohnbereich aufgestellt. Wasser auffangende Untersetzer sind nicht erlaubt!

Da die Pflanzen ganz unterschiedlicher Herkunft sind, kann über Düngung und Erden nichts Allgemeinverbindliches gesagt werden. Am besten versucht man, die Bedingungen des Naturvorkommens nachzugestalten. Vorsicht mit Dünger! Handelt es sich um blühende Pflanzen mit begrenzter Attraktivität, sollten die in der Erde vorhandenen Nährstoffe ausreichen; die „Dauerbrenner" (z.B. Gräser) werden besonders sparsam gedüngt.

Bei der Aufzucht werden die Beschaffungsmöglichkeiten entscheiden, ob man Saat, Stecklinge oder in der Staudengärtnerei gekaufte Pflanzen benutzt. In jedem Falle gilt es, den endgültigen Bonsai-Topf so rechtzeitig zu bepflanzen, daß die Kräuter noch zusammenwachsen können und ein wirklich naturhafter Eindruck entsteht. Je sparsamer man in den Mitteln ist, desto größere Wirkungen wird man erzielen.

In der folgenden Liste sind in alphabetischer Folge die in Japan gebräuchlichen und einige auch schon hier ausprobierte Gattungen und Arten angegeben. Die Reihe möge zu eigenem Experimentieren anregen.

Pflanzenliste

Acorus calamus	Kalmus
A. gramineus	
Adonis amurensis	Adonisröschen
Ageratum conyzoides	Leberbalsam
Antennaria dioica	Katzenpfötchen
Begonia grandis	Begonie
(= B. evansiana)	
Botrychium ternatum	Mondraute
Callistephus chinensis	Sommeraster
Caltha spec.	Dotterblume
Campanula punctata	Glockenblume

C. wahlenbergia
Chrysanthemum indicum — Garten-
chrysantheme,
Winteraster

Convallaria majalis
'Keiskei' — Maiglöckchen
Cypripedium thunbergii — Frauenschuh
Dianthus superbus — Prachtnelke
Drymoglossum
microphyllum
Equisetum spec. — Schachtelhalm
Erigeron alpicola — Berufkraut
Exacum affine — Blaues Lieschen
Felicia amelloides — Kap-Aster
Gentiana nipponica — Enzian
G. thunbergii
G. scabra 'Buergeri'
G. zollingeri
Gomphrena globosa — Kugelamarant
Gymnadenia keiskei — Händelwurz
Hakonechloa macra
Hepatica acutiloba — Leberblümchen
H. nobilis (= H. triloba)
Houttuynia cordata
Leontopodium alpinum
'Fauriei' — Edelweiß
Lycopodium clavatum — Bärlapp
Miscanthus floridulus
(= M. japonicus)
M. sacchariflorus
M. sinensis — Chinaschilf
M. sinensis 'Zebrinus'
Omphalodes krameri
Onychium japonicum — Klauenfarn
Ophiopogon japonicus — Schlangenbart
Pecteilis radiata
Phlox subulata — Moosphlox
Phragmites australis
(= P. communis) — Schilf
Platanthera spec.
Polypodium
thunbergianum — Tüpfelfarn
Polytrichum commune
Primula sieboldii — Primel
Pteris argentea — Saumfarn
Polygonum tenuicaule — Knöterich

Rhodea japonica
Saxifraga, besonders — Steinbrech
S. stolonifera — Judenbart
Selaginella involvens
(= S. japonica,
S. caulescens) — Mooskraut
Setaria glauca
(= Panicum lutescens) — Gelbe Borstenhirse
S. viridis — Grüne Borstenhirse
Taraxacum spec. — Löwenzahn
Thymus serpyllum
'Przewalskii' — Quendel
Vaccinium vitis-idaea — Preiselbeere
Viola, besonders — Veilchen
V. mandshurica
Woodsia polystichoides
'Veitchii' — Wimperfarn
Zinnia elegans — Zinnie
Z. pauciflora
Zoysia matrella
'Tenuifolia'

Zimmerharte Bonsais

Immer wieder muß bei der Bonsai-Kultur darauf hingewiesen werden, daß diese zauberhaften Kunstwerke, die der Mensch der Natur abgelistet hat, nur vorübergehend im Haus, unserem eigentlichen Wohnbereich, aufgestellt werden können. Zwar haben wir einige Möglichkeiten entdeckt, wie Menschen in der Stadt, die keinen Garten besitzen, Bonsais ziehen und halten können, aber zu den Zimmerpflanzen im herkömmlichen Sinn kann der Bonsai nicht gerechnet werden.

Die Gründe dafür sind offensichtlich. Dem historischen japanischen Wohnstil fehlt der strenge Gegensatz zwischen drinnen und draußen; geographische Gegebenheiten und eine entsprechende Architektur lassen die Übergänge offen. Das trifft auf die heutige Architektur Japans nur noch bedingt zu, für uns in Europa war und ist es seit je anders.

Die überlieferte Bonsai-Kunst findet ihr Material in den überall verfügbaren Bäumen des Landes, auf die man sich nicht nur deshalb beschränkt, weil anderes nicht vorhanden ist, sondern weil

Zimmer-Bonsai

man natürlich nur in ihren Gestaltkategorien die große Welt glaubt assoziieren zu können.

Wir haben es uns zur Aufgabe gemacht, einerseits die traditionelle Bonsai-Kultur zu erläutern, andererseits die am Bonsai erworbenen Techniken und Erfahrungen so ausgedehnt wie nur irgend möglich für unsere heutige Situation nutzbar zu machen. Daher werden wir versuchen, dem Bonsai auch das Feld der eigentlichen Zimmerpflanzen zu erobern. Was bei uns in der extremen warm-trockenen Zimmerluft gedeiht, ist meistens in den Tropen oder Subtropen zu Hause. Eine Fülle von nicht verholzenden Pflanzen und Gehölzen ist uns aus diesen Zonen als übliche Topfpflanze lange vertraut. Daß sie gleichwohl einer Bonsai-Gestaltung wert sind, ist schon im Kapitel über Blumen-Bonsais erörtert worden. Hier soll es um die Gehölze gehen, die sowieso den Kern der Bonsai-Zucht bilden.

Die Gehölze der gemäßigten Zone haben im Winter eine längere Wachstumsruhe. Die meisten Laubgehölze verlieren vorher ihre Blätter. Würde man diese durch verminderten Lichteinfall und niedrige Temperaturen eingeleitete Pause aufheben, und das würde ja bei der Aufstellung in der Wohnung geschehen, könnte die Pflanze nicht existieren. (Einige Pflanzen erlauben es jedoch, daß man ihre Winterzeit verkürzt und sich den Frühling etwas eher ins Haus holt. Auch Antreiben ist mit einigen Bonsai-Gattungen möglich: Ahorn, Kirsche und Pflaume, Weide u. a., möglichst nicht mit Koniferen.) Den tropischen Gehölzen dagegen fehlt ein ausgeprägter Wachstumsstop; sie vertragen das extreme Klima zentralgeheizter Wohnungen, die einen mehr, die anderen weniger.

Selbst ihre kleine physiologische Umschaltpause im frühen Winter können sie in der Wohnung verbringen. Dessen ungeachtet sollte der Blumen- und Bonsai-Freund unbedingt die Luftfeuchtigkeit der Räume kontrollieren, in denen Pflanzen aufgestellt werden. Ausreichende Luftfeuchtigkeit zwischen 65% und 75% bekommt nicht nur den Pflanzen gut. Geeignete Verdunster (keine Sprühgeräte!) werden in verschiedenen Größen angeboten.

Die Pflanzenliste kann nur einen Anstoß geben, das bisher weniger beachtete Gebiet des zimmerharten Bonsais in Zukunft aufmerksamer zu studieren. Wenn man hier nun auch eine Reihe üblicher Topfpflanzen findet, so soll das den Ehrgeiz der Bonsai-Enthusiasten dazu beflügeln, ihr ästhetisches Empfinden, ihren Gestaltungswillen nicht auf den traditionellen Bonsai zu beschränken, sondern auf alle möglichen Bereiche der Pflanzenzucht auszudehnen.

Neben den tropischen sind auch subtropische Vertreter aufgenommen worden, denen es genügt, im Winter kühler zu stehen, ohne daß sie so niedrige Temperaturen verlangen wie die einheimischen Gehölze.

In diesem Zusammenhang sei empfohlen, eine Klimakarte der Wohnung oder des Hauses anzulegen. Man verlasse sich bitte nicht auf Vermutungen. Festzuhalten sind: Luftfeuchtigkeit, Sonneneinstrahlung winters wie sommers, Temperaturen, auch Tages- und Nachttemperatur. Die meisten Pflanzen, auch die tropischen, wachsen deutlich besser, wenn ein Tag-Nacht-Temperaturrhythmus eingehalten wird, zu dem sich jeder schon aus ökonomischen Gründen entschließen sollte. Die geringe Mühe macht sich immer bezahlt. Plötzlich entdeckt man bisher übersehene Plätze, die für diese oder jene Pflanze optimal wären oder die gute Überwinterungsmöglichkeiten bieten. Weitere Informationen darüber, welche Pflanzen geeignet sind und unter welchen Bedingungen sie am besten wachsen, erhält man sicher bei den Gärtnern der botanischen Gärten; auch mit Stecklingsmaterial und Bezugsquellenangaben können sie gelegentlich aushelfen.

Pflanzenliste

Acacia alata	Akazie
A. baileyana	
A. farnesiana	
Aster fruticosus	Strauchaster
Bauhinia acuminata	
B. variegata	
Beloperone californica	
Boronia elatior (Duft)	Korallenraute

Boronia megastima		*Grevillea robusta*	Australische
beide Arten nach Blüte			„Silbereiche"
scharf zurückschneiden		*Hibiscus rosa-sinensis*	Chinesischer
Bouvardia longiflora		'Cooperi'	Roseneibisch
(= *B. humboldtii*)		und alle Sorten	
Calliandra surinamensis		mit kleinen	
Camellia japonica	Kamelie	Blättern und Blüten	
C. sasanqua (Duft)		*Jacaranda acutifolia*	
beide Arten nicht		*Jasminum humile*	Jasmin
leicht, ähnlich		*J. parkeri*	
Gardenia		*Lavandula angustifolia*	
Carissa grandiflora		(= *L. officinalis*)	Echter Lavendel
var. *compacta*		*Leucaena leucocephala*	
Cassia eremophila	Kassie, Gewürzrinde	(= *Mimosa glauca*)	
Chamaecyparis		*Malpighia coccigera*	
(*Cupressus*)		*Murraya paniculata* (= *M. exotica*)	
funebris	Trauerzypresse	*Myrtus communis*	Brautmyrte
Cistus, alle Arten	Zistrose	*M. communis*	
Citrus, alle Arten	Citrus	'Microphylla'	Kleinblättrige Myrte
Convolvulus cneorum	Silberwinde	*Nandina domestica*	Nandine
Cuphea hyssopifolia	Ysopblättriges	*Nicodemia diversifolia*	
	Köcherblümchen	*Ochna multiflora*	
Cupressus arizonica	Arizona-Zypresse	*Olea europaea*	Öl-, Olivenbaum
C. macrocarpa		*Olearia cymbifolia*	
Delonix regia	Flamboyant	*O. floribunda*	
Erica arborea	Baumheide	*O. gunniana*	
E. australis		*O. solandri*	
E. canaliculata		*Oxera pulchella*	
E. lusitanica		*Pistacia chinensis*	Chinesische Pistazie
E. mediterranea		*Pittosporum bicolor*	Klebsame
E. pageana		*P. tenuifolium*	
(gelbe Blüte!)		*Polyscias balfouriana*	Balfours Federaralie
E. scoparia		*P. fruticosa*	
E. veitchii (Duft)		*P. guilfoylei*	
alle nicht		*Punica granatum*	
leicht		'Nana'	Zwerggranatbaum
Eugenia uniflora	Einblütige	*Pyracantha*	Feuerdorn
	Kirschmyrte	*Quercus cerris*	Zerreiche
Ficus deltoidea		'Ambrozyana'	(Gartenform)
(= *F. diversifolia*)	Feigenbaum	*Qu. ilex*	Steineiche
F. retusa		*Qu. kewensis*	
Firmiana simplex		*Qu. suber*	Korkeiche
Gardenia jasminoides	Gardenie	*Rosmarinus officinalis*	Schmalblättriger
G. jasminoides		var. *angustifolius*	Rosmarin
'Radicans'		*Schinus molle*	Peruanischer
beide nicht einfach			Pfefferbaum

Wildwuchs wandelt sich zum Bonsai

1 *Betula pendula (B. verrucosa)*, etwa 4 Jahre alt, im Vorstadium zu einem Bonsai. Noch ist die Gesamtgestalt nicht typisch für die Weiß- oder Sandbirke, die Form, auch unter allgemeinen Gesichtspunkten, unausgeglichen: das Exemplar ist reichlich hochbeinig, die Verzweigung verläuft parallel oder kreuzt sich unzulässig, der Topf ist unpassend.

Aber Birken wachsen schnell, treiben das ganze Jahr über, sind daher als Übungsmaterial für den Lernenden äußerst dankbar. Fehler bei der Kultur treten kaum auf, bei der gestaltenden Formung werden sie vom üppigen Wuchs schnell wieder ausgeglichen.

2 Dieses Bild wurde 14 Tage später aufgenommen. Man erkennt, welche ersten Gestaltverbesserungen an der ursprünglichen Form vorgenommen wurden und wie die Pflanze forsch durchgetrieben hat. Will man nicht jeden Zweig drahten, was wegen des hohen Arbeitsaufwandes bei Pflanzen im Anzuchtstadium um so eher der Fall sein wird, als es bei ihnen kaum auf ein besonders gefälliges Aussehen ankommen dürfte, so werden die Zweige auch mit Bindfaden oder Draht heruntergezogen und am Topfrand verankert.

3 Und so sieht die Birke aus, nachdem der Austrieb entfernt wurde.

Serissa foetida	
Tamarix parviflora	Tamariske
T. pentandra	
Trachelospermum	
jasminoides	Sternjasmin

Siehe auch Bambus und Gräser.

Viele der genannten Gehölze kann man bei uns bisher nicht so ohne weiteres kaufen. Dennoch lasse man sich bei der Nachfrage nicht entmutigen, denn bestimmt werden Gärtnereien schließlich ihr Sortiment um Pflanzen erweitern, für die sie einen festen Abnehmerkreis kennen. In der Tat mehren sich die Anzeichen, die darauf schließen lassen, daß auf diesem Gebiet einiges in Bewegung geraten ist; so haben sich Sammelbestellungen durch Bonsai-Klubs bereits als recht wirksam erwiesen. Bei einer großen Anzahl von selteneren Pflanzen kann es durchaus sinnvoll sein, diese selbst aus Samen anzuziehen.

Bonsais für den Anfang

Wer mit Bonsais beginnt und auch anderweitig noch nicht allzureichliche Erfahrung in der Pflege von Topfpflanzen sammeln konnte, der braucht robustes, preiswertes Übungsmaterial, das in Form und Wuchseigenschaften den heikleren Raritäten entspricht, so daß alle Techniken und Kulturmaßnahmen studiert werden können. An diesen Pflanzen kann man testen, ob der Kauf eines wertvollen alten Bonsais, was die eigenen pflegerischen Fähigkeiten angeht, mittlerweile zu rechtfertigen ist.

Geeignete Sämlinge sind in Gärten, Feld und Wald überall zu finden oder von Baumschulen und Gärtnereien ganz billig zu kaufen.

Um sogleich einem Trugschluß vorzubeugen: das bedeutet keineswegs, daß sich aus diesem Pflanzenmaterial nicht auch ganz hervorragende Bonsais ziehen lassen; mehr noch, Bonsais dieser Arten entsprechen sogar in besonderem Maße der traditionellen Kunstauffassung der japanischen Gärtner, die nicht im Ausgefallenen, sondern im

Alltäglichen, sonst Übersehenen, vielleicht sogar Mißliebigen die ewige Schönheit der Natur zu entdecken trachteten.

An einheimischen oder doch gängigen Pflanzen sind für den Anfang zu empfehlen:

Koniferen

Chamaecyparis obtusa	Hinoki-Scheinzypresse
C. obtusa 'Nana Gracilis'	Zwergscheinzypresse
C. pisifera	Sawara-Scheinzypresse
Juniperus communis	Gemeiner Wacholder
Larix decidua	Europäische Lärche
Picea abies (= P. excelsa) bes. Topf- oder Balkonfichten	Gemeine Fichte, Rotfichte
Pinus sylvestris	Gemeine Kiefer, Föhre
Thuja occidentalis	Abendländischer Lebensbaum
Th. plicata	Riesenlebensbaum

Laubgehölze

Acer campestre	Feldahorn
Betula papyrifera	Papierbirke
B. pubescens	Moorbirke
B. pendula (= *B. verrucosa*)	Sand-, Weißbirke
B. pendula 'Tristis'	Trauerbirke
Carpinus betulus	Hain-, Weißbuche
Chaenomeles spec.	Zierquitte
Cotoneaster dammeri	Zwergmispel
C. horizontalis	
C. microphyllus	
Crataegus spec.	Weißdorn
Fagus sylvatica	Rotbuche
F. sylvatica 'Atropunicea'	Blutbuche
Hedera helix 'Arborescens'	Efeu
Malus spec.	Apfel
Prunus subhirtella	Blütenkirsche

118

Eine Baumschulpflanze wird bonsai-gerecht eingetopft

1 Die *Chamaecyparis obtusa* 'Nana Gracilis' ist nicht so gewachsen, daß ein Baumschuler sie als A-Qualität verkaufen könnte. Für die weitere Bonsai-Kultur kann man es aber durchaus mit ihr versuchen.

2 Das erste Problem wird die Umformung des Wurzelballens. So paßt er in keinen Bonsai-Topf. Auch stand die Pflanze ja viel zu sehr am Topfrande.

3 Unter möglichst großer Schonung der gesunden Wurzelmasse wird in diesem Fall ein Drittel davon entfernt.

4 Der Ballen wird unter leichtem Aufklopfen und mit Hilfe eines Bambusstäbchens aufgelockert, so daß der Stamm jetzt mehr in der Mitte des Ballens steht. Die Probe zeigt, daß die verbleibenden Wurzeln im Topf untergebracht werden können.

5 Das Bodenloch wurde mit einem Netz abgedeckt. Hier wird die erste Schicht Unterboden eingefüllt. Man beachte die grobe Struktur.

6 Während die eine Hand den Stamm in seiner Position festhält, werden die Wurzeln im Topf, unter und zwischen sie der feinere Mittelboden, eingebracht. Für diese Arbeiten ist das Bambusstäbchen eigentlich unentbehrlich.

7 Die Erziehung der Pflanze wird sich, zumal diese Sorte sehr langsam wächst, über viele Jahre erstrecken. Ein erster Anfang ist es, die kompakte Kronenform aufzufächern.

8 Mag jetzt noch die Veredlungsstelle stören und das Pflanzgefäß zu groß sein – im Gesamtbild entsteht dennoch ein gewisser Bonsai-Eindruck. Daran beteiligt sind auch die durch die Vorstellung zu ergänzenden, ausgeglichenen Farben und die ruhige Moosfläche am Boden.

8

Prunus subhirtella 'Pendula'	Blütenkirsche, Hängeform
Quercus palustris	Sumpfeiche
Qu. robur (= *Qu. pendunculata*)	Stieleiche
Salix alba	Silberweide
S. alba 'Tristis'	Trauerweide
Sorbus aucuparia	Eberesche, Vogelbeerbaum

Klettersträucher

Hedera helix	Efeu
Parthenocissus tricuspidata 'Veitchii'	Jungfernrebe

Gräser

Arundo donax	Pfahlrohr, Riesenschilf
Phragmites australis (= *P. communis*)	Schilf, Rohr

sowie andere Wildgräser und -stauden.

BONSAI-ZUCHT
UND PFLEGEMASSNAHMEN

Die in der Bonsai-Kultur anzuwendenden Methoden haben zweierlei Funktionen: erstens Schaffung und Fixierung einer festgelegten Pflanzengröße, zweitens formale Gestaltung der Pflanze. Düngen, Wässern, Eintopfen, Erdmischungen und Aufstellung der Bonsais stehen im Einklang mit den eigentlichen Gestaltungsmaßnahmen, welche hier behandelt werden. Es geht um die mechanischen Eingriffe, die eine Pflanze nach den Vorstellungen ihres Gärtners entstehen lassen. Für diesen Zweck steht ein umfangreiches Sortiment an Werkzeug und Gerät zur Verfügung.

Werkzeug und Gerät

Für handwerklich gediegene Arbeit ist richtiges Werkzeug notwendig; bei künstlerischem Tun werden darüber hinaus sicherlich auch ästhetische Maßstäbe an das Werkzeug angelegt. So haben, entsprechend den vielseitigen Kulturmaßnahmen in der Bonsaizucht, die japanischen Gärtner in Zusammenarbeit mit einheimischen Werkzeugfirmen Geräte entwickelt, bei denen nicht allein praktische Anforderungen, sondern auch die schöne Form berücksichtigt wurden. Mit diesen zweckmäßigen und ansprechenden Werkzeugen zu arbeiten, ist ein besonderes Vergnügen. Ein Vergnügen, beileibe kein Muß; denn für die meisten japanischen Originalwerkzeuge gibt es hierzulande in guten Werkzeugfachge-

Scheren und Zangen für die Holzbearbeitung

Scheren

1 Schere für alle Schneidearbeiten; Ausführungen 2 bis 4 sind spezielle Varianten dieser Grundform.
2 Schlankere Form der Schere 1, jedoch nicht ganz so stabil wie diese.
3 Diese Form mit der wesentlich größeren Schnittfläche ist dort vorzuziehen, wo man tiefer in die Pflanze hineinschneiden muß, z. B. bei Wacholder und Azaleen.
4 Weitere Variante, die auch für alle leichteren Schneidearbeiten im Garten brauchbar ist; man beachte die übereinandergreifende Spitze.
5 Auch mit dieser Schere lassen sich, ähnlich wie mit Nr. 3, wegen der schlanken Form diffizilere Arbeiten innerhalb von Baumkronen ausführen; sicheres Handhaben erleichtert der im oberen Viertel liegende Drehpunkt.
6 Knospenschere mit aneinanderliegenden Schenkeln; der zur Scherenspitze hin verlagerte Drehpunkt ist typisch für alle Knospenscheren.
7 Knospenschere mit gespreizten Schenkeln; dadurch werden beim Schneiden im Wege stehende Knospen und Triebe geschont. Im Inneren von Kronen ist also dieser Typ besser.
8 Blattschneider. Natürlich kann man auch mit einer Schere das Laub einkürzen oder entfernen. Da diese Arbeit immer sehr langwierig ist, sollte man sich die Erleichterung, die ein Blattschneider bietet, gönnen.

Zangen
9 Holz- und Wurzelschneider. Die Praxis lehrt sehr bald die Bedeutung von Zangen für Schneidearbeiten; selektives Auslichten des Wurzelballens ist mit ihnen wesentlich besser zu meistern.
10 Zangentyp wie Nr. 9, jedoch mit noch schmalerer Schneide.
11 Zange zum Spalten von Holz – man beachte die übereinandergreifenden Schnittflächen. Neben der Drahtzange 13 und den Schnitzmessern 10 ein wichtiges Instrument bei der Bleichtechnik.
12 Zange mit breiter, angeschrägter Schnittfläche zum Schneiden von Zweigen. Mit keiner Schere läßt sich so nah am Stamm schneiden; das Werkzeug hinterläßt eine konkave Schnittstelle.

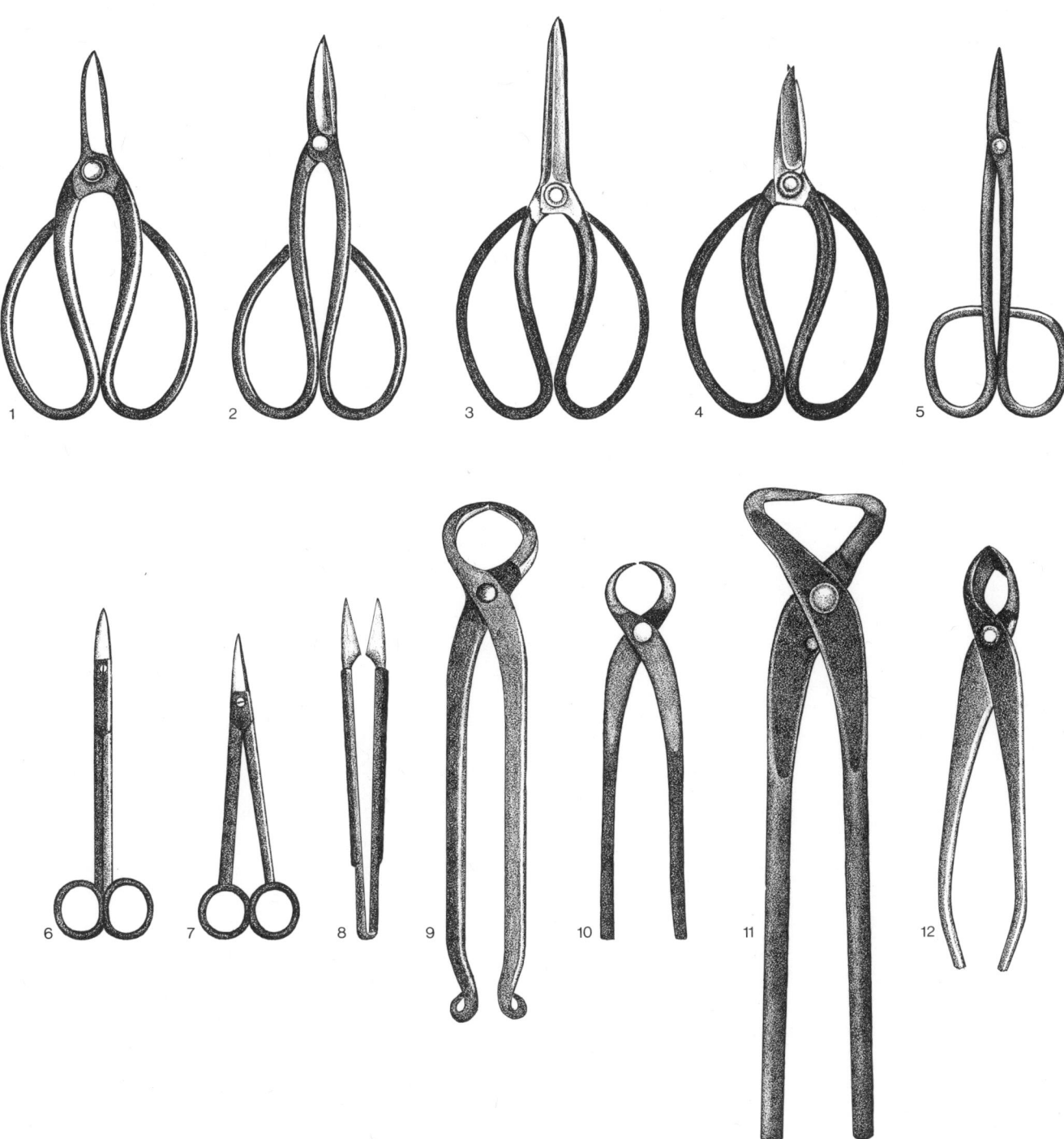

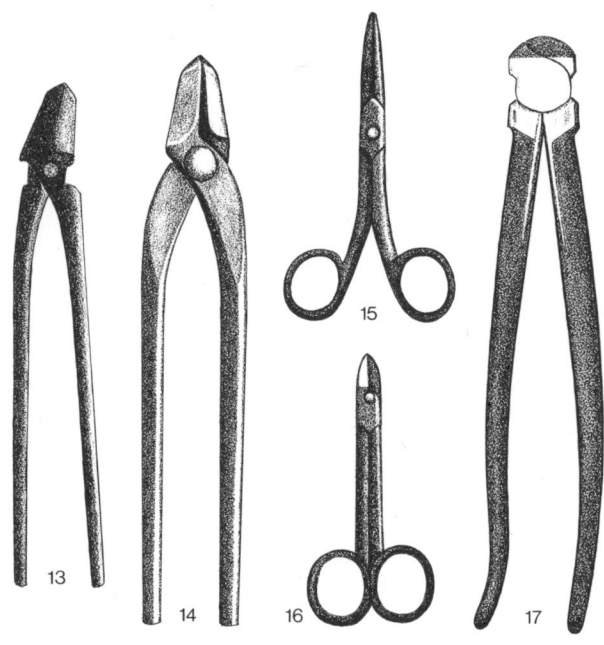

Werkzeug für die Drahtung

13   Zange zum Anbringen und Entfernen der Drahtung und zur Rindenbearbeitung bei der Bleichtechnik; kleinere und schlankere, aber auch weniger stabile Form der Zange Nr. 14.
14   Zange wie Nr. 13 in stärkerer Ausgabe.
15   Drahtentferner. Er wird vor allem dann gebraucht, wenn die Pflanze schon beginnt, den allzulang verbliebenen Draht zu überwallen.
16   Kneifzange für dünnen Draht. Diese wird gebraucht, wo das Zweigwerk noch jung und besonders dicht ist; mit einem klobigen Werkzeug kann man da nicht arbeiten.
17   Kneifzange für dicken Draht. Wichtig: die Schneidbakken verlaufen in Griffrichtung.

schäften europäischen „Ersatz", der zwar für ganz andere Arbeiten gedacht war, von seiner Funktion her jedoch am Bonsai zu gebrauchen ist. Von den Geräten, für die es keinen gleichwertigen Ersatz gibt, ist vor allem die dreh- und arretierbare Arbeitsplatte zu nennen, sowie die Gießkanne mit der superfeinen Brause, die wirklich keine Erde aus den Töpfen spült. Wo noch die schönen Schneider-Gewächshauskannen vorhanden sind, reicht es, diese mit dem Bonsai-Brausekopf zu versehen.

Je vielgestaltiger unsere Kulturmaßnahmen werden, desto umfangreicher und spezieller wird auch unser Werkzeugschrank werden müssen. Man lasse sich jetzt jedoch von der Fülle der vorgestellten Werkzeuge nicht abschrecken. Für den Anfang wird man mit einem Standardsortiment auskommen, für dessen Zusammensetzung Stabilität und vielseitige Gebrauchsmöglichkeiten entscheidend sind. Es sollte etwa bestehen aus:

1–2 Scheren Nr. 1, 2 oder 3 (Seite 123)
Arbeitsplatte Nr. 34 (Seite 128)
Stapelsieb Nr. 39 (Seite 129)
Pinzette Nr. 33 (Seite 128)
Tütenschaufeln Nr. 27 (Seite 129)
Bambus-Eßstäbchen
Zangen zum Drahten Nr. 13, 14 (Seite 124)
    oder europäische Äquivalente, am besten
    mit abgebogenen Spitzen.

Übrigens wird jeder Gärtner im Laufe der Zeit sich seinen eigenen Werkzeugsatz zusammenstellen. Der mag dann aus japanischen oder europäischen Instrumenten bestehen. Und eventuell wird man zu den hier gezeigten auch wohl das eine oder andere Werkzeug, der eigenen Arbeitsweise entsprechend, hinzuwählen.

Die japanischen Scheren und Zangen dürfen – und das ist ihr einziger Nachteil – niemals überlastet werden; man darf also nicht versuchen, mit ihnen zu hartes oder zu starkes Holz zu schneiden, denn dann könnten sie brechen.

Einige Geräte und Hilfen wird sich der geschickte Gärtner auch selber basteln können. Dazu gehören bestimmt der Ledergürtel mit Köcher oder Schlaufen, worin Scheren, Zangen usw. untergebracht werden, wenn man einen Kontrollgang durch die Jungpflanzenquartiere unternimmt oder an den Bonsai-Tischen mal hier, mal dort die notwendigen kleinen Korrekturarbeiten ausführt, Arbeiten, bei denen man gern beide Hände frei hat.

Auch ein Stapelsieb, das uns in einem Arbeitsgang die erwünschten drei Erdkörnungen gewinnen läßt, ist unschwer herzustellen. (Natürlich sollen hierzu nur Vorschläge gemacht werden, denn es sind selbstverständlich viele andere Lösungen

124

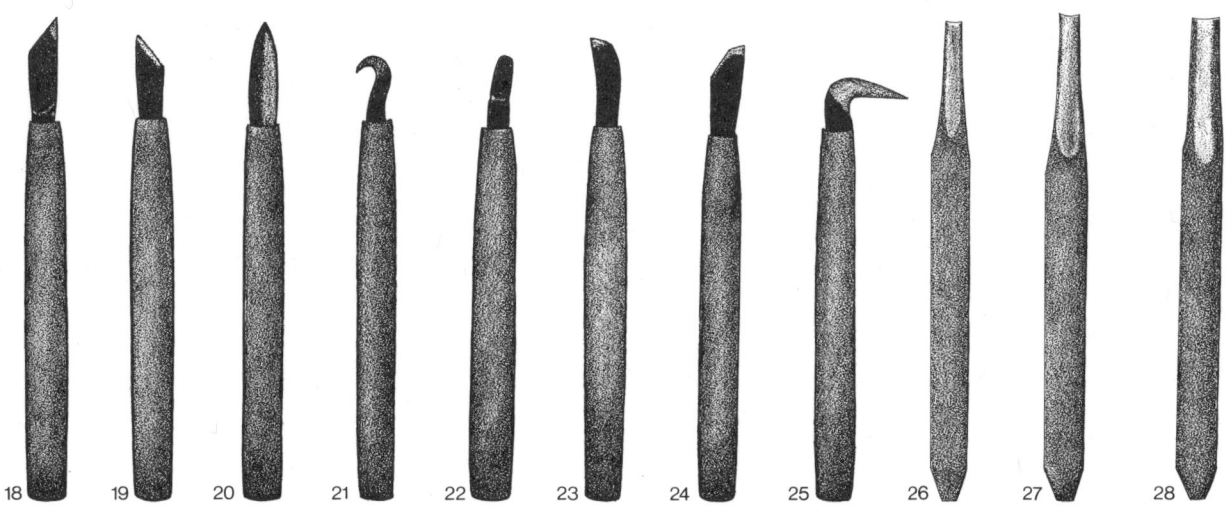

18 19 20 21 22 23 24 25 26 27 28

29 30 31 32

Werkzeug für die Holzmodellierung

18 bis 25   Kollektion von Schnitzmessern für eine Vielzahl von Holzbearbeitungen: Bleichtechnik, Nachbehandlung von Schnitt- und Sägestellen, Rindenentfernung beim Abmoosen und Tiefersetzen eines Stammes.

26 bis 28   Holzmeißel; sie werden – wenn auch seltener – bei besonders hartem Holz benutzt.

29   Schlanke Klappsäge. Läßt sich gut transportieren (s. Yamadori); die schmale Form braucht man gern beim Wurzelschnitt.

30   Breitere, starre Taschensäge.

31 und 32   Pfropfmesser. 31 links-, 32 rechtsschneidig. Wer mit europäischen Messern das Veredeln gelernt hat – und man muß es gut können, bevor man es bei der Bonsai-Kultur einsetzt –, wird wohl bei hierorts üblichen Messern bleiben; dennoch soll auf die urtümliche, stabile und besonders gut zu schleifende japanische Form hingewiesen werden. Bei dieser besonderen Schleifform – Abschrägung nach einer Seite – ist bei der Arbeit entweder ein Messer mit links- oder mit rechtsseitiger Schneide notwendig, je nach Arbeitsgewohnheit und -bedingung.

möglich.) Ein wesentliches Kriterium für das Stapelsieb ist seine Handlichkeit; es darf nicht zu schwer werden, denn man muß es ja auch bewegen können. Die käuflichen Siebe mit gebogenen Rändern aus Holz, Metall oder Kunststoff haben den Vorteil, besonders leicht zu sein. Beim selbstgebauten Sieb kann man sich der Einfachheit halber das Sieb mit der 10-cm-Maschenweite schenken; man muß sich dann nur für den Unterboden die allzugroßen Brocken mit Augenmaß herausnehmen.

Von ihren Funktionen her kann man die Werkzeuge insgesamt in einigen Gruppen zusammenfassen:

Scheren und Zangen für die Holzbearbeitung (Seite 123)

Zangen zum Anbringen und Entfernen von Draht (Seite 124)

Spezialmesser und -meißel für Bleichtechnik, Schnittstellen- und allgemeine Holzmodellierung (Seite 125)

Taschensägen (Seite 125)

125

Veredelungsmesser (Seite 125)
Werkzeuge für Gestaltung und Umtopfen (Seite 128)
Werkzeuge zur Erdbehandlung (Seite 129)
Geräte für eine Sammelexpedition.

Durch die Abbildungen werden bewußt die japanischen Originalgeräte vorgestellt; wo es nicht auf Originalformen ankommt, schienen uns Zeichnungen nicht unbedingt notwendig.

Zu den Werkzeugen zur Erdbehandlung sollte – besonders, wenn für fruchtende und laubtragende Bonsais Kompost mitverwendet wird – auch ein Erddämpfer gehören, bietet er doch nach wie vor die problemloseste und sicherste Methode, sauberes Pflanzsubstrat herzustellen. Nicht zu reden von den Vorteilen bei allen Aussaaten.

Ferner gehören zur Ausrüstung (nicht abgebildet):

Steinmeißel, die man bei der Verankerung von Bonsais auf oder über Steinen benötigt. Bei derselben Arbeit kann auch eine

Bohrmaschine gute Dienste leisten

Draht: Eisen-, Kupfer- oder Aluminiumdraht in drei bis vier Stärken zum Formen und Fixieren

Kunststoffgaze (Fliegendrahtgeflecht) zum Abdecken der Dränagelöcher

Raffiabast und Hanfbindfaden für alle möglichen Bindearbeiten, zur Ummantelung von Draht zur Vermeidung von Rindenverletzungen

Spezialfolie zum Abmoosen

Puffer aus Gummi oder Kork für die schweren Biegewerkzeuge

Gießkanne mit allerfeinster Brause

Druckspritze für Blattdüngung und Schädlingsbekämpfung

Bambusstäbchen ein Allround-Gerät

Indikator für pH-Wert (Bodenanalyse).

Für die Sammelexpedition bedarf es auch kaum spezieller Bonsai-Werkzeuge. Man suche die Geräte aus nach Funktionstüchtigkeit und Stabilität (ihre Belastbarkeit muß besonders hoch sein) und Transporteignung; schließlich wird man sie auf weiten Fußmärschen bei sich tragen müssen.

Wichtig sind:
Eispickel (leichte Spitzhacke)
Spaten, klappbar
Fäustel (schwerer Hammer)
Messer, Gartenhippe
Garten-(Rosen-)schere
Bonsai-Säge
verschiedene Steinmeißel
verschiedene Steinkeile
Sphagnummoos, Hygromull
Kunststoffolie
Bindfaden
Rucksack

Bonsai-Erziehung

Schneiden

Bonsais werden regelmäßig beschnitten, um die Pflanzengröße zu reduzieren, üppigen Zuwachs zu entfernen, Kronen- und Wurzelbereiche auszulichten. Ob man sich dabei des originalen japanischen Werkzeugs bedient oder hiesigen Ersatz wählt, ist letztlich auch eine Frage des Geschmacks. Bei einigen Arbeiten sind die speziellen japanischen Geräte kaum zu ersetzen.

Oberstes Gebot bei allen willkürlichen mechanischen Eingriffen in das Pflanzenwachstum: man darf nichts davon merken. Die Spuren der Schere und Zange, des Drahtes und der Knebel müssen unsichtbar sein. Nur dann kann die Illusion vom natürlich gewachsenen Baum entstehen. Daher sind viele kleine Korrekturen besser als eine Radikalkur.

Bei den Laubgehölzen wird im Frühjahr geschnitten, wenn der junge Trieb noch weich ist, von dem zwei Drittel und mehr entfernt werden. Da aber auch so die Pflanze größer wird, kann man bei Bedarf alle drei Jahre kräftiger ins alte Holz zurückschneiden. Aber besser ist es, den Generalrückschnitt auf mehrere Jahre zu verteilen. Größere Schnittstellen legt man so, daß sie von Blatt-

Bonsai-Freund beim Drahten einer alten Kiefer. Die richtige Arbeitsposition – Pflanze in bequemer Höhe auf dem Drehständer – ermöglicht eine geduldige, sorgfältige Gestaltungsarbeit.

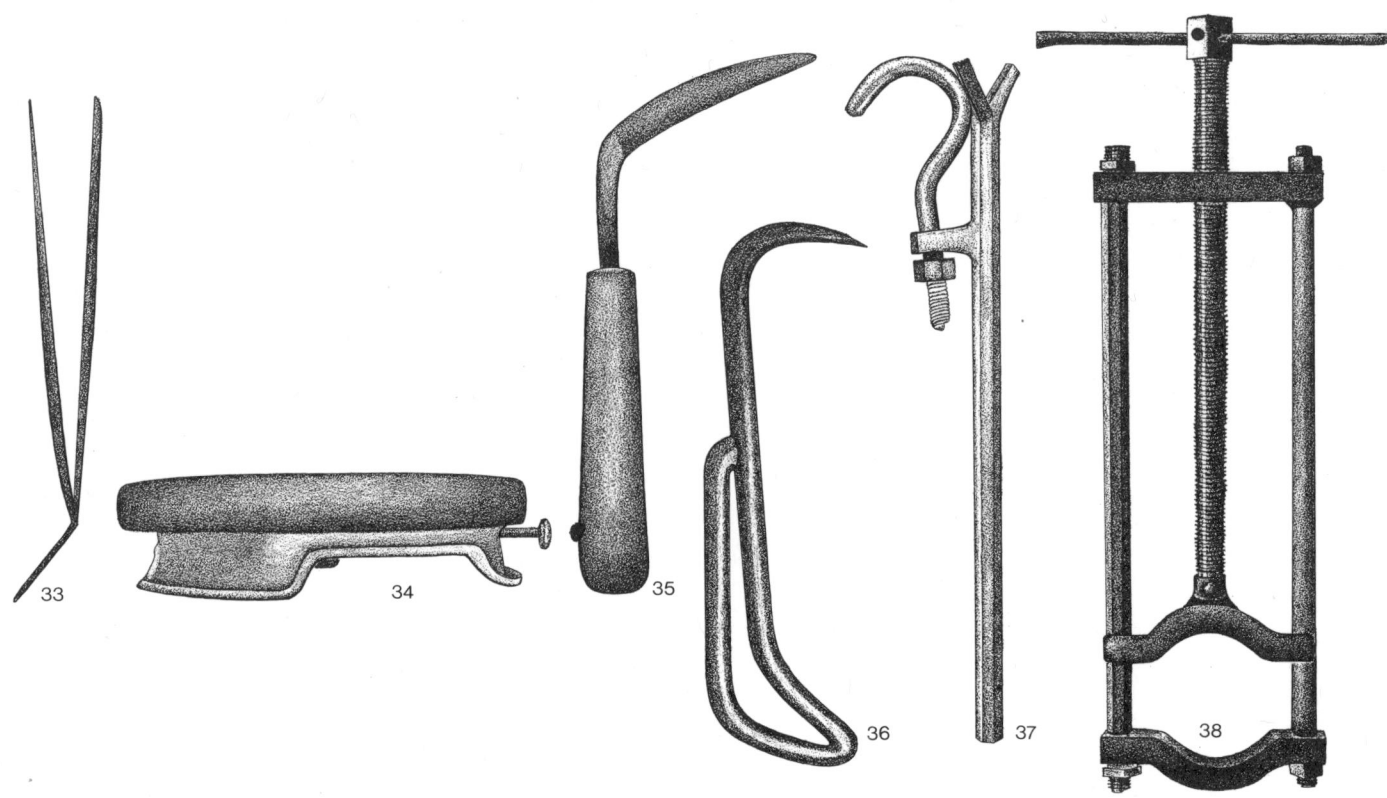

Spezialwerkzeuge für Gestaltung und Umtopfen

33   Pinzette mit abgeplattetem und geknicktem Fuß; eines der besonders vielseitig einzusetzenden Instrumente: Entspitzen bei Nadelgehölzen, Entfernen von welkem Laub und Ungeziefer an unzugänglichen Stellen, Bodenbearbeitung und Pflanzen von Moos mit der abgeplatteten Seite – als Werkzeug unverzichtbar.

34   Ebenso unverzichtbar ist der feststellbare Drehständer; zügiges und sicheres Arbeiten ist ohne ihn kaum möglich. Natürlich kann man ihn selber bauen. In diesem Fall ist darauf zu achten, daß er für die vorhandenen oder beabsichtigten Pflanzen (Töpfe) groß und stabil genug ist und eine Arretierung besitzt, die sicheres Arbeiten in einer gewünschten Position gewährleistet.

35   Sichel, mit der ein Bonsai beim Umtopfen aus dem alten Pflanzgefäß gelöst wird; selbst wenn man die Pflanzen nach Vorschrift ein wenig antrocknen läßt, ist ein Herausnehmen oft noch nicht sofort möglich. Ein Messer kann nicht in gleicher Weise gefahrlos für Gärtner und Bonsai geführt werden. Die Sichel ist besonders notwendig bei Exemplaren, die mehrere Jahre nicht umgepflanzt wurden.

36   Eisenhaken zum Lockern des Wurzelballens; die Verfilzungen des Wurzelwerks sind oft nur schwer und nur mit diesem stabilen Haken zu entzerren.

37   Hebel, um stärkeres Holz zu biegen. Der erhöhte Druck erfordert besonders sorgfältigen Rindenschutz; daher an den Ansatzstellen – s. Pfeile – immer Gummi- oder Korkpuffer unterlegen.

38   Zwinge, um stärkeres Holz zu biegen oder Stammkorrekturen durchzuführen; im Gegensatz zu Nr. 37 bleibt dieses Gerät längere Zeit an der Pflanze.

128

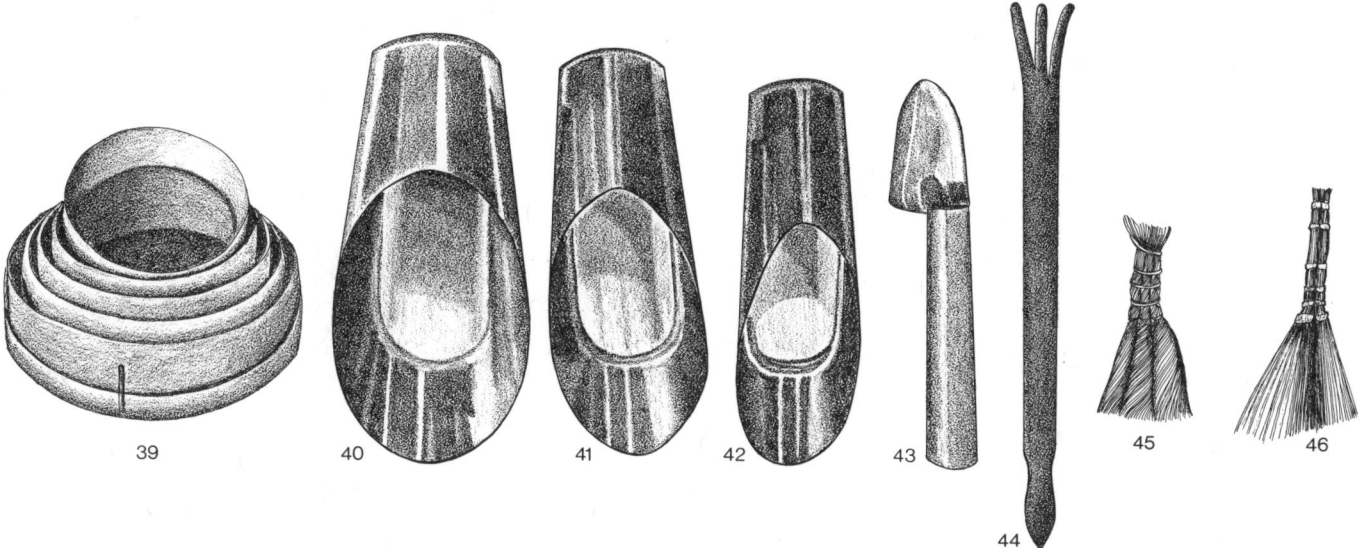

39   40   41   42   43   44   45   46

Werkzeug zur besonderen Erdbehandlung

39   Siebe für drei Erdkörnungen sind unerläßlich. Man kann sie kaufen aber auch unschwer selber herstellen.

40 bis 42   Tütenschaufeln. Sie sind aus Metall und werden in drei Größen angeboten. Entweder begnügt man sich mit dem kleinsten Exemplar, oder man schafft sich den ganzen Satz an, damit man je nach Topf und Pflanzengröße wählen kann. Beim Pflanzen in die immer recht knappen Töpfe sind Tütenschaufeln beim Nachschütten der Erde und Verstopfen mit dem Bambusstäbchen mehr als wünschenswert.

43   Kelle zum Verteilen und Andrücken der Erde beim Umpflanzen.

44   Harke zur Oberflächenbehandlung, aber auch zur Lockerung von Wurzelballen.

45 und 46   Zwei Besengrößen. Besen sind zur letzten, abrundenden Erdoberflächenbehandlung vorgesehen; auch fegt man mit ihnen unerwünschtes Laub oder andere Verunreinigungen vom Moosüberzug der Bonsai-Erde. Eine japanische Spielerei? Keineswegs. Daß man Besen wirklich benötigt, weiß man spätestens, wenn man ein Bäumchen umgepflanzt hat.

Gürtel mit Köcher und mit aufgenietetem Schlaufenband für Werkzeug.

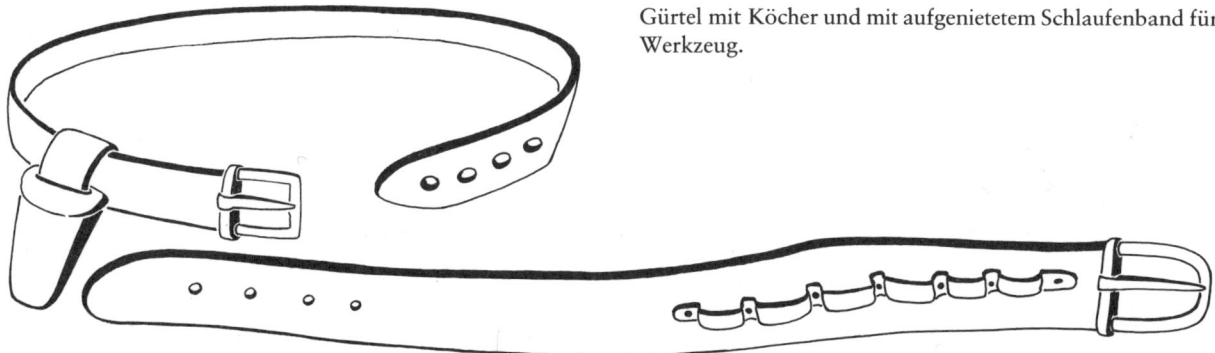

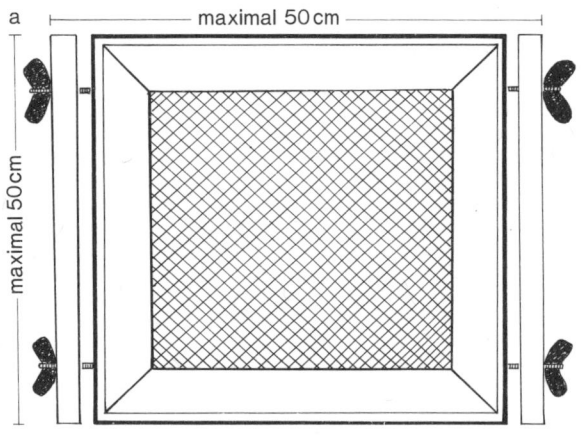

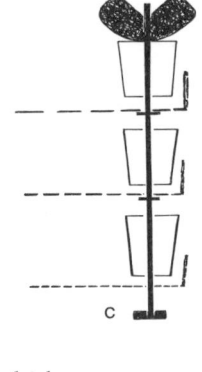

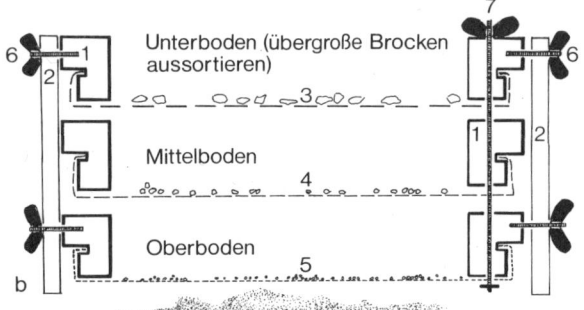

Unterboden (übergroße Brocken aussortieren)

Mittelboden

Oberboden

Die hier durchfallende Erde ist zu fein für die Bonsai–Kultur

Selbstgebautes Stapelsieb

a   Aufsicht

b   Längsschnitt
1   Holzrahmen,
2   seitliches Verbindungsbrett,
3   Sieb, Maschenweite 5 mm,
4   Sieb, Maschenweite 2,5 mm,
5   Sieb, Maschenweite 1 mm
(1 bis 2 mm größere Maschenweiten möglich),
6   seitliche Fixierschraube,
7   andere Fixiermöglichkeit mit vertikaler Schraube
(hier nur auf einer Seite eingezeichnet).

c   Mit vertikaler Schraubung

Wenn die Rahmen stabil gebaut sind, genügt eine durchgehende Schraube zur Fixierung, die nie völlig gelöst werden muß. Beim Sieben zieht man sie fester an; für die Entnahme der Erdkörnungen lockert man sie, so daß man die Siebe fächerartig gegeneinander verschieben kann.

werk abgedeckt werden. Baumkronen und Gruppenpflanzungen sind regelmäßig auszulichten, um die Gesundheit der Pflanzen und ihre Form zu erhalten.

Zu großes Blattwerk kann verkleinert werden, wenn man die neuen Blätter, nachdem sie voll ausgetrieben und sich schon fest entwickelt haben, entweder auf einmal sofort am ganzen Baum oder schonender, schrittweise in zwei Etappen entfernt, oder man halbiert Blatt für Blatt und läßt nur eine Hälfte am Baum, die dieser dann auch nach einiger Zeit abstößt. Alle drei Methoden zwingen die Pflanze dazu, eine neue Blattgarnitur zu bilden, die eigentlich immer kleiner ausfällt als die ursprüngliche. Voraussetzung für den

Blattschnitt ist eine wirklich gesunde, robuste Pflanze, deren Größenwachstum auf diese Weise wirkungsvoll gedämpft werden kann, denn so eine Entlaubung wirkt wie ein Aderlaß.

Der Wurzelballen wird bei jedem Umpflanzen ausgedünnt. Je nach Zuwachsraten der Pflanze und Umtopfintervallen entfernt man ein Drittel bis die Hälfte der Wurzelmasse. Hauptsächlich versucht man die älteren Wurzelpartien zu entfernen und die feinen jungen Saugwurzeln zu schonen. Wenn größere Schnittstellen notwendig werden, sollten diese nach unten zeigen. Das ist für die Neubildung der Wurzeln vorteilhaft.

Wurzelschnitt und allgemeines Auslichten wird bei den Nadelgehölzen ebenso gehandhabt. Die

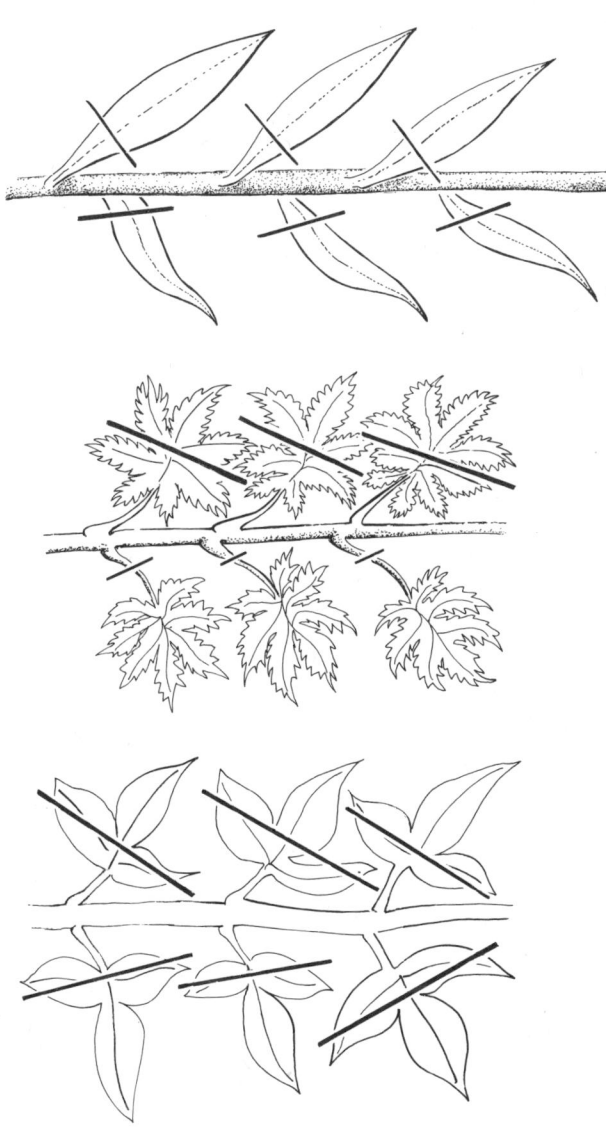

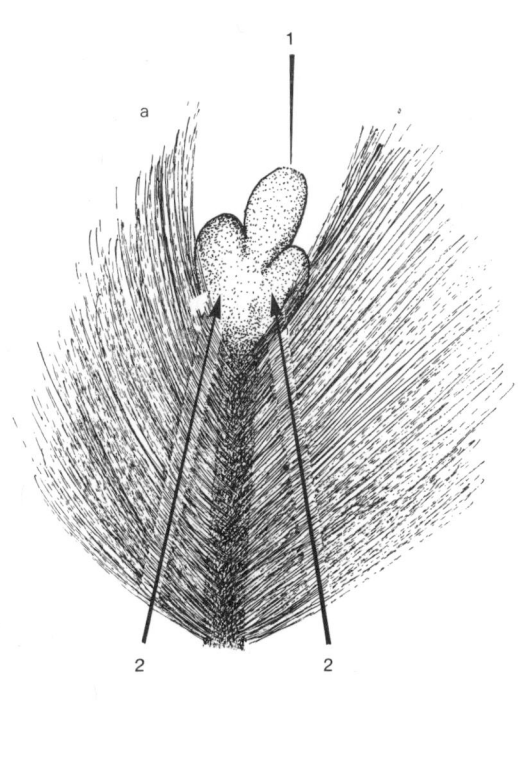

Verringerung der Laubmasse

So, wie es die Striche angeben, können die Blätter geschnitten werden.

Zuwachsreduzierung bei der Kiefer

a   Knospen vor der Streckung
In diesem Zustand kann die Mittel-, End- oder Terminalknospe (1) völlig ausgebrochen werden. Damit werden die Seiten- oder Terminalknospen (2) begünstigt.

b   Ausgetriebene Knospen
Will man sich alle Triebe erhalten, so kürzt man nach der Streckung zwischen den schon sichtbaren Nadelansätzen (3).

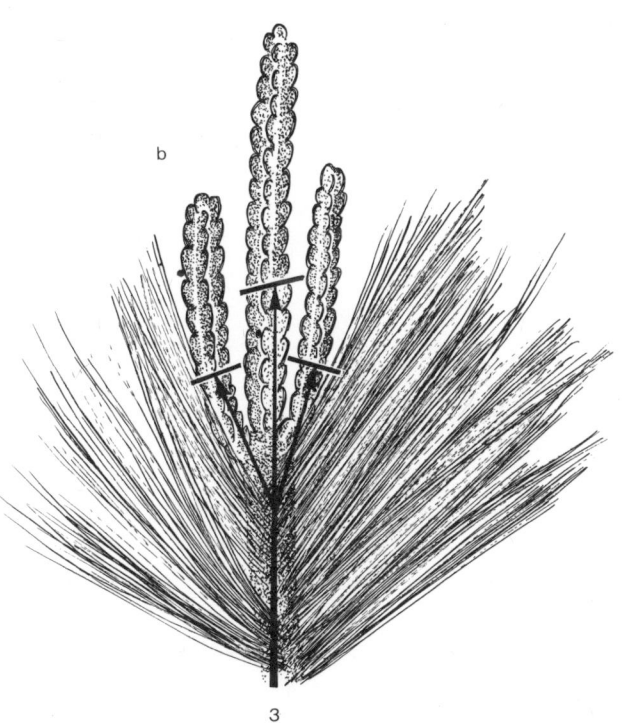

131

Nadeln sollten nicht eingekürzt werden; das gibt braune Schnittstellen und ein sehr häßliches Aussehen. Um Größe und Form zu halten, wendet man verschiedene Methoden an.

Generell kann gesagt werden, daß der Terminaltrieb (Endtrieb), falls er nicht aus gestalterischen Rücksichten erwünscht ist, gänzlich entfernt wird. Man benutzt dazu die Schere oder bricht ihn mit einer Drehbewegung der Finger heraus *(Picea, Tsuga, Cryptomeria, Juniperus)*. Weitere Einkürzungen mit der Schere sind bei den Kiefern möglich, wenn sich an den „Kerzen" nach der Streckung die kleinen, höckerigen Nadelansätze zeigen oder etwas später, wenn die Nadeln noch klein in ihren Häutchen zusammengepackt sind. Zwei bis drei Nadelringe werden stehengelassen. Regelmäßiges Schneiden ist wichtig, um permanent schlafende Knospen zum Austreiben anzuregen. Wenn das nicht geschieht, ist der Baum eines Tages kahl oder so ausgewachsen, daß an Gestaltung nicht mehr zu denken ist. Das Entspitzen zieht sich bei den meisten Pflanzen über die ganze Vegetationszeit hin. Bei kräftigen Pflanzen *(Pinus thunbergiana, P. densiflora)* wird gelegentlich auch der ganze Frühjahrstrieb entfernt, natürlich nicht in jedem Jahr.

Schwierig in der Gestaltung können die blühenden und fruchtenden Pflanzen werden. Es ist zu klären, ob die Art am alten oder jungen Holz blüht. Da man in jedem Fall auf die Attraktion der Blüten Rücksicht nimmt, kann die Idealgestalt oft erst nach dem Fruchten wieder hergestellt werden. Formkorrekturen sind in entlaubtem Zustand besonders gut durchzuführen, da sich dann der architektonische Aufbau am klarsten zeigt.

Die Einkürzung des vertikalen Triebs begünstigt die horizontale Entwicklung, und da die meisten Bonsais sowieso zur Kopflastigkeit neigen, wird man – dies als Faustregel – in den oberen Teilen immer stärker schneiden als unten.

Bei allem Schneiden, Entknospen usw. muß an die Ersatzknospen gedacht werden. Wo werden die austreiben? Wird ihre Wuchsrichtung in die angestrebte Form passen?

Regelmäßige Reduzierung der Pflanzenmasse ist notwendig, bedarf aber sorgfältiger und geduldiger Überlegung. Was abgeschnitten ist, ist abgeschnitten. Man geht daher sehr zurückhaltend vor, besonders, wenn man noch kein Routinier ist. Ein bequemer Arbeitsplatz, den Bonsai etwa in Brusthöhe vor uns auf der Drehscheibe, ist die Voraussetzung für ein überlegenes Vorgehen in dieser kritischen Situation.

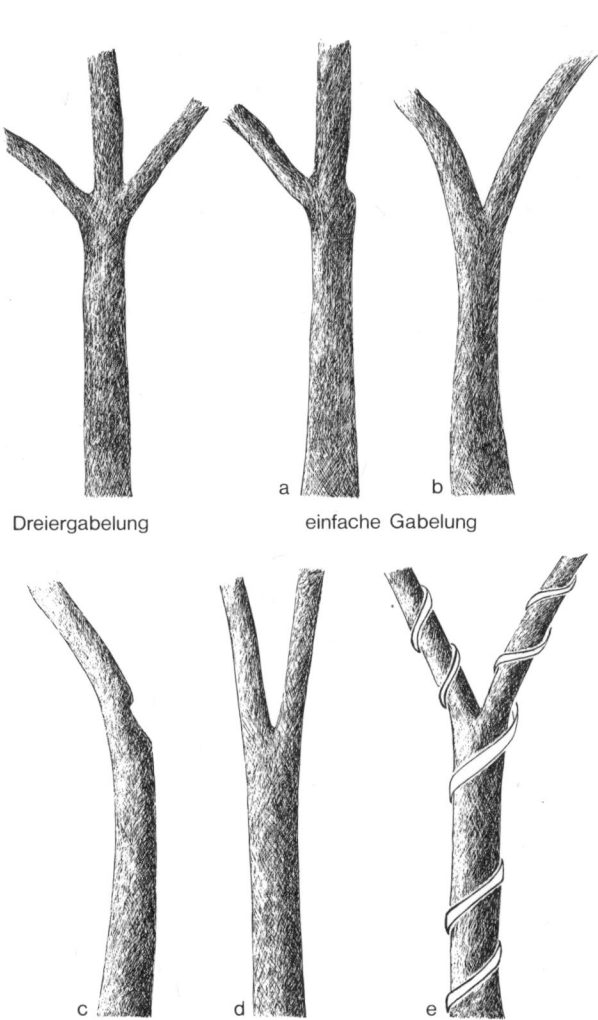

Dreiergabelung   einfache Gabelung

Mögliche Umformungen von Verzweigungen durch Schneiden oder Drahten. Die Dreiergabelung ist immer aufzuheben, also entweder zu a oder zu b zu verändern. Eine natürliche einfache Gabel läßt sich zerschneiden zu c oder verengen zu d oder in diverse Richtungen drahten (e). Ob man den Draht einfach oder doppelt nimmt: stets muß er von unten nach oben geführt werden.

132

Eine einzige Technik allein macht selten einen guten Bonsai. Erst wenn alle Techniken beherrscht werden, kann frei und für jedes Erfordernis zweckmäßig gestaltet werden. So kann man scharfe Winkel bei der Zucht nur durch Schneiden erreichen. Solche Pflanzen erhalten einen kräftigen, spannungsgeladenen Charakter. Weiche, fließende und ausgeglichene Strukturen erhält man am ehesten durch Drahten.

Drahten

Es gibt Leute, die meinen, ein Bonsai sei erst dann so recht in seine geheimnisvolle fernöstliche Gestalt zu bringen, wenn Stamm, Äste und Zweige mit Draht umwickelt und von diesem in 'malerische' Positionen gebogen wären. Leider nähren die Japaner selbst mit ihrer Massenexportware dieses Vorurteil. Oder nehmen sie etwa auf die vorgefaßten Meinungen der Europäer Rücksicht? Jedenfalls gleichen diese Phantasiegebilde manchmal eher einem Drahtknäuel als einer Pflanze.

Auf Drahtung läßt sich bei der Gestaltung der Bonsais nicht verzichten. Aber sie wird heute nur mäßig und sehr dezent angewendet. Wenn zur Fixierung von Richtungsänderungen andere Maßnahmen wirksam erscheinen, so werden diese immer eher ergriffen.

Ursprünglich wurde ausgeglühter Kupferdraht verwendet. Der ist auch heute noch am besten geeignet, aber teuer. So verwendet man den billigeren Eisendraht, der als sogenannter Packdraht (1,2 – 1,6 – 1,8 mm) weichgeglüht fertig im Handel ist. Die Stärke des Drahtes entspricht der Widerstandskraft des zu leitenden Pflanzenteils. Wenn nötig kann der Draht auch doppelt genommen werden.

Der Draht wird immer in Wuchsrichtung gewickelt. Im einzelnen muß dies den Zeichnungen entnommen werden, da es nicht gleichgültig ist, in welche Richtung gedreht werden muß. Es bedarf auch einiger Erfahrung, wie stramm gewickelt wird: zu locker ist ineffektiv, zu fest blockiert den Saftstrom zu stark. Eine gewisse Bremsung des Saftflusses ist zwar erwünscht, da das Dickenwachstum dadurch positiv beeinflußt wird, aber sie soll nicht übertrieben werden.

Empfindliche Rinden könnten vom Draht verletzt werden. In diesen Fällen umwickelt man ihn einfach mit Papierstreifen (Krepp-, Zeitungspapier) oder mit Raffiabast.

Da gedrahtete Äste und Zweige sich nach allen Seiten ausrichten lassen, lauert hier die große Gefahr allzu willkürlicher „Gestaltung". Schließlich hängt der Erfolg dieser Methode gerade davon ab, wie zwanglos und natürlich man zu arrangieren weiß und wie stark bei aller Detailgestaltung die Generallinie im Auge behalten wird.

Der Draht bleibt nur solange sitzen, wie er unbedingt erforderlich ist. Erstens ist auch die beste Drahtung ästhetisch unbefriedigend und zweitens wächst der Draht unbeachtet leicht ein. Er ist dann schwer zu entfernen und hinterläßt böse Narben, die nur langsam wieder verheilen. Bei

Beispiel für eine einfache Drahtung

Die Wuchsrichtung des halb um den Stamm herum wachsenden Zweiges soll korrigiert werden. Bei 1 beginnend, wird der Draht zur Verankerung erst einige Male um den Stamm geführt und dann, ohne die Wickelrichtung zu ändern, in einer etwas dichteren Spirale um den zu korrigierenden Zweig in Richtung 2 gewickelt. Jetzt wird die Steifheit des Drahtes den Zweig in jeder gewünschten Position festhalten.

Veränderung des Charakters durch Drahten

Aus einer weichen, schlappen Verzweigung wird eine klare, entschiedene. Rein theoretisch ist mit einer Drahtung in solchem Fall sowohl eine aufwärts wie eine abwärts gerichtete Verästelung erziehbar.

Eine Verankerung am Stamm wie bei der vorigen Zeichnung ist nicht nötig, da der Draht durch die gleichzeitige Behandlung der einander gegenüber stehenden Zweige ganz von selbst die erforderliche Festigkeit erhält.

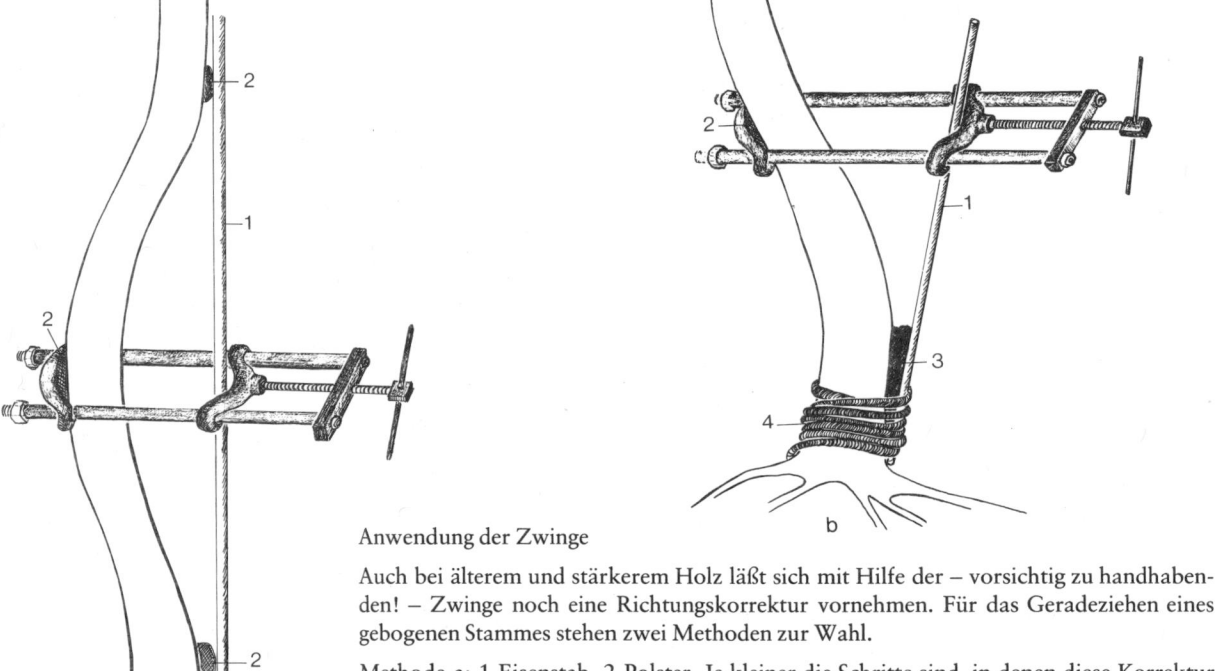

Anwendung der Zwinge

Auch bei älterem und stärkerem Holz läßt sich mit Hilfe der – vorsichtig zu handhabenden! – Zwinge noch eine Richtungskorrektur vornehmen. Für das Geradeziehen eines gebogenen Stammes stehen zwei Methoden zur Wahl.

Methode a: 1 Eisenstab, 2 Polster. Je kleiner die Schritte sind, in denen diese Korrektur vorgenommen wird, desto weniger läuft man Gefahr, die Pflanze zu ruinieren.

Methode b: Unten am Stamm wird mit Draht (4) die Eisenstange (1) samt einem als Druckpunkt dienenden Keil (3) aus Holz, Hartgummi oder Hartkunststoff fixiert.

schnellwachsenden Laubgehölzen kann man den Draht schon nach wenigen Monaten entfernen, bei den Immergrünen muß er gelegentlich bis zwei Jahre sitzen bleiben.

Stämme und Äste, die schon zu stark sind, um auf die einfache Drahtung zu reagieren, werden mit Spezialzwingen oder massiven Eisendrähten korrigiert. Alle Richtungsänderungen sollte man in diesen Fällen schrittweise vornehmen, um ein Brechen zu vermeiden. Empfindliche Rinden schützt man durch untergelegte Gummiplättchen.

Verdickung des Stammes

Erscheint uns der Stamm eines Bonsais zu lang, kann auf verschiedene Weise Abhilfe geschaffen werden. Auf das Drehen und Winden noch biegsamer Stämme wird schon im Kapitel „Bonsai-

Typen" hingewiesen. Als Nebeneffekt dieser Windungen ergibt sich ein durchaus erwünschtes schnelleres Dickenwachstum. Das Dickenwachstum eines Stammes läßt sich auch verstärken, wenn im Spätwinter, vor Wachstumsbeginn, unter der Erdoberfläche am Wurzelhals ein Drahtring angebracht wird. Dieser Reif muß nach einer Saison entfernt und sollte höchstens alle zwei Jahre verwendet werden.

Künstliches Altern

An allen Bonsais schätzt man besonders das hohe Alter, in dem sie erst ihre volle Schönheit entfalten. Wirklich alte Stücke werden hoch gepriesen und sind äußerst kostbar. Nun gibt es die Möglichkeit, Altersmerkmale, die gewöhnlich erst nach einigen Dezennien einzutreten pflegen, künstlich schon etwas jüngeren Pflanzen beizu-

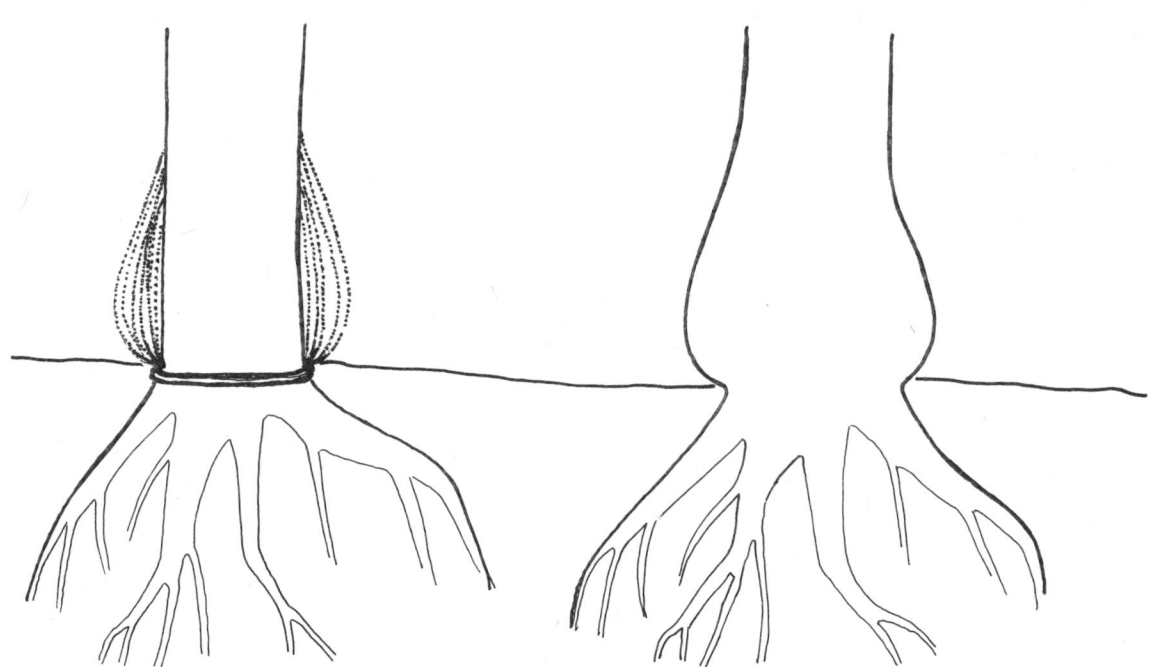

Einen Stamm verdicken

Das läßt sich schnell bewerkstelligen, wenn man knapp unter der Erdoberfläche die Rinde ein wenig mit einem Kupfer-

draht einschnürt, so daß oberhalb ein Saftstau entsteht. Nach einer Saison ist der Draht zu entfernen.

135

bringen. Zwar haben einige Gärtner Einwendungen gegen das mechanische Vergreisen, aber es wird in Japan seit jeher praktiziert, und wir sollten die Technik wenigstens kennen um so behandelte Pflanzen richtig beurteilen zu können.

Die spektakulärsten Ergebnisse bringt die vor allem bei Wacholder *(Juniperus)* angewendete Treibholztechnik. Bäume, die schon gänzlich ausgehöhlt sind und sich nur noch über Bastrelikte ernähren, deren Holz angewittert und ausgebleicht freiliegt, die infolge eines Unwetters zerbrochen und umgeknickt dennoch aus einer geheimen Quelle heraus weiterleben, sind die Vorbilder für diesen Stil, dessen Elemente teilweise auch bei anderen, freieren Bonsai-Formen vorkommen können.

Man entfernt einen Teil der Rinde am Stamm oder an einem dickeren Ast und reibt das freigelegte Holz mit Naturharz ein. Soll das Holz gebleicht werden, ist folgende Lösung herzustellen: 112 g ungelöschter Kalk und 225 g Schwefelpuder werden zunächst getrennt in einem halben Liter Wasser aufgelöst (Vorsicht beim Kalk!), dann zusammen etwa 50 Minuten gekocht. Diese Brühe wird abgekühlt auf die freigelegte Stelle aufgetragen. Nach sechs Monaten wird die Stelle

Normal aufrecht gewachsener Baum wird zur Kaskade
Dazu muß nicht immer wild gedrahtet werden. Die erste Neigung erreicht man durch Kippen des Wurzelballens. (Umgekehrt werden unerwünscht schräg gewachsene Exemplare so aufgerichtet.) Dann werden Stamm und Krone weiter heruntergezogen. Die Drähte können dazu am Abzugsloch im Boden oder hinter dem umgeschlagenen oberen Rand der Kunststoffgefäße festgehakt werden. Zur Brüchigkeit neigendes Holz und stärkere Biegungen eines Stammes werden vorher stramm mit Bindfaden oder Bast umwickelt.

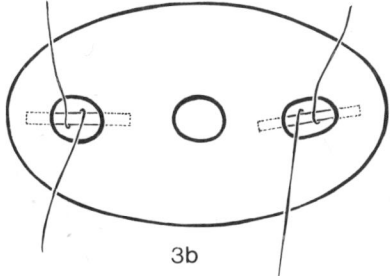

1

2

3

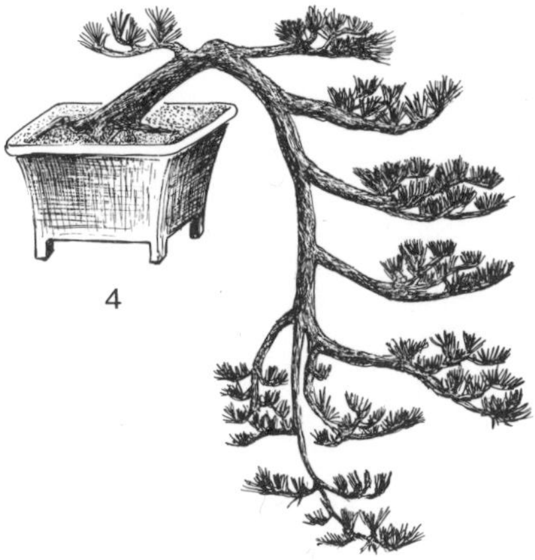

4

3a

3b

Möglichkeiten der Umgestaltung

1   In dieser aufrechten Form ist der Baum nicht zu verwenden. Aber er ist relativ einfach in drei andere Bonsai-Stile (2, 3, 3 a, 4) umzubilden.

2   Die einseitige Verzweigung wird zur Gestaltung einer windgepeitschten Form (Fukinagashi) genutzt. Auch die Baumkrone wird schnell in Windrichtung geleitet. Die Position in der Schale ist selbstverständlich so, daß alle Zweige unter sich Erdboden haben und links höchstens ein wenig über den Rand des Gefäßes hinausragen.

3   Niedergelegt, entweder als Floßstil (Ikada-buki) oder
3 a   als gewundene Wurzel (Netsuranari).
Je nach der Geradheit des Stammes kann man die Pflanze mit Bambusstäbchen fixieren (3) oder mit Draht und Knebel (3 a und, senkrecht von oben in die Schale gesehen, 3 b). Bei einer jüngeren Pflanze, deren Stamm sich also noch biegen läßt, kann auch sehr gut der Lattenrost (s. die folgende Abbildung) zum Niederlegen benutzt werden.

4   Kaskadenform; diese läßt sich nach dem in der vorigen Abbildung dargestellten Vorgehen erziehen.

mit einer kleinen Bürste ausgewaschen, gereinigt und erneut mit der Lösung bestrichen. Dieser Vorgang ist jedes Jahr zu wiederholen.

Es geschieht hin und wieder, daß ein Ast abstirbt. Man kann ihn dann gänzlich entfernen, läßt aber keine glatte Schnittstelle, sondern höhlt diese mit der Scherenspitze oder dem Messer aus, als ob das Holz lange herausgewittert wäre. Man kann den Ast auch herausbrechen und einen Stumpf stehenlassen. Von diesem wird die Rinde abgerieben, und der Rest wird mit der Kalk-Schwefelpuder-Brühe behandelt.

Manchmal ist es schon aus Proportionsgründen angebracht, die Kronenspitze zu entfernen. Macht man das nun so, daß es aussieht, als sei sie herausgebrochen oder abgestorben, so verstärkt sich der Eindruck, einen alten Bonsai zu sehen. Diese „Greisenkosmetik" hat aber überhaupt nur Sinn, wenn unser Exemplar zwei bis drei Dezennien auf dem Buckel hat, andernfalls würde die übrige jugendliche Erscheinung die Altersmerkmale Lügen strafen.

Sonstiges

Bei der Besprechung der Stile wurde auf die Bedeutung der über der Erde sichtbaren Wurzeln hingewiesen (Seite 32, 48). Da in vielen Fällen das Niveau vom Topfrand bis zum Stamm der Pflanzen sowieso ansteigt, wird man dort, wo beabsichtigt ist, den Hals und oberen Teil der Wurzeln zu exponieren, noch etwas höher pflanzen. Meistens reicht dann das natürliche Gefälle dazu aus, daß im Laufe eines Jahres mit dem Wässern Boden zwischen den Wurzeln abgeschwemmt wird. Größere Gruppenpflanzungen im reinen Bonsai-Stil oder auch im Arrangement des Miniaturgartens lassen sich vorteilhaft auf einem Gitter aus Bambussplitt arrangieren (s. Zeichnung). Auch beim Niederlegen eines Stammes hat sich ein Bodenrost bewährt. Ist der Winkel, in dem die Äste – jetzt Stämme – in die Höhe weisen, nicht steil genug, so lassen sich zwischen Rost und Pflanze Steinchen oder Holzstücke einklemmen, welche die Neigungen der Triebe regulieren.

Fast alle Bonsais brauchen die gärtnerische Formung, um sich zu größter Vollendung entwickeln zu können. Aber man muß ihnen auch Ruhe geben können und abwarten. Geduldige Planung ist notwendig, dann erübrigt sich so manche hastige Säbelei. Die Gestalt der Sämlinge kann von Anfang an beobachtet werden, so daß schwere Eingriffe eigentlich kaum vorkommen sollten. Der Bonsai-Züchter achtet auf die Tendenzen der Pflanze und wird diesen mit sanftem, stetigem und unterstützendem Leiten zur vollen Entwicklung verhelfen.

Ist man sich über eine Maßnahme noch nicht im klaren, so macht man am besten nichts, bevor man etwas Falsches tut. Man informiert sich, befragt Fachleute und Literatur. Diese theoretisch-geistige Beschäftigung mit dem Thema „Bonsai" ist ebenso wichtig wie die unmittelbare praktische Pflege.

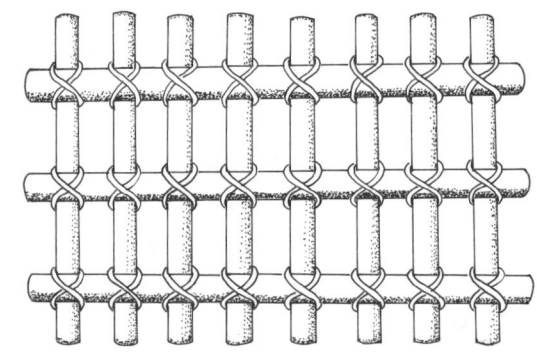

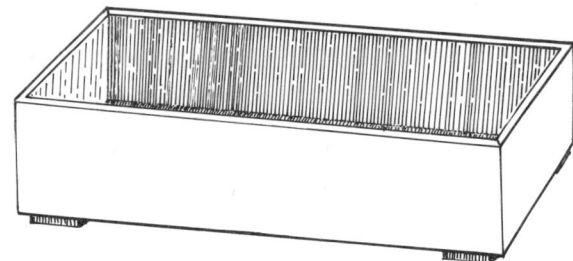

Gitter aus Bambussplitt

Es wird als Kompositionsgerüst unten in den Topf gelegt. Auf ihm lassen sich die verschiedensten Arrangements fixieren.

Vermehrung

Einen viele Jahrzehnte alten Bonsai zu besitzen, der in einer ausgewogenen Form gezogen wurde, ist eine kostbare, herrliche Sache und sicherlich ein großes Glück, das aber leider nur einem kleinen Kreis von Sonntagsgärtnern beschieden ist. Doch die Selbstanzucht ist ein Vergnügen, das sich alle Gärtner leisten können völlig unabhängig davon, ob sie Gartenland ihr eigen nennen oder sich in den Lebensbereich einer Stadtwohnung fügen müssen. Sicherlich hat es der Grundbesitzer in einigen Etappen der Bonsai-Kultur leichter, aber wenn es darum geht, einen kleinen Baum in einem Topf zu einem Bonsai zu gestalten, sind alle gleich.

Grundsätzlich gilt für die Anzucht eines Bonsais dasselbe wie für die Anzucht (Vermehrung) dieser Pflanze im normalen Gartenbau. Das wird uns heute noch eher einleuchten, da viele Arten in den Baumschulen schon in Containern (Töpfen) angezogen und verkauft werden. Diesen allgemeingültigen Bereich der Vermehrung werden wir in diesem Buch nicht behandeln. Das ist in vielen gründlichen Gartenbüchern ausführlich beschrieben worden, und wer Auskunft wünscht, sei auf das Literaturverzeichnis verwiesen.

Hier seien insbesondere die vom allgemeinen Gang abweichenden, speziellen Bonsai-Methoden erwähnt.

Nun ist ja bekanntlich die anzuwendende Vermehrungsart abhängig von der Pflanze, die vermehrt werden soll. Bei einigen nimmt man Saat, bei anderen Stecklinge, bei anderen wird veredelt usw. Bei manchen Arten sind auch mehrere Methoden der Vermehrung möglich. Da ist natürlich für die Anzucht von Bonsais diejenige am besten, bei der nur mit geringeren jährlichen Wachstumsraten zu rechnen ist.

Eignungskriterien

Einen festen Kanon möglicher Bonsai-Arten gibt es nicht. Wenn auch bei den Japanern einige Ge-hölze häufiger auftauchen, so ist doch, besonders wenn auch noch die krautigen Pflanzen mit einbezogen werden, der Kreis der geeigneten Pflanzen so groß, daß es leichter ist, Eignungskriterien zu beschreiben als eine komplette Liste würdiger und möglicher Bonsai-Arten aufzustellen.

Einer der wichtigsten Faktoren der Bonsai-Tauglichkeit ist sicherlich ein ästhetischer: Proportion! Pflanzen mit großen Blättern, Blüten, Früchten und dicken Trieben werden bei reduzierter Größe niemals in ein befriedigendes Gleichgewicht zu bringen sein. Das Mißverhältnis zwischen Gesamtgestalt und einzelnen Pflanzenteilen wird alle assoziativen Ansätze der Phantasie von vornherein vereiteln. Daher wird man z. B. auf Kastanien, Pappeln, Spitzahorn und auf die großblütigen und -blättrigen Rhododendronhybriden verzichten müssen.

Ein weiterer Faktor ist die Schnittverträglichkeit, die allerdings bei den meisten Pflanzen in ausreichender Weise gegeben ist. Dem Anfänger seien in erster Linie Gattungen empfohlen, die sich durch eine allgemeine Robustheit auszeichnen und kleinere Kulturfehler, wie sie wohl zunächst ganz unvermeidbar sind, tolerieren. So sind z. B. als Bonsai sicherlich alle hierorts üblichen Heckenpflanzen geeignet (Liguster wegen seines Wuchscharakters nicht), die in ihrer Regenerationsfreudigkeit zeigen, daß sie sich auch von der wildesten Schere nicht unterkriegen lassen.

Schließlich spielt bei der Auswahl der Pflanzen auch ihr allgemeiner Zierwert eine Rolle. Allerdings – das ist wohl schon klar geworden – bedeutet im Zusammenhang mit japanischer Gartenkultur und Bonsai „Zierwert" etwas anderes als wir uns darunter vorzustellen gewöhnt waren. Für den Europäer lag und liegt vielfach noch der Zierwert in dem Augenfälligen, den spektakulären Spielarten und Züchtungen, deren mehr oder weniger monströse Abweichungen von der Art als das Außergewöhnliche geschätzt werden. Solche Qualitäten sind zu laut, zu marktschreierisch, um zu der stillen, ernsten Schönheit eines Bonsais zu passen. Vor allem hinsichtlich der Farbe legen sich die guten japanischen Gärtner größte Zurückhaltung auf. Selbstverständlich wird die Blüten- und Herbstlaubfarbe geschätzt, aber viel weniger herausgehoben gegenüber dem sommerlichen Blattgrün. Auch sind krasse Farben weniger gefragt als die gedeckten, nuancenreichen Valeurs. Panaschiertes Laub, das im europäischen Garten so häufig eingesetzt wird, spielt im japanischen und beim Bonsai gar keine Rolle. Wichtig ist jedoch bei einer Pflanze deren Wuchsstruktur, ihr graphisches Skelett aus Wurzeln – soweit sichtbar, Stamm, Ästen und Zweigen. Wenn das schon ohne menschlichen Eingriff einen befriedigenden Zusammenklang ergibt, ist ein wesentliches Kriterium für Bonsai-Eignung erfüllt.

Anzuchtmethoden, ihre Vor- und Nachteile

Misho: Anzucht aus Samen

Die Anzucht eines Bonsais aus Saat ist bestimmt die langwierigste, am meisten Geduld heischende Methode. Aber dem enthusiasmierten Bonsai-Gärtner schafft diese Anzuchtart auch die höchste Befriedigung, weil bei der kontrollierenden Kultur vom Samenkorn an ganz zweifellos die vollkommensten Bonsai-Kunstwerke herangebildet werden können, bei denen, da von Beginn an Schritt für Schritt gelenkt, der menschliche Eingriff völlig unsichtbar bleibt.

Ähnliche Qualitäten weisen nur die in freier Natur gefundenen Pflanzen auf. Da ist man jedoch auf das Finderglück angewiesen, während man bei der Sämlingsanzucht von vornherein in großen Stückzahlen arbeiten kann.

Sämlinge können, besonders bei den leicht keimenden Arten, selber angezogen oder über eine Gärtnerei von einer auf Anzucht von Jungpflanzen spezialisierten Baumschule bezogen werden. Schließlich lassen sich Sämlinge einiger Bäume auch überall finden, und jeder Gartenbesitzer ist froh, wenn ein Bonsai-Enthusiast Interesse für den in seinem Garten sich ausbreitenden Jungwuchs von Birke und Ahorn entwickelt. Da Jungpflanzen einerseits gelegentlich heikel sind, anderseits auch wegen einer für Bonsai-Zwecke ungeeigneten Wuchstendenz aussortiert werden müssen, wird man immer etwa ein Drittel Pflanzen mehr aufziehen, als man später zu verarbeiten gedenkt.

Gartenbesitzer sollten die Anzucht der Sämlinge, soweit es sich um winterharte Arten handelt, in Freilandbeeten vornehmen. Das macht weniger Arbeit, die Pflänzchen werden nicht unnötig verzärtelt, und der erwünschte Altersausdruck wird schneller erreicht. Je nach der Spezies können die Pflanzen fünf bis zehn Jahre im offenen Land herangezogen werden. Einige wenige Kulturmaßnahmen in einer Wachstumsperiode reichen aus, um schöne Bonsai-Exemplare zu erzielen. So werden die Pflanzen kurz vor der Austriebszeit im Frühjahr – je nach Art an verschiedenen Terminen – mit einem gut geschärften Spaten knapp umstochen. Dadurch wird verhindert, daß sich die Wurzeln vom Stamm weiterhin ausdehnen. An den Schnittstellen bilden sich neue feine Saugwurzeln. Der Radius des Umstichs bestimmt die Größe des Wurzelballens beim Umsetzen und Eintopfen; daher ist es bei der Bonsaiaufzucht von Anfang an wünschenswert, möglichst kleine, kompakte Ballen zu haben, die später in jedem Topf unterzubringen sind. Ferner bremst das Umstechen allzu üppiges Größenwachstum und fördert (Beziehung zwischen ober- und unterirdischen Teilen) allseitige feinere Verzweigung.

Jedes dritte, spätestens jedes fünfte Jahr setzt man die Sämlinge in ein mit organischem Dünger gut versorgtes Beet um. Das Umstechen und Umsetzen sollte tunlichst in Zeiten trüben Wetters stattfinden. Wenn das nicht möglich ist, wird man mit Reetmatten schattieren, die der Bonsai-Gärtner sowieso für die empfindlicheren Pflanzen benötigt. Selbstverständlich wird auch bei der Freilandanzucht regelmäßig gestutzt und der Wuchs schon in die spätere Form geleitet. Hier gibt es grundsätzlich keine anderen Regeln, als die sonst beim Trimmen der Bonsais angewendeten. Allerdings muß man bei dem Anbringen von Stäben, Draht und niederziehenden Schlingen nicht so dezent vorgehen, da die Pflanzen ja nicht auf der Bonsai-Bank thronen sollen. Alle Maßnahmen sind zweckorientiert und nur wachstumsbedingenden Faktoren unterworfen.

Wichtig ist, daß in den Beeten ordentliche Abstände eingehalten werden, damit die Pflanzen nicht verkahlen oder unerwünscht hochbeiniger Wuchs entsteht.

Da es immer leichter ist, Sonne fernzuhalten als sie dahin scheinen zu lassen, wo wir sie gerne hätten, liegen unsere Bonsai-Beete am besten im Bereich voller Sonneneinstrahlung. Wird eine gleichmäßige Entwicklung der Pflanzen (z. B. für den aufrechten Typ) gewünscht, wird man sie beim Umsetzen jeweils etwas gegen das Licht drehen. Bei einseitiger Wuchsrichtung (für Kaskade oder windgepeitschten Typ) wird die Jungpflanze immer wieder in dieselbe Position zur Sonne gebracht. Es ist nichts natürlicher, als das Wachsen dem Licht entgegen, und selbstverständlich macht sich dies der Bonsai-Gärtner nutzbar.

Wo kein Garten vorhanden ist, gelingt die An- und Weiterzucht auch in Töpfen. Das ist allerdings ein wenig arbeitsintensiver, und es braucht auch länger, bis ein ausgewachsener Pflanzencharakter heranreift. Wenn die Pflanze nun auch von Anfang an im Topf gezogen wurde, so ist sie, zumindest in den ersten fünf Jahren, weniger als junger Bonsai und vielmehr als Containerpflanze zu betrachten, d. h., die Topfgrößen werden nicht unbedingt in Hinblick auf die Sämlingsgrößen ausgewählt und formal auf diese abgestimmt. Die im professionellen Gartenbau gebräuchlichen viereckigen Kunststofftöpfe in den Maßen $7 \times 7 \times 8$, $9 \times 9 \times 10$ und $11 \times 11 \times 12$ haben sich recht gut bewährt.

Vom zweiten Jahr an werden die Pflanzen in eine gehaltvolle Erde – 50% organische Substanz, 50% Lehm mit einer Beimischung von Bimskies – umgetopft. Das Umpflanzen erfolgt bei den starkwüchsigen Arten jährlich, bei den anderen jedes zweite Jahr. In diesem Stadium muß nicht zwangsläufig jedesmal ein größerer Topf genommen werden – entscheidend ist die geplante Höhe des zukünftigen Bonsais. Der Zweck des Umpflanzens liegt in der Erneuerung der Erde und im Beschneiden der Äste und des Wurzelwerks. Wenn umgepflanzt wird, soll unter besonderer Schonung der feinen Saugwurzeln die Erde des alten Ballens mindestens zu zwei Dritteln entfernt werden. Diese Maßnahme erfordert sehr viel Sorgfalt sowohl beim Entfernen der alten Erde als auch beim Einpflanzen in den neuen Boden. Die Wurzeln werden dabei gleichmäßig verteilt und in ganzer Länge, ohne zu pressen, in Bodenkontakt gebracht. Für diesen Vorgang benutzen wir wie bei den großen Bonsais ein Holzstäbchen und trockene, körnige Pflanzerde.

Vor dem Umpflanzen wird auch die junge Pflanze ein wenig trocken gehalten, damit sich die Erde leichter aus dem Ballen herausklopfen läßt. Die Hauptwurzel wird bei jedem Umsetzen bis zu einem Drittel eingekürzt, um den gedrungenen Wuchs des Baumes zu fördern.

Licht und Luft erhalten alle Jungpflanzen reichlich, Wasser und Dünger eben ausreichend, damit ein unerwünschter mastiger Wuchs vermieden wird. Feste Maßangaben lassen sich nicht machen – Geschick und Einfühlungsvermögen des Züchters sind hierbei ausschlaggebend.

Es ist schon bedenkenswert, daß das Ausgangsmaterial für eine Bonsai-Kultivierung ganz und gar aus unserer gewohnten Pflanzenwelt genommen werden kann. Das entspricht durchaus der alten japanischen Praxis, die ja nicht auf die außergewöhnlichen Gehölze verfiel, sondern diejenigen einheimischen wählte, zu denen die Menschen eine besonders innige Beziehung hatten: Kieferarten (*Pinus* spec., Goyo-matsu, Kuromatsu, Aka-matsu), Yedofichte (*Picea jezoensis*, Ezo-matsu), Ahornarten (*Acer* spec., Kaede, Momiji), Kamelie (*Camellia japonica*, Tsubaki), Kirsche (*Prunus* spec., Sakura), Pflaume (*Prunus* spec., Ume) und viele andere, deren traditionelle Bedeutung für den Japaner uns aus den berühmten alten Gärten bekannt ist und von denen in Sagen, Märchen, Legenden und Romanen berichtet wird.

Die meisten dieser Arten sind in Europa erst seit etwa hundert Jahren bekannt – eine zu kurze Zeit, um ihnen den emotionalen Stellenwert zukommen lassen zu können, den sie in Japan innehaben. Um so wichtiger ist angesichts der neuerdings umfangreichen Bonsai-Importe der Hinweis auf diesen gefühlsmäßigen Unterschied gegenüber bestimmten Pflanzengattungen und -arten, die in den europäischen Landschaften nicht oder nur selten vorkommen, so daß eine assoziative Phantasie wenige oder gar keine Ansatzpunkte findet, es sei denn, das Bild des fremdartigen Pflanzentyps ließe sich auf bekannte einheimische Arten übertragen.

Kurz, wollen wir den japanischen Bonsai-Gedanken wirklich ins Europäische transponieren, so müssen wir an die Stelle der typisch japanischen Pflanzen europäische setzen. Das soll aber einerseits keineswegs heißen, daß wir hier nicht auch uns in den japanischen Artenkreis einfühlen könnten. Nachdem andererseits die emotionale Affinität zu den Baumgestalten unserer Vorgeschichte und Geschichte leider weitgehend geschwunden ist, macht es kaum einen Unterschied wohin die persönliche Neigung sich wendet.

Alle im folgenden aufgeführten Bäume wachsen gut aus Saat, und je mehr man sich bei der Aufzucht für die hier vorhandenen „Wald- und Wiesenarten" entscheidet, desto mehr wird man den Bonsai-Gedanken in sich aufnehmen und auch in der praktischen Anzucht weniger Probleme haben.

Ein besonderer Spaß ist es für den Zimmergärtner, Samen exotischer Früchte auszusäen und daraus Bonsais zu ziehen. Dafür eignen sich in unserem Falle alle Citrusfrüchte – Mandarinen und Clementinen wegen der kleineren Blätter besonders – und der Granatapfel *(Punica granatum)*, aus dem auch in Japan seit alters Bonsais gezogen werden. Empfehlenswerte Arten:

Koniferen

Cedrus atlantica	Atlaszeder
Ginkgo biloba	Fächerblattbaum
Larix decidua	Europäische Lärche
L. kaempferi	
(= *L. leptolepis*)	Japanische Lärche
Picea abies	
(= *P. excelsa*)	Rotfichte
Pinus parviflora	Mädchenhaarkiefer
P. sylvestris	Gemeine Kiefer, Föhre

Laubgehölze

Acer campestre	Feldahorn
A. palmatum	Japanischer Fächerahorn
Betula papyrifera	Papierbirke
B. pendula	
(= *B. verrucosa*)	Sand-, Weißbirke
Chaenomeles japonica	Japanische Zierquitte
C. speciosa	
(= *C. lagenaria*)	Zierquitte
Citrus-Arten	Citrus-Arten
Cotoneaster spec.	
alle kleinblättrigen	Zwergmispel
Crataegus pedicellata	
(= „*C. coccinea*", „*C. intricata*")	Scharlachdorn
C. crus-galli	Hahnendorn
C. monogyna	Weißdorn
Laburnum alpinum	Alpengoldregen
L. anagyroides	Gemeiner Goldregen
Punica granatum	Granatapfelbaum
Rosa canina	Hundsrose
Sorbus aucuparia	Eberesche
Zelkova serrata	Zelkowe

Sashiki: Vermehrung durch Stecklinge

Eine Reihe von Pflanzen wird durch Stecklinge vermehrt. Sei es, daß bestimmte Varietäten nicht rein aus der Saat fallen, sei es, daß Saat nicht vorhanden ist, Stecklinge aber gut wachsen. Prinzipielle Vorteile der Stecklingsanzucht gegenüber der Anzucht aus Saat ergeben sich beim Bonsai nicht. Sicherlich, man sieht eher eine Pflanze, das ist richtig. Dafür muß man aber das Stecklingsmaterial schon hinsichtlich der späteren Verwendung (Stilrichtung, Bonsai-Größe) nach Stammlänge, Form und Knospenstellung genau aussuchen. Bei einigen Gattungen, z.B. *Taxus*, ist es vorteilhaft, daß aus Stecklingen gezogene Pflanzen nicht so stark wachsen wie Sämlingspflanzen. Auch bei Rosen, als Bonsai gezogen oder auch im

Miniaturgarten, ist es erwünschenswert, daß sie auf eigenen Wurzeln stehen. Im gewerblichen Rosenanbau spielt die Stecklingsvermehrung keine Rolle; im privaten Bereich, wo es nur darum geht, wenige Pflanzen zu gewinnen, kann man sie wie in unserem Fall durchaus noch sinnvoll einsetzen. Die bewurzelten Stecklinge werden zur Weiterkultur schon im ersten Herbst in Töpfe vereinzelt. Dabei schneidet man die Hauptwurzeln um ein Drittel zurück. Erde und Dünger sind dieselben wie bei allen Bonsai-Jungpflanzen.

Für die Stecklingsanzucht zu empfehlende Gattungen und Arten:

Koniferen

Chamaecyparis alle Arten und Gartenformen	Scheinzypresse
Juniperus	Wacholder
Thuja	Lebensbaum
Metasequoia glyptostroboides	Chinesisches Rotholz, „Mammutbaum"
Picea abies (= *P. excelsa*), Sorten	Spielarten der Rotfichte

Laubgehölze

Salix hängende Arten besonders geeignet, z.B. *S. babylonica*	Weide
Berberis	Berberitze
Buxus	Buchsbaum
Jasminum nudiflorum	Winterjasmin
Pyracantha	Feuerdorn
Tamarix	Tamariske
Hedera alle Sorten	Efeu

Tsugiki: Veredeln

Ohne Frage ist das Veredeln die Methode, mit der sich von ungewöhnlichen Arten, für die Samen- und Stecklingsvermehrung nicht in Frage kommen, in kurzer Zeit eine größere Anzahl heranziehen läßt. So spielt eben in der kommerziellen Bonsai-Zucht in Japan die Veredlung heute eine Hauptrolle. Das ist allerdings wohl hauptsächlich deshalb möglich, weil das Käuferpublikum in Amerika und Europa nicht besonders kritisch eingestellt ist. So unbestritten notwendig manchmal die Veredlung sein kann, hat sie doch gerade im Bereich des Bonsais große Nachteile. Denn an der Verwachsungsstelle des Edelreises mit der Unterlage läßt sich die Anschwellung kaum vermeiden, was bei einer Sache, bei der Ästhetik eine so große Rolle spielt, sehr störend wirkt, zumal diese Überwallungsstelle bei der Art, Bonsais zu betrachten, immer wieder vor Augen geführt wird. Doch selbst angenommen, diese Verbindungswulst träte nun nicht auf, so wäre jedenfalls die unterschiedliche Struktur der Rinde von Unterlage und Edelteil immer ein Manko.

Zu rechtfertigen ist die Veredlung bei der Bonsai-Zucht: erstens wenn sie so dicht über der Erde vorgenommen wird – vielleicht sogar unter der Erde –, daß man entweder die Verwachsungsstelle nicht sieht oder die Anschwellung als Wurzelansatz betrachten kann; zweitens, wenn wie bei der Kaskadenform der Stamm eine untergeordnete Rolle spielt und vom Laub der Pflanze völlig verdeckt wird; drittens, wenn eine sonst hoffnungslos disproportionierte Pflanze nicht anders wieder ins Gleichgewicht gebracht werden kann und Material derselben Pflanze oder der gleichen Art an entscheidender Stelle eingesetzt werden muß.

Als Pfropftechniken werden angewandt:
– Pfropfen in den Spalt (mit *Pinus*- und *Picea*-Spitzentrieben)
– Pfropfen zwischen Holz und Rinde
– Seitliches Anplatten (besonders bei *Picea*)
– Seitliches Einspitzen
– Okulation.

Zur Ausführung der Technik lese man in der im Literaturverzeichnis angegebenen Fachliteratur nach. Doch wenn man sich als Bonsai-Gärtner entschließt, das Veredeln mit ins Repertoire aufzunehmen, mache man sich auch vorher klar, daß man dann notwendigerweise einiger Einrichtungen (Gewächshaus) und Werkzeuge bedarf, um auf diesem Gebiet erfolgreich zu sein. Selbst wenn diese Möglichkeiten gegeben sind, hüte man sich, das eben angelesene Wissen sofort an kostbaren Bonsais auszuprobieren. Eine geschickte, sichere Hand kann sicherlich bald die erforderlichen Schnitte sauber ausführen. Das Veredeln ist schließlich keine Geheimwissenschaft. Dazu gehört aber unbedingt die Fähigkeit, die Veredlungszeiten am Zustand der Pflanzen richtig zu erkennen. Alles zusammen erfordert eine Menge Übung, die sich nicht von heute auf morgen erwerben läßt. Auch sei dringend empfohlen, neben der Fachliteratur einen in allen Veredlungspraktiken erfahrenen Gärtner als Lehrmeister hinzuzugewinnen. Beherrscht man einige Techniken, so hat man sein Feld gärtnerischer Betätigungsmöglichkeiten wesentlich erweitert, ganz unabhängig davon, ob man diese Fähigkeiten nun gerade in der Bonsai-Zucht einsetzen will.

Toriki: Abmoosen, Luftableger

Eine Vermehrungsart, die bisher im gewerblichen Gartenbau hierzulande keine Rolle spielt, ist für die Bonsai-Kultur von allerhöchstem Interesse: das Abmoosen. Ist sie doch die Methode, welche in allerkürzester Zeit die ansehnlichsten Bonsais entstehen läßt. Meistens wird man einen zum Bonsai geeigneten Ast oder Zweig eines älteren Gartengehölzes wählen. Aber auch ältere Bonsais, die zu hochbeinig wurden, oder nur Teile davon, da die Pflanze insgesamt den Ansprüchen ihres Züchters nicht mehr genügte, werden so auf neue Wurzeln gestellt. Das Vorgehen ist denkbar einfach:

Dort, wo später die Wurzeln wachsen sollen, wird ein Rindenring von etwa 2–4 cm entfernt. Der obere Rindenrand wird leicht mit Bewurzelungshormon bepudert. Dazu nimmt man einen weichen Pinsel und geht mit dem Puder sehr sparsam um. Ein dickes Verkleistern der Wunde würde nur negative Wirkungen haben. Danach wird die ganze Stelle – je nach der Stärke des abzumoosenden Pflanzenteils – in eine Handvoll normalfeuchtes (keineswegs nasses!) Sphagnum-Moos eingepackt. Dieses wird dann mit einem entsprechend großen Stück Kunststoffolie umwickelt, die an beiden Seiten mit einem Bindfaden zusammengebunden wird und somit an der Pflanze festsitzt. An stärkeren Ästen und Gehölzen, bei denen mit einer längeren Bewurzelungsdauer zu rechnen ist, wird man den oberen Teil des Verbandes so anbringen, daß hinter die Folie Wasser gegossen werden kann.

Die Chinesen, die diese Art der Vermehrung erfunden haben, benutzten als äußere Manschette Lehm, der mit Bindfaden oder mit einem Stück gespaltenem Bambusrohr umwickelt wurde. Allerdings trocknete das Moos relativ schnell aus, so daß die Veredelungsstelle regelmäßig befeuchtet werden mußte.

Die Verwendung von Kunststoffolie hat das Abmoosen sehr vereinfacht. Heute wird der Bonsai-Gärtner für die im Fachhandel erhältlichen Spezialmanschetten zur Luftableger-Vermehrung dankbar sein. (In diesem Zusammenhang sei ausdrücklich auf die im Literaturverzeichnis hierzu eigens aufgeführten Publikationen verwiesen.)

So problematisch das Abmoosen für die Massenanzucht ist, so ökonomisch richtig ist es bei Bonsais, die in niedriger Stückzahl gezogen werden und die einen relativ hohen Verkaufswert haben sollen. Diese Kulturmethode hat außerdem den Vorteil, daß man die spätere Bonsai-Pflanze schon während des Abmoosens auf die geplante Form hin trimmen kann, wobei das Beschneiden auch unter Beachtung physiologischer Tatsachen zur Wiederherstellung des Gleichgewichts zwischen dem zunächst kleinen Wurzelwerk und dem oberirdischen Teil erfolgt.

Die Abmoosungstechnik wird in abgewandelter Form angewendet, wenn der Stamm eines Bonsais im Verhältnis zur übrigen Pflanze zu lang ist. In entsprechender Höhe wird am Stamm ein Rindenring entfernt und die Pflanze so tief in die Erde versenkt, daß von der Schnittstelle nichts mehr zu sehen ist. Wenn sich genügend Wurzeln gebildet haben, wird der alte Teil des Wurzelballens vorsichtig entfernt.

Abmoosen (Vermehrung durch Luftableger)

1 An einem bonsai-würdigen, älteren Zweig sind für die Abmoosung kleinere Seitenzweige und ein Rindenring entfernt worden.
2 Mit Bewurzelungshormon bepudertes Sphagnum-Moos wird um die Wunde gepackt und mit der Manschette fixiert.

3 Die Manschette wurd unter- und oberhalb des Rindeneinschnittes zugebunden.
4 Am oberen Rand der Ringelung haben sich spätestens nach 1 Jahr Sekundärwurzeln gebildet. Unter der Wurzelzone kann der Zweig von der Mutterpflanze getrennt werden.

Das Abmoosen beginnt gewöhnlich nach dem Austrieb der Mutterpflanze. Bei Koniferen kann man jedoch schon im zeitigen Frühjahr damit anfangen, wenn längere Frostperioden nicht mehr zu erwarten sind. Bis zum Herbst müßte die Wurzelbildung so weit stattgefunden haben, daß man die Folie entfernen und die neue Pflanze dicht unterhalb des durchwurzelten Moosballens von der Mutterpflanze absägen oder -schneiden (nur mit sehr scharfen Werkzeugen!) und eintopfen kann. Häufig erlaubt die vorgefundene Ballenform kein Einpflanzen in den endgültigen Bonsai-Topf. Da man aber die Wurzeln bei Abnahme der Pflanze auf keinen Fall beschneiden darf, wird zunächst in normale Baumschulcontainer gepflanzt. Erst in der nächsten Saison ist der Bonsai kräftig genug, um den notwendigen schweren Eingriff, den jede Pflanzung in ein Bonsai-Gefäß bedeutet, zu verkraften. Man kann allerdings beim Abmoosen von vornherein auf die später erwünschte flache Ballenform hinarbeiten, indem man das Moospolster in entsprechender Weise aufbringt. Hierin liegt wohl letztlich der entscheidende Unterschied zu der von Baumschulen prak-

tizierten Methode, bei der eine bestimmte Formung des Ballens nicht beachtet werden muß.

Yamadori: Sammeln

Vorbei sind wohl die Zeiten der großen botanischen Sammlerexpeditionen, die uns vor allem aus Asien so viele wunderbare Schönheiten für Gärten und Parks bescherten; doch für uns ist es heute sicher ebenso aufregend, einen schönen Natur-Bonsai zu finden, wie damals für jene, eine bisher unbekannte Art beschreiben zu können. Das Sammeln in den Bergen gibt dem Bonsai-Hobby eine abenteuerliche Note und würzt die Wanderungen mit der voller Hoffnung genährten Spannung, dieses Mal der einzigartigen, von der Natur gebildeten Bonsai-Pflanze zu begegnen, an deren Gestaltung schon Jahrzehnte ohne unser Zutun, die Ungunst der Umwelt und des Klimas arbeiteten.
Dennoch wird man bei aller Begeisterung nicht einfach ins Gebirge laufen, eine geeignet erschei-

„Natur-Bonsai" im Ishitsuki-Stil. Standort und Klimafaktoren arbeiteten mehrere Dezennien für den Bonsai-Sammler an dieser Pinus sylvestris. Jedoch nur genaue Untersuchungen an Ort und Stelle werden über die Möglichkeiten eines erfolgversprechenden Umpflanzens Auskunft geben können.

nende Pflanze ausreißen und hoffen, daß sie diese Prozedur wie durch ein Wunder übersteht. Will man „Yamadori" wirklich sinnvoll betreiben, so bedarf es einer sorgfältigen, vorausschauenden Vorbereitung. Dazu gehört insbesondere der Erwerb von Wissen und Werkzeug. Man muß wissen, welche Pflanzen geschützt sind, eventuell auch nur regional, und man muß sich darüber im klaren sein, daß die Entfernung einer Pflanze von ihrem Naturstandort nur dann vertretbar und zweckvoll ist, wenn ihre in möglichst vielen Jahren entwickelte Wuchsform in ästhetischer Hinsicht gerade den Bonsai-Gärtner anspricht.

Die beste Zeit für eine Sammelexpedition ist das Frühjahr, kurz bevor die Pflanzen zu treiben beginnen (im Gebirge eher spätes Frühjahr). Man sollte nur bei trübem Wetter sammeln, wenn es

sich einrichten läßt, nach einer Regenperiode; so darf man sicher sein, daß die zu verpflanzenden Bäume ihr Optimum an Feuchtigkeit aufnehmen konnten.

An Werkzeugen braucht man einen Spaten (zusammenklappbar), einen Bergsteiger-Pickel, ein Handschäufelchen, einen Hammer (Fäustel) und zwei bis drei Meißel (spitz und in verschiedenen Breiten bis zu 5 cm), weiter die in der Bonsai-Zucht übliche Handsäge und ein bis zwei Scheren. Das Blatt des Spatens und Handschäufelchens wird geschärft; denn dort, wo man zu graben hat, wird die Erde meistens hart sein. (Bei diesen Werkzeugen immer auf höchste Qualität, sprich Stabilität, achten. Die übliche Standardware versagt erfahrungsgemäß gerade in kritischen Situationen.)

Das Ausgraben und das Umpflanzen danach verlangen große Sorgfalt und Geduld – gelingt es aber, dann hat man in ein bis zwei Jahren einen wertvollen „alten" Bonsai. Immer so viele Wurzeln mit ausgraben wie irgend möglich, ohne diese zu verletzen, also am besten mit der anhaftenden Erde des Standorts. Allerdings wird es sich nicht gänzlich vermeiden lassen, Wurzeln abzustechen, abzuschneiden oder sogar durchzusägen; niemals jedoch darf man die Pflanze oder das Wurzelwerk aus dem Boden reißen, denn dabei werden die wichtigsten Haarwurzeln zerstört.

Ist die Pflanze aus dem Boden, wickelt man die Wurzeln in feuchtes Sphagnum-Moos (Ersatz: Hygromull), dann in Plastikfolie, die mit einem Bindfaden zu einem festen Paket verschnürt wird. Es ist wichtig, die Wurzeln keinen Moment trocken werden zu lassen, selbst wenn die Sammelwanderung sich über mehrere Tage erstrecken sollte. Die Blätter werden proportional zu den mit ausgegrabenen Wurzeln beschnitten. Dabei sollte man sich nicht scheuen, wirklich alles zu entfernen, was nicht unbedingt für die spätere Gestaltung von Belang ist. Also: wenig Wurzeln, wenig Blätter.

Die mitgebrachten Exemplare wird man sofort pflanzen, und zwar je nach ihrem Zustand und den Möglichkeiten des Sammlers in einen Topf (meist ein Übergangsgefäß, nicht der endgültige

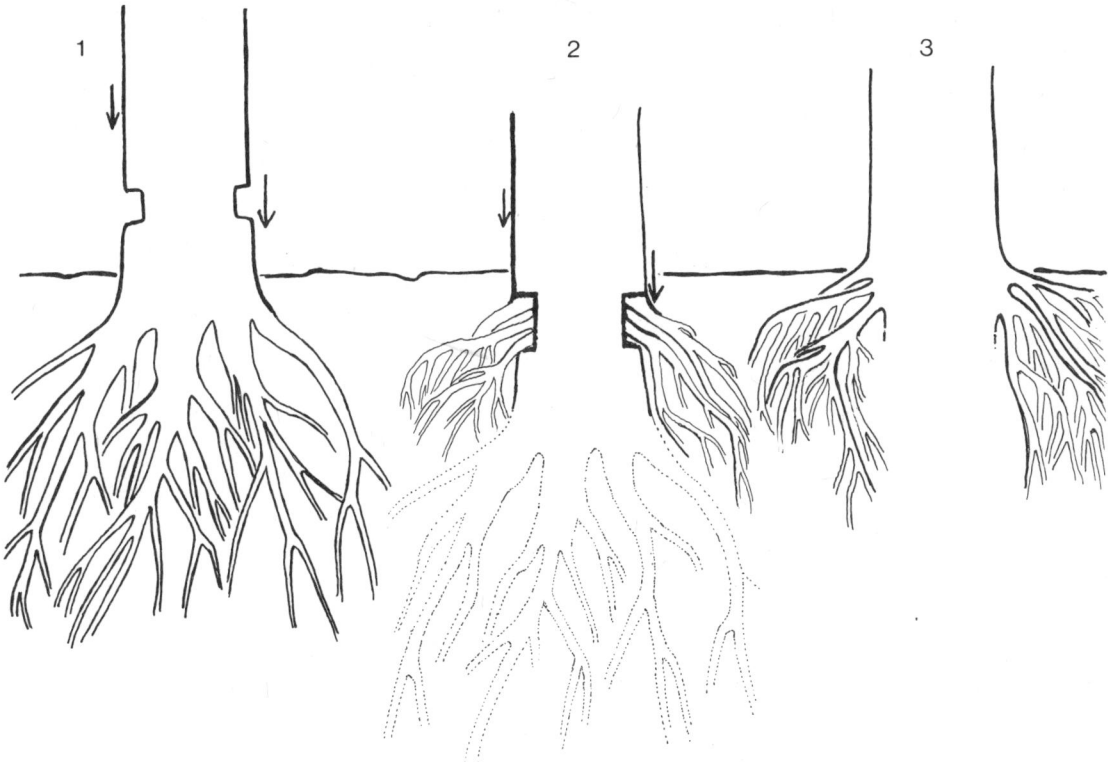

Den Stamm verkürzen

Will man eine hochbeinige Pflanze tiefer in den Topf setzen, also den Stamm gewissermaßen verkürzen, wendet man eine abgewandelte Abmoosetechnik an.

1 Wie beim Abmoosen wird ein Rindenring entfernt, und zwar in der Höhe, um die der Stamm kürzer werden soll. Die Kallusbildung kann man unterstützen, wenn man die Schnittstelle mit Wurzelhormon bepinselt. Nur ganz dünn auftragen!

2 Die Pflanze wird so tief in die Erde gesetzt, daß der obere Schnitt etwa 1 cm unter die Bodenoberfläche zu liegen kommt. Je nach Pflanzenart werden sich früher oder später an dieser Schnittstelle neue Wurzeln oberhalb der alten bilden.

3 Ist dieser Wurzelkomplex so groß geworden, daß man ihm die Versorgung der ganzen Pflanze zutrauen kann, schneidet oder sägt man – je nach Holzstärke – den ehemaligen Wurzelballen ab. Auch jetzt sollten die Wundränder der Hauptwurzel mit Hormon behandelt werden. Der Bonsai kann in seine endgültige Position, also etwas höher, gepflanzt werden, damit man den Wurzelansatz sieht. Zur Unterstützung der Pflanze und zur Sicherung des Weiterwachsens entfernt man ein entsprechendes Quantum Blattmasse bzw. Zweige und stellt damit ober- und unterirdisches Gleichgewicht wieder her.

Bonsai-Topf), oder zunächst ins freie Land. Im freien Land oder in einem in den Boden versenkten Topf bekommt man sie leichter durch. Aber es geht auch ohne freies Gelände nur mit einem Topf, wobei es keine Rolle spielt, ob er aus Ton oder Plastik ist. Wichtig dagegen ist, daß die Pflanzenerde die Bildung neuer Wurzeln erleichtert, d.h., sie muß eine stabile Krümelstruktur besitzen, die sich nicht in kurzer Zeit durch das

Gießen verdichtet, sondern locker und luftig bleibt. Beim Ausgraben etwa hängengebliebener Boden wird auf dieser ersten Bonsai-Kulturstufe keinesfalls aus den Wurzeln geschüttelt. Folglich wird dieses erste Pflanzgefäß häufig größer sein müssen, als es im Hinblick auf endgültige Proportionen angemessen erscheint. Da aber die Umziehung zum fertigen Bonsai sowieso mindestens zwei Jahre dauert, kann später der Wurzelraum

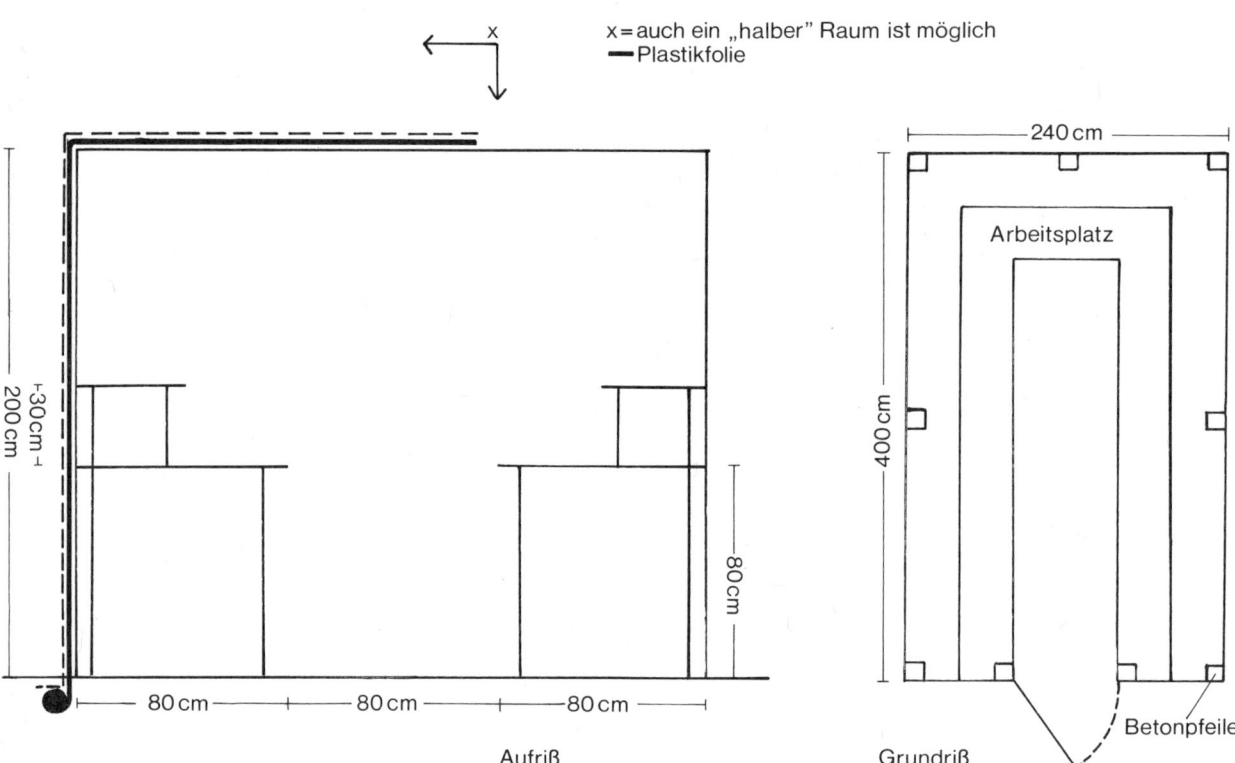

x = auch ein „halber" Raum ist möglich
— Plastikfolie

Aufriß

Grundriß

Arbeitsplatz

Betonpfeiler

Schattierungsraum (Schemazeichnung)

Die Maße richten sich nach dem Umfang der Sammlung und den Funktionen des Raumes; das Beispiel geht von einer Grundfläche 400 × 240 cm aus. Dazu benötigtes Baumaterial: 9 Betonpfähle à 250 cm, 1 Rolle Sechseck-Drahtgeflecht, Höhe 100 cm (1 Rolle = 50 m) und 1 Rolle Spanndraht (4, 2 bis 3, 1 mm; 1 Rolle = 100 m), beides kunststoffummantelt, 7 Drahtspanner, 1 mit Drahtgeflecht zu bespannende Tür mit Rahmen (vorgefertigt).

Einrichtung: An der Längs- und der Stirnseite umlaufender Tisch, 80 cm tief, in halber Tiefe darauf ein 30 cm hoher Aufbau. 80 cm können für Bonsais nicht sinnvoll genutzt werden – so sind sie auf zwei Ebenen anzuordnen. An der Stirnseite ein Platz fürs Umpflanzen, Säen, Stecken und Veredeln, unter dem Tisch Stauraum für Materialien, der, soweit genügend Licht vorhanden, auch noch gärtnerisch

nutzbar ist. Tischflächen aus dem unverrottbaren Eternit mit einer Kiesauflage sehen gut aus und sind dauerhaft, verwendbar ist natürlich auch anderes Material. Über den Gebrauchswert entscheidet einzig und allein die richtige Höhe, für die Schönheit des Ganzen bedarf es einer ruhigen, neutralen Oberfläche.

Sollte die Schattierungswirkung des Drahtgewebes nicht ausreichen, bindet man Rohrmatten auf den Maschendraht. Als Winterquartier wird über das ganze eine Polyäthylen-Folie gespannt, die man ringsum eingräbt (je nach möglicher Windbelastung 0,15 oder 0,20 mm) und auf dem Dach mit 3 bis 4 Brettern mit Steinen beschwert.

Bevor man nach eigenen Entwürfen und mit individuellem Material einen Bonsai-Unterstand selbst baut, sollte man sich auch bei Herstellerfirmen informieren.

gefahrlos schrittweise wieder verkleinert werden. Zum sicheren Anwachsen müssen die kleinen Bonsais nicht anders als die großen Straßenbäume nach dem Umpflanzen an ihrem neuen Standort fest verankert werden. Bäumchen in tieferen Gefäßen werden an einen Stab gebunden; in flachen

cheren Töpfen wird die Pflanze mit Bindfaden oder Draht im Topf und in der gewünschten Position gehalten.

Da dieser erste Topf sowieso kein Bonsai-Maß hat, darf man zum Zwecke des leichteren Wässerns hier gern einen Gießrand lassen. Um das

148

allzuschnelle Austrocknen zu verhindern, kann das zum Einschlagen der Wurzeln verwendete Moos oben auf die Topferde gepackt werden. Mit dem Wässern muß man noch vorsichtiger sein als bei schon fertigen, frisch umgepflanzten Bonsais: den Boden immer feucht halten, aber nicht zuviel Wasser geben, denn es müssen sich erst neue Wurzeln bilden, die die Feuchtigkeit aufnehmen können. Permanente Nässe führt zu Fäulnis und verhindert mit Sicherheit das Anwachsen.

Es ist zweckmäßig, frisch umgepflanzte Bonsais an einem windgeschützten, halbschattigen bis schattigen Platz aufzustellen, wo sie sich wieder erholen können. Sind Bonsai-Tische im Garten, stellt man sie darunter und umgibt sie mit Reetmatten oder Schattierungsleinen. Eine aufwendigere, dafür dauerhafte Mehrzwecklösung bietet Gartenbesitzern ein Schattierungsraum. Er wird nicht allein für die Bonsais nach dem Umpflanzen, für alle sonnenempfindlichen Exemplare überhaupt und als Winterquartier benutzt, sondern kann auch sonst im Garten viele Dienste tun. Bei besonders alten, ausdrucksstarken Pflanzen, die eine bemerkenswert schöne Bonsai-Pflanze zu versprechen scheinen, sollte man die Mühe nicht scheuen, beim Yamadori noch sorgfältiger als üblich vorzugehen. Das Wurzelnetz dieser Pflanzen ist weit ausgedehnt; beim sofortigen Ausgraben würde man nur einen kleinen Teil davon für die Pflanze retten, zumal dann, wenn es sich bald zwischen Ritzen und Spalten des Gesteins so verliert, daß auch mit Meißel und Pickel und Brechstange nichts zu machen ist. In solchem Falle sollte man für die Umpflanzaktion sicherlich zwei Jahre ansetzen. Denn es wäre doch unverzeihlich, nur auf Grund mangelnder Sorgfalt eine Wildpflanze zu vernichten, ohne die Möglichkeit wahrnehmen zu können, sie in einen ständig bewunderten Bonsai zu verwandeln.

Im ersten Jahr werden am alten Standort bis zu 50% der Wurzeln auf eine praktikable Länge eingekürzt. (Die Absicht ist dabei, daß sich im näheren Stammbereich verstärkt Haarwurzeln bilden, die man beim Herausnehmen der Pflanze im folgenden Jahr intakt mitbekommt.) Es wird dafür gesorgt, daß für diese Ersatzballenbildung genügend Erde vorhanden ist. Bei Bedarf wird zusätzlicher Boden appliziert, der mit einem organischen Dünger (Hornspäne, Knochen-, Blutmehl usw.) leicht angereichert werden kann. Der Wurzelraum wird mit Steinen und Draht (oder Ballierungsleinen) vor Wasserausspülung geschützt.

Auch der oberirdische Bereich wird beschnitten: einmal, um das Gleichgewicht zwischen Laubmasse und Wurzeln wieder ins Lot zu bringen, zum anderen, um den Neuaustrieb anzuregen. Es versteht sich wohl von selbst, daß dieses Beschneiden schon mit dem Blick auf die spätere Gestaltung des Bonsais geschieht.

Kultur

Bonsai-Erden

Eine entscheidende Rolle bei einer erfolgreichen Bonsai-Kultur spielt die Pflanzerde. Das ist nicht verwunderlich, wenn man an den geringen Wurzelraum denkt, der den Bäumchen zur Verfügung steht, und bei einigen Arten, an die großen Intervalle beim Umpflanzen. Aber die richtige Zusammensetzung des Kultursubstrats ist beileibe keine Geheimwissenschaft, wie einige Bonsai-Spezialisten glauben machen wollen. Wenn man sich die Funktionen vergegenwärtigt, welche diese Erde erfüllen muß und entsprechend die jeweiligen Mischungen zusammenstellt, kann man eigentlich keine Fehler machen.

Japanische Bezeichnungen

Japanische Autoren, die ganz in der Tradition stehen, beschreiben Erden und Mischungen, wie sie in Japan – häufig sogar noch in der Nähe der großen Bonsai-Anzuchtzentren – vorzufinden sind. Wir werden zwar kaum in die Verlegenheit

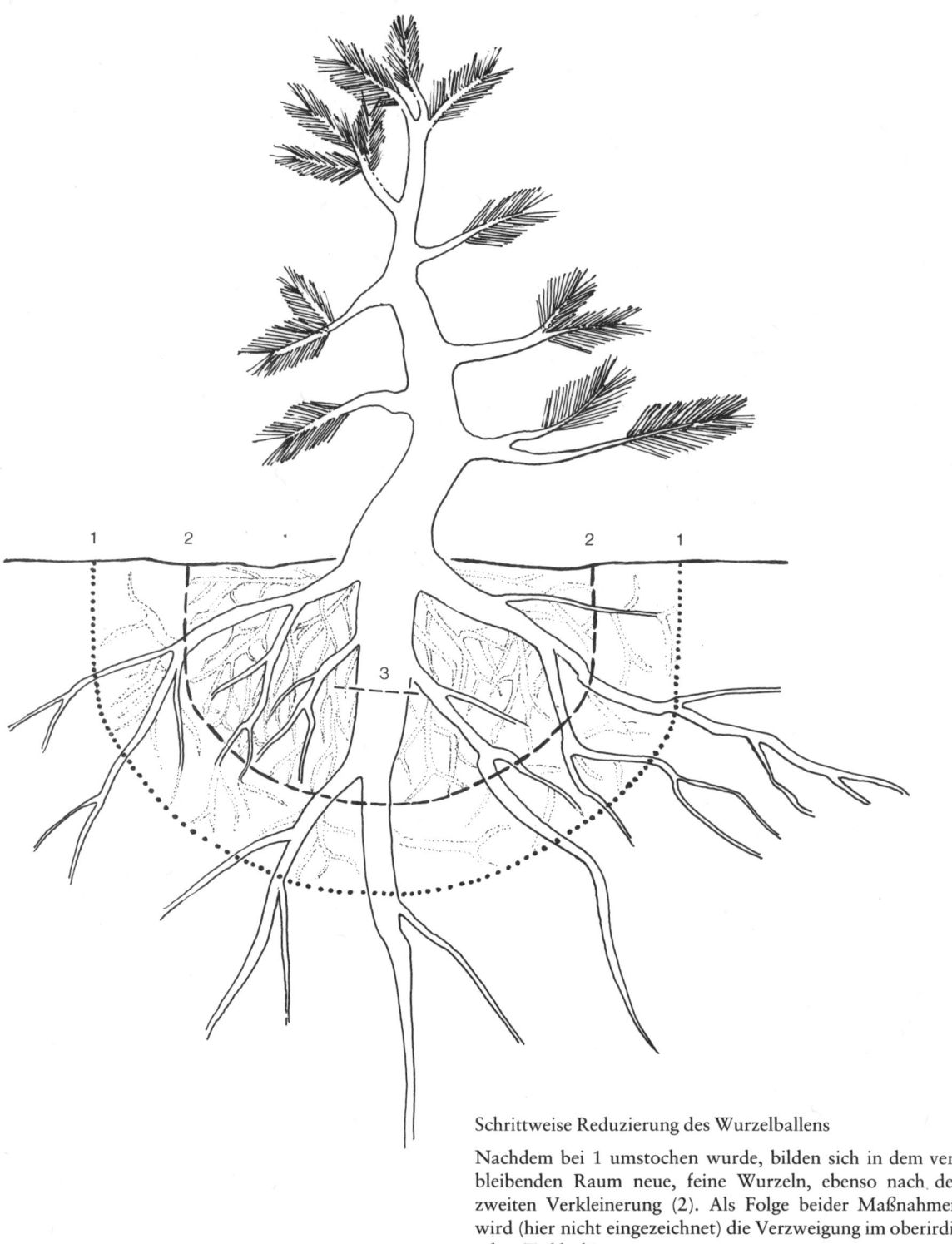

Schrittweise Reduzierung des Wurzelballens

Nachdem bei 1 umstochen wurde, bilden sich in dem verbleibenden Raum neue, feine Wurzeln, ebenso nach der zweiten Verkleinerung (2). Als Folge beider Maßnahmen wird (hier nicht eingezeichnet) die Verzweigung im oberirdischen Teil heftig angeregt.
Beim späteren Eintopfen würde man die Hauptwurzel noch einmal bis zur Linie 3 einkürzen.

150

kommen, uns Bonsai-Erde von dort einfliegen zu lassen; wer sich aber mit englischen Übersetzungen japanischer Werke beschäftigt, wird beim Thema „Erde" immer wieder auf japanische Begriffe stoßen, die wir, soweit das hier möglich ist, erläutern wollen, damit man sich dann auch hierzulande Mischungen nach diesen Rezepturen herstellen kann.

- Kuro-tsuchi, schwarzer Lehm, ist ein alter, nährstoffarmer Humus, feinkörnig und saugfähig, ein wenig sauer.
- Aka-tsuchi, roter Ton, ein feiner, alter Tonboden, sehr schwer und eisenhaltig, ähnlich den typischen Rotlehmen der Tropen. Bildet wie der schwarze Lehm sehr feste Klumpen, die zu jeder gewünschten Körnung zerschlagen und gesiebt werden können; dadurch ist sowohl gute Wasserabsorption als auch Dränage und Luftigkeit des Bodens gegeben.
- Kanuma, Verwitterungsboden vulkanischen Gesteins, mineralreich, porös, aber je nach Fundort in seiner Zusammensetzung sehr unterschiedlich.
- Kuroboku (Kuropoka), ein leichter, toniger Lehm, der allerdings mit organischer Substanz angereichert ist.
- Tenjingawa-suna, Flußsand; die Japaner bevorzugen auch hier, wie bei allen Pflanzerden zu jedem Zwecke, den mineralreichen, groben Sand aus Granit und vulkanischem Gestein, da er in Japan reichlich vorkommt und dazu dem armen, hellen Quarzsand wirklich überlegen ist. (Wenn wir für unsere Kulturerden entsprechendes Material nicht bekommen können, sollten unsere Mischungen mit Urgesteinsmehl angereichert werden!) Der Sand wird durch ein Sieb von 2,5 bis 3,0 mm Maschenweite geworfen; nur was darin zurückbleibt, wird verwendet.

Eigenschaften

Was muß eine Bonsai-Erde leisten? Vielleicht könnte man einige ihrer gewünschten Qualitäten schon aus der Kurzbeschreibung der japanischen Bodenarten entnehmen.

Bonsai-Erde muß körnig sein. Das garantiert ausreichende Belüftung des Wurzelraumes, was für eine gesunde Pflanze, besonders in einem engen Topfraum ohne einen Quadratzentimeter überflüssige Reserve, unerlässlich ist. Eine große Rolle spielt die Körnung aber auch für die Wurzelbildung und optimale Ausnutzung des vorhandenen Wurzelraumes und damit Hand in Hand, für die oberirdische Verzweigung des Bonsai. Würde man eine leichte, humose Einheitserde verwenden, so könnten sich darin die Wurzeln vom Stamm aus ungehindert nach allen Seiten ausbreiten, würden auf kürzestem Wege die innere Gefäßwand erreichen und an dieser auf der Suche nach Nahrung und Wasser, lang, schlapp und kaum verzweigt, rund und immer wieder rund herum wachsen. Der Erdbereich zwischen Stamm und Topfinnenwand würde so gut wie überhaupt nicht genutzt.

Besteht aber nun das Erdreich aus festen Klümpchen und diversem Steingrus werden die Wurzeln in ihrer Neigung, sich auf kürzestem Weg möglichst weit auszudehnen, immer wieder gebremst, zu Umwegen und zur Teilung angeregt. Eine solche Topferde ist durch und durch – und nicht nur am Rande – von Wurzeln ausgenutzt.

Die Erde muß Wasser und Nährstoffe aufnehmen und halten können. Natürlich würden besonders im Sommer die Bonsais schnell vertrocknen, wenn die wenige vorhandene Erde nicht wie ein Schwamm Wasser speichern könnte. Diese Fähigkeit resultiert nicht nur aus der Zusammensetzung des Erdgemisches, sondern eben auch aus der typischen Krümelstruktur der Bonsai-Erden. Eine festgepackte Erde ohne kleine und feinste Zwischenräume nimmt Wasser und die darin gelösten Nährsubstanzen kaum an und kann das Wasser nicht speichern. Dagegen hält es sich in den Hohlräumen des krümeligen Bodens und steht jederzeit der Pflanze zur Verfügung. Das überflüssige Wasser kann dabei ungehindert ablaufen (Dränage).

Bonsai-Erde muß in ihrer Struktur stabil sein. Da man bei den meisten der üblichen Topfpflanzen eine längere Lebenszeit nur selten voraussetzt, spielt es keine Rolle, daß mit dem Abbau und „Verzehr" des Humus das Bodenvolumen schrumpft, sich die Konsistenz ändert. Entweder waren die Pflanzen von vornherein nur für eine Saison vorgesehen, oder man hat sie eben jährlich umzupflanzen. Zwar gibt es auch unter den Bonsais Arten, die jährlich umgetopft werden, abgesehen von den Jungpflanzen, welche besonderen Bedingungen unterworfen sind. Aber die meisten verbleiben doch mehrere Jahre in ihrem Gefäß. Bei älteren Koniferen kann es bis zum nächsten Umpflanzen fünf und mehr Jahre dauern. Da darf in dieser Zeit der Boden nicht „verbraucht" werden, weder aus physiologischen noch aus ästhetischen Gründen.

Mischungen

Es ist müßig, für jede Pflanzenart eine spezielle Erdmischung anzugeben. Da die im Topf gezogenen Pflanzen grundsätzlich denselben Boden benötigen wie die in freier Natur wachsenden, geben die Kulturanweisungen der Baumschulkataloge und einschlägigen Fachbücher über Ziergehölze immer eindeutige Hinweise.

Die Bodentypen lassen sich einfach beschreiben und für jedermann kontrollierbar bestimmen. Auch ist die Toleranz der Pflanzen größer, als einige Fachautoren wahrhaben wollen. Als Faustregel mag für die folgenden Gehölze gelten:

Nadelgehölze	6 Teile Lehm (Ton)	4 Teile scharfer Sand
Laubgehölze	7–8 Teile Lehm	3–2 Teile scharfer Sand
Rhododendren und Azaleen	4 Teile Lehm	2 Teile (vulkanischer) Sand + 2 Teile Lauberde

Bei blühenden und fruchtenden Laubgehölzen kann immer ein Teil Lauberde zugefügt werden (siehe auch Düngung).

Von diesen einfachen Mischungsverhältnissen mag ausgegangen werden. Das übrige wird im Laufe der Zeit die Praxis erweisen. Daher ist es auch in puncto Erden wichtig, hinsichtlich aller Kulturmaßnahmen Buch zu führen, um später zu wissen, weshalb dies ging und jenes nicht.

Wer kein Risiko eingehen möchte, wird fertige Bonsai-Erde vom Fachhändler beziehen. (Bitte Verwendungszweck angeben!) Ein rechter Bonsai-Enthusiast wird aber auch versuchen, seine Erden selber zu bereiten. Das ist auch gar nicht allzu schwierig und macht vor allem deshalb viel Freude, weil man über die Pflanzen und ihre Bedürfnisse, auch über den engeren Rahmen der Haltung von Bonsais hinaus, eine Menge erfährt. Unmittelbare, sichtliche Erfolge wird man in der ganzen Topfpflanzenzucht spüren.

Erden für die Anzucht

In der Anzucht, sei es aus Saat oder Stecklingen, dann aber auch bei der Weiterkultur der Jungpflanzen, wird die eigentliche Bonsai-Erde noch nicht eingesetzt. Richtige Substratmischungen werden in der spezielleren Fachliteratur mitgeteilt. So sind einige hinsichtlich ihrer Zusammensetzung genormte Erden im Handel, welche problemlos benutzt werden können. Bei Aussaaten kann man das Substrat TKS I, bei der Stecklingsvermehrung mit und ohne Zusatz von scharfem Sand, verwenden.

Jungpflanzen, die noch nicht in ordentlichen Bonsai-Töpfen gezogen werden, gibt man eine nahrhaftere Erde mit einem höheren Humusanteil. Da sie noch jährlich umgepflanzt werden, spielt der Bodenverlust und der Zusammenbruch der Erdstruktur keine Rolle. Je häufiger umgepflanzt wird, desto höher darf der Humusanteil sein. Als geeigneter Humusboden empfiehlt sich Komposterde, wie sie alle Gartenbesitzer aus den organischen Abfällen in Haus und Hof herstellen, sowie eigens für Bonsai-Zwecke bereitete Laub-erde und Nadelstreukompost.

Jedoch Vorsicht bei allen Erden und Erdgemischen, die sich der Bonsai-Freund selber herstellt! Unabhängig von der Bodenqualität und der richtigen Bodentypenmischung sollte sorgfältig beachtet werden, daß die Erde von pflanzlichen und tierischen Schädlingen frei sein muß und daß der richtige pH-Wert einzupendeln ist.

Um Verunreinigungen der verwendeten Erden auszuschließen, haben die Japaner – und das wird auch noch heute in einigen Werken über Bonsai-Kultur empfohlen – den Boden aus einer Tiefe von 0,50 bis 1 m genommen. Wo das möglich ist, bleibt dies eine einfache Methode, einwandfreie Topferde zu gewinnen. (Wobei wir natürlich ausschließen müssen, daß stärkere Verseuchungen durch Abwässer oder Abfälle den Boden auch bis zu diesen Tiefen unbrauchbar machen konnten.) Manchmal ist es aber nicht möglich, Erde so zu entnehmen. Auch dann nicht, wenn Komposterde verwendet werden soll, die ja in keinem Fall ganz frei ist von Unkrautsamen sowie von – schädlichen und nützlichen – pilzlichen und tierischen Parasiten. Sät man in dieser Erde unvorbereitet aus, hat man bei vielen Keimlingen schon große Ausfallquoten wegen Pilzbefalls, und gleich beim Auflaufen der Saat beginnt das große Rätselraten: Was ist echt, was ist Unkraut? Beim Topfen oder Umtopfen größerer Bonsais läßt die beigemengte Komposterde bald schon aus dem Topf eine solche Menge der seltsamsten Überraschungskräuter sprießen, deren Ausrupfen neben der verursachten Mühe auch noch immer wieder

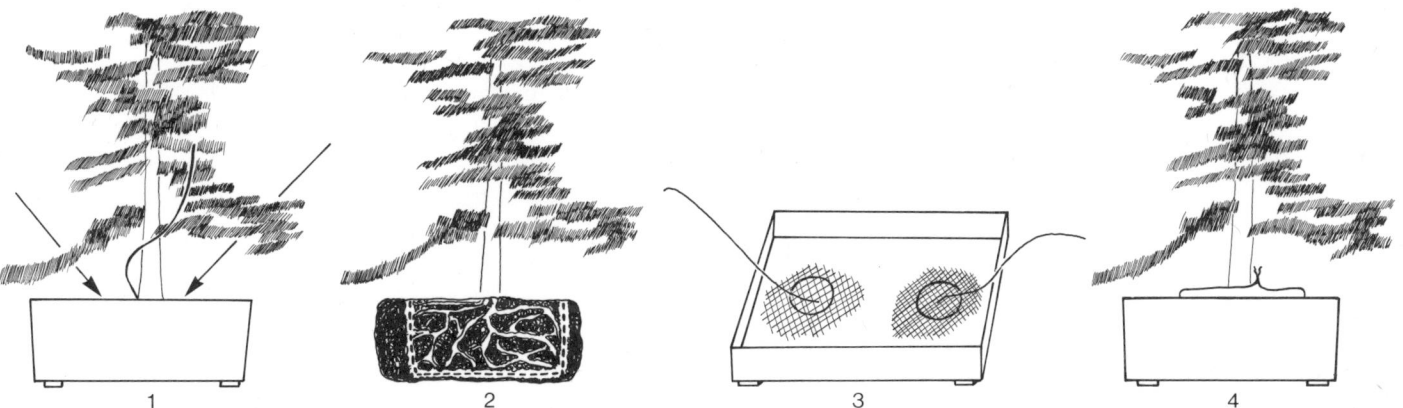

Arbeitsgänge beim Umpflanzen

1 Wurzelballen leicht antrocknen lassen. Fixierdrahtung unter dem Oberboden suchen (Pfeile) und durchkneifen. Mit der Sichel (Abb. Seite 128) den Ballen vom seitlichen Topfrand lösen, die Pflanze, am Stamm gefaßt, aus dem Topf heben.

2 In der einen Hand den Wurzelballen haltend, stochert man mit dem Bambusstäbchen vorsichtig von außen nach innen bis zu 75% der Erde aus dem Ballen. Totes Wurzelwerk mit dem Wurzelschneider (Abb. Seite 123) entfernen. Die gestrichelte Linie gibt den Umfang des reduzierten Ballens an. Das heißt aber nicht, man dürfe einfach bis an diese Linie heransäbeln. Die feinen Saugwurzeln, welche sich besonders an der Peripherie des Ballens befinden, sind so gut es irgend geht zu schonen.

Wichtig: Austrocknung unbedingt vermeiden! Daher bei allen Arbeitsunterbrechungen über die Wurzeln ein feuchtes Tuch legen.

3 Blick von oben in die vorbereitete Pflanzschale. Fixierdraht durch die Dränageöffnungen und die Vinylnetze ziehen, groben Unterboden einfüllen.

4 Die Pflanze einsetzen und im Topf verankern. Den mittleren Boden unter leichtem Schütteln mit den Tütenschaufeln (Abb. Seite 129) einbringen und mit dem Bambusstäbchen zwischen die Wurzeln drücken. Die Oberflächenerde bis zur Topfrandhöhe einfüllen, mit der Kelle (Abb. Seite 129) andrücken und mit dem Besen (Abb. Seite 129) glattfegen. Die Pflanze halbschattig aufstellen, leicht wässern, häufiger übersprühen.

Bitte beachten: Solange die Wurzeln sich nicht wieder eingelebt haben, können sie größere Wassermengen nicht aufnehmen. Daher würde zu reichliches Gießen bei frisch verpflanzten Bonsais unweigerlich Fäulnis hervorrufen.

den Oberboden oder eine eventuell gepflanzte Moosdecke durcheinanderbringt. Daher müssen Erden, deren Reinheit nicht garantiert ist, entseucht werden. Eine sehr gute Methode ist die Erddämpfung. Bei größerem Erdbedarf oder im Zusammenschluß mehrerer Garten- und Bonsai-Freunde kann eventuell an ein professionelles Gerät gedacht werden. Mehrere Marken sind erhältlich, so z. B.: Imo-, Terramat-, Sterilo-Erddämpfer, über deren Größe, Betriebskosten und Verwendbarkeit der Fachhandel Auskunft geben kann. Bei geringerem privaten Bedarf dämpfen wir unsere Erde selber in einem alten Einkochtopf, Dampftopf u. ä., in dem die Erde 20–30 Minuten lang auf einer Temperatur von 90 bis 95 °C gehalten wird. Dann im geschlossenen Topf langsam abkühlen lassen. Nach 14 Tagen ist diese Erde gebrauchsfertig.

Nun muß sie auch noch den richtigen pH-Wert aufweisen.

Wir wissen, daß die Pflanzen ganz spezielle Vorlieben für einen mehr sauren oder neutralen oder alkalischen Bodentyp haben. In der Bonsai-Kultur, wo der Wurzelraum so beengt ist und die Pflanzen nicht in der Menge des zur Verfügung gestellten Erdreichs unter Umständen kompensierend ausweichen können, muß der pH-Wert stimmen. Der optimale pH-Wert einer Bonsai-Pflanze unterscheidet sich nicht von dem einer frei aufgezogenen. Daher finden sich in allen Dendrologien und guten Gartenbüchern ausreichende Hinweise, welche auch für den Bonsai-Gärtner stimmen. Die meisten Pflanzen gedeihen am besten in einem leicht sauren bis neutralen Bereich, also etwa pH 5,5 bis 7. Zur Bestimmung sind die einfachen, im Handel angebotenen Geräte (z. B. der Hellige-Pehameter) ausreichend. Gebrauchsanweisungen liegen den Apparaten bei und werden auch vom Fachhändler gern gegeben. Bei der Herstellung von Laubkompost kann man von vornherein einen richtigen pH-Wert durch die Zusammensetzung der Rotte ansteuern. So ist für die Bonsai-Kultur Eichenlaub besonders zu empfehlen. Die Komposthaufen sollten tunlichst gegen Anflug von Unkrautsaat mit einer Folie abgedeckt werden.

Bonsais werden nur in trockene Erde gepflanzt! Das ist wichtig. Vor dem Umpflanzen hält man die dafür vorgesehene Exemplare ein wenig trocken, weil sie sich dann leichter aus dem Container lösen und die alte Erde besser aus dem Wurzelballen geschüttelt bzw. gestochert werden kann. Gepflanzt wird in ganz bestimmte Körnungen, die aus dem Bodenvorrat ausgesiebt werden. Siebe mit Maschenweiten von 1 mm, 2,5 mm, 5 mm und 10 mm sind für den Bonsai-Gärtner unentbehrlich.

Bei einem mittelgroßen Bonsai wird die Körnung, welche durch die 10 mm durchfällt und bei 5 mm hängenbleibt, als unterste Schicht im Topf benutzt; was bei 5 mm durchfällt und bei 2,5 mm liegenbleibt, ist der mittlere Boden, was bei 1 mm im Sieb bleibt, die feine Oberschicht. Manchmal werden auch gröbere Körnungen empfohlen, feinere jedoch nie. Die Erdsiebe gibt es fertig im Handel, sie sind aber auch leicht selber herzustellen (Seite 129). Jeder Bonsai-Freund sollte einen Vorrat an Erde halten. Denn es kommt immer wieder vor, daß außer der Reihe um- oder neugepflanzt werden muß, wenn für die Beschaffung der geeigneten Böden keine Zeit bleibt. Und es wäre schade, wenn wegen nachlässiger Behandlung in puncto Kultursubstrat hoffnungsvolle Bonsais kümmern oder sogar eingehen sollten.

Nicht immer kann man die nötige Krümelstruktur der Erde selber sicherstellen; sie neigt manchmal zu Klumpenbildung. Da tut man gut daran, den Boden mit Zuschlägen dauerhaft locker zu halten. Hierfür eignen sich feiner Urgesteinskies (2,5 bis 5 mm), Bimskies, Lavagrus oder Blähton, die 15 bis 20 % der Mischung im Unter- und Mittelboden ausmachen dürfen. Aber auch die Produkte der Kunststoffindustrie, Styro- und Hygromull, verbessern die Lockerheit des Bodens über längere Zeit, wobei Hygromull noch in hohem Maße den Wasserhaushalt durch seine hohe Absorptionsfähigkeit verbessert, so daß man bei Pflanzen, die einen besonders starken Wasserverbrauch haben (z. B. *Salix, Bambus*-Gewächse) tunlichst Hygromull mitverarbeitet. Darüber hinaus bietet dieser noch eine langsam fließende Stickstoffdüngung, die allerdings bei den jährlich umzupflanzenden Bonsais nicht berücksichtigt werden muß.

Es ist selbstverständlich, daß besonders die Kunststoffzuschläge nur in den unteren Bodenschichten verwendet werden. Für die Gesundheit der Pflanze können sie so segensreich sein, wie sie, an der Oberfläche eines Bonsai-Topfes sichtbar, das Auge beleidigen.

Es muß auch darauf hingewiesen werden, daß Zusammensetzung und Struktur der verwendeten Erde einen steuernden Einfluß auf die Wuchsform des Bonsai haben. Jedem einsichtig ist dies hinsichtlich der Fruchtbarkeit des Bodens. Das heißt, solange die Pflanze noch nicht die endgültig gewünschte Größe erreicht hat, wird das Erdgemisch möglichst nahrhaft sein. Wenn aber dann die gewünschte Gestalt erreicht ist – selbstverständlich bei allen alten Bonsais –, wird man gezielt den Boden vermagern und die Ernährung lieber planmäßig über eine regelmäßige Düngung als weniger kontrollierbar über die Pflanzerde betreiben. Die Körnung des Bodens wirkt sich in gewissem Maße auf Verzweigung und Blattform des Bäumchens aus. Dieser Einfluß ist immerhin so groß, daß er sonstigen Bemühungen des Gärtners nicht entgegenwirken sollte. Je feiner die Bodenpartikel, desto feiner die Wurzeln und kleiner die Blätter. Die Normkörnung darf jedoch nicht unterschritten werden, da die Wurzeln das Erdreich dann nicht ausnutzen. Zu grobe Bodenstruktur läßt große, wenig verzweigte Wurzeln wachsen. Das Blattwerk dürfte etwas größer werden als bei der Art sonst üblich, was beim Bonsai sicherlich unerwünscht ist.

Düngung

Bei der Düngung hat es der Bonsai-Gärtner heute besser als früher. Die Japaner haben gezwungenermaßen ihre ganz besonderen, oft komplizierten Dünger und Düngemethoden entwickeln müssen. Viele Gärtner hatten ihre eigenen Geheimrezepte. Wir können heute überall und für jeden Zweck die Produkte der modernen Düngemittelindustrie kaufen. Das darf den Bonsai-

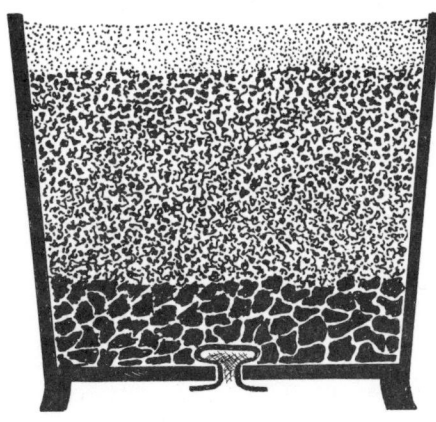

Topferde, ihre Körnung und Schichtung

Über das Abzugsloch wird ein Stück Vinylnetz gelegt und mit einer selbstgebogenen Drahtspange fixiert. Zwar ist die Stärke der Erdschichten je nach Gefäßtiefe unterschiedlich, aber man kann etwa als Faustregel aufstellen: $1/4$ grober Unterboden über dem Vinylnetz, dann $5/8$ mittlerer Boden und $1/8$ feiner Oberboden. Wenn ein Moospolster aufgebracht werden soll, verringert sich dieser; gegebenenfalls läßt man ihn ganz weg.

Gärtner allerdings nicht übermütig machen; es ist Vorsicht bei der Anwendung geboten.

Mittel

Die traditionellen Bonsai-Dünger sind allesamt organischer Herkunft. Das bedeutet: die Nährstoffe, hauptsächlich Kali (K), Phosphor (P), Stickstoff (N) und Kalk (Ca), liegen in verschiedenen Verbindungen vor, in denen sie nicht ohne weiteres von der Pflanze verwertet werden können. Vielmehr müssen sie erst im Boden vom Edaphon (pflanzliche und tierische Kleinlebewelt des Erdbodens) umgesetzt werden. Dies geschieht schrittweise und ist vom Allgemeinzustand des Bodens und dem Wetter abhängig. Daraus folgt, daß man mit organischen Düngern eigentlich immer auf Nummer Sicher geht; man wird nie überdüngen, zumal sie die eigentlichen Nährstoffe sowieso in nur geringen Prozenten enthalten, was wieder für die Bonsai-Kultur wünschenswert ist.

Wichtig auch für die dauerhafte Gesundheit der Pflanzen in Töpfen ist die immer erneut angekurbelte Tätigkeit der Bodenorganismen, denn u. a. beeinflussen die entstehenden Huminstoffe das Wurzelwachstum positiv und damit die gesamte Entwicklung der Pflanze. Da wir bei den Bonsai-Erden humose Anteile fast völlig ausgeschaltet haben, kann schon daher auf die Düngung mit organischen Mitteln nicht verzichtet werden. Leider ist ihre Wirkung von Klimafaktoren abhängig, so daß Rezepte aus Japan bei uns vielleicht nicht so anschlagen, wie das dort erwartet und gepriesen wird.

Die berühmteste Substanz war das Rapsschrot. Sein Düngewert wird durch die heutige Art der Rübölgewinnung und Aufbereitung der Rückstände als Futtermittelzusatz so sehr gemindert, daß man besser Rizinus- oder Sojaschrot als Grunddünger benützt. Wenn die Bonsai-Pflanzen nur im Freien aufgestellt werden, kann dieses Schrot, im Verhältnis 3:1 mit Pottasche (Kaliumkarbonat) gemischt, oben auf die Erde der Töpfe gestreut werden. Man rechnet etwa auf 10 cm² einen flachen Teelöffel. Besser ist es – vor allem dann, wenn die Pflanzen auch im Wohnbereich aufgestellt werden oder man vermeiden möchte, daß oberflächlich angesiedeltes Moos weggeätzt wird – diese Mischung zwei bis drei Wochen in Wasser gelöst fermentieren zu lassen. Ein halbes Kilogramm Trockensubstanz wird in 15 l Wasser gelöst; dann kann ein Teil dieser Brühe wieder, mit 5 Teilen Wasser verdünnt, während der ganzen Vegetationsperiode zweimal wöchentlich verabreicht werden. Die Fermentierung geschieht am besten in einem geschlossenen Gefäß oder weitab von der Wohnung: es entwickelt sich nämlich ein infernalischer Gestank. Rizinus- oder Sojaschrotlösung kann allen Bonsai-Arten gegeben werden.

Für blühende und fruchtende Pflanzen ist eine ähnliche Lösung aus Fischmehl erfolgreich. Auch sollte man bei dieser Gruppe und den alljährlich umzupflanzenden Bonsais Fischmehl, Blutmehl, Hornspäne oder Knochenmehl in 1–5% der Kulturerde beimischen.

Sind die Bäume noch im Anzuchtstadium und stehen sie in Töpfen mit hohem Gießrand, so kann jeder organische Dünger als „Mulchdecke" auf die Erde gepackt werden. Hierzu eignet sich neben den beschriebenen Mitteln (Rizinus- und Sojaschrot, Fischmehl, Blutmehl, Hornspänen und Knochenmehl) auch gut verrotteter Stalldung oder Stalldung im Sack: Mannahum, California-Rinderdung u. a. Natürlich können auch fertige Bonsais mit aufgelöstem Stalldung gegossen werden. Einfacher in der Anwendung sind in jedem Fall die handelsüblichen Mineraldünger. Auch in der Lagerung sind sie angenehm, da sie nur wenig Platz beanspruchen. Sichere Dosierungen und Nährstoffzusammensetzungen für alle Zwecke geben uns die flüssigen Volldünger, die heute auch im Erwerbsgartenbau zur automatischen Düngung benötigt werden; viele von ihnen enthalten neben den Hauptnährstoffen erwünschte Spurenelemente, wie u.a. Eisen, Mangan, Bor, Kupfer, Zink, Nickel, Kobalt und Molybdän. Wenn hier einige Handelsnamen genannt werden, so sind diese als Hinweis auf geeignete Wirkstoffkombinationen zu betrachten. Ein anderer, ähnlich zusammengesetzter Dünger tut es auch. Da aber bei der ganzen Düngerei so viel Unwägbares mit ins Spiel kommen kann, sollte man stets mehrere Zusammensetzungen und Konzentrationen ausprobieren, über deren Erfolge man so lange Buch führt, bis sich ein Mittel und eine Dosierung als optimal erwiesen hat. Gute Erfahrungen wurden mit Wuxal-Super (8-8-6) und Bayfolan (8-8-6, wirkt über Blatt und Boden) gemacht, bei blühenden und fruchtenden Pflanzen mit Poly-Fertisal (8-14-18). Da, Rosen ausgenommen, alle Bonsais häufig überbraust werden sollen, d.h. möglichst überhaupt nur brausend gewässert werden, sollte man diese Dünger im Gießwasser auflösen. Noch besser hält man eine Handspritze mit der Nährlösung bereit und sprüht damit nach dem üblichen Wässern, wenn Blattwerk und Boden feucht sind, den Dünger aus; er kann sich dann schnell und gleichmäßig verteilen. Nun beziehen sich aber die von den Herstellerfirmen genannten Konzentrationen auf die Absichten des üblichen Gartenbaus, sind also für die Bonsai-Kultur zu hochprozentig. Als Faustregel gilt daher: die Hälfte der angegebenen Konzentration!

In einigen Fachpublikationen ist vor Blattdüngern gewarnt worden. Generell kann man diese Dünger jedoch nicht ablehnen, und wo es sich um geschwächte Pflanzen nach erstem Eintopfen oder Umsetzen handelt, sind sie sogar unbedingt zu empfehlen (besonders bei Yamadori-Exemplaren!). Die Wurzeln können die Pflanze noch nicht oder nur ungenügend versorgen; da benutzen wir dankbar die Möglichkeit der Zufuhr über das Blattwerk. Auch wenn ein schnell wirkender Stickstoffschub erwünscht ist, wird Harnstoff über das Blatt gegeben. (Viele Gärtner legen auch Wert auf das attraktive, intensive Grün des Blattwerks und die ausgeprägtere Färbung der Blüte als Folge der Blattdüngung.)

Wo allerdings die Blattdüngung zu deutlicher Vergrößerung der Blätter und zu mastigem Austrieb führt, ist sie abzusetzen.

In jedem Fall gilt auch bei den Blattdüngern, wenn sie in der Bonsai-Kultur verwendet werden: deutlich reduzierte Konzentrationen verwenden! Nur zum Durchbringen gesammelter Pflanzen die angegebene Mischung benutzen.

Bei Pflanzen mit starkem Nährstoffbedarf, bei Pflanzen, die jährlich umgetopft werden oder denen man sich in einer Saison nicht so intensiv widmen kann, und bei Jung-Bonsais sollte man Düngestoffe der Erde beimischen, wie wir das von unseren normalen Topfpflanzenerden gewöhnt sind. Die Beimischungen gehören nur in den Ober- und Mittelboden. Neben den bekannten organischen Düngern gibt es auch geeignete anorganische Industriedünger, z.B. Vitamon d 13:7:13:4 mit Dosierhülle. Man gibt 2,5 g/l Substrat.

Die Wurzelneubildung, also besonders bei Ersteintopfung, Umsetzen und Wurzelschnitt, und die Stabilisierung des Wasser- und Nährstoffhaltevermögens im Boden wird auch durch Alginure gefördert. In der Bonsai-Zucht liegen hierfür noch keine ausreichenden Erfahrungen vor. Versuchenswert ist das Mittel in jedem Fall. (Konzentration 2 g/l Substrat)

Termine

Gedüngt wird natürlich immer, wenn die Pflanze Nährstoffe benötigt, also besonders im Frühling zum neuen Austrieb. Jedoch Vorsicht! Wir müssen darauf achten, daß unsere verschiedenen Kulturmethoden sich nicht widersprechen. (Siehe auch Kapitel „Wässern".) Wir wollen kleine Bäume, bei denen Zweige und Blattwerk in guter Proportion zueinander stehen.

Es hieße Bremse und Gaspedal gleichzeitig zu treten, wenn im Frühjahr ordentlich drauflos gegossen und gedüngt und damit ein Austrieb hervorgerufen würde, der gleich anschließend entfernt werden müßte. Ganz abgesehen von dem unschönen geil-wäßrigen Zuwachs, der eine kleine Pflanze regelrecht entstellen kann.

Gerade zu den Hauptwachstumszeiten im Frühjahr und Spätsommer sei den Bonsais eine Magerdiät verschrieben, die im Einklang mit unseren Züchtungsabsichten steht. Daß blühende und fruchtende Pflanzen immer etwas reichlicher zu versorgen sind, wurde schon ausgeführt. Aber auch sonst sind die Ansprüche unterschiedlich, je nach der Pflanzenmasse, die das jeweilige Exemplar in der Saison produziert. Wenn wir gute Erfolge erzielen wollen, müssen wir mit Fingerspitzengefühl vorgehen. Grundsätzlich aber lieber etwas weniger als zuviel geben.

Den Sommer über wird sanft weitergedüngt, Laubgehölze alle acht, Koniferen alle zehn bis vierzehn Tage, falls man es nicht vorzieht, bei jedem Gießen mit entsprechend abgewandelten Konzentrationen zu arbeiten.

Die Düngung im Herbst ist der im Frühjahr ähnlich. Wie lange man düngen darf, hängt mit von der Unterbringung der Pflanzen im Winter ab. Kein Problem gibt es bei frostfreien Winterquartieren. Sollen aber die Bonsais winterhart sein, stoppt man die Düngung Anfang bis Mitte September. Da das Dickenwachstum von Stämmen und Zweigen mit der Herbstdüngung gefördert wird, sollte sie kein Gärtner unterschlagen und so lange in den Winter hinein düngen, wie es irgend vertretbar ist. Bei Immergrünen kann das – entsprechende Winterplätze vorausgesetzt – bis in den November hinein, bei Laubgehölzen bis unmittelbar nach dem Laubfall geschehen.

Die Düngung der im freien Land aufgezogenen Bonsais erfolgt nach den allgemeinen Regeln des Gartenbaus und ist abhängig von der örtlichen Bodenbeschaffenheit, sofern man sich nicht entschlossen hat, ein Aufzuchtbeet mit Spezialboden (Ton-Sand-Gemisch) auszukoffern. Alle organischen Dünger sind möglich; von den mineralischen Handelsdüngern werden die chloridfreien Volldünger mit Spurennährstoffen (blau gefärbt) verwendet.

Wässern

Über das Thema „Wässern" lesen wohl viele Pflanzenfreunde gern hinweg, denn davon glaubt jeder genügend zu verstehen. Doch werden sicherlich mit falschem Wässern die meisten Topfpflanzen und Bonsais umgebracht. Wenn aber schon bei den normalen Zimmerpflanzen eine richtige Dosis zuverlässig eingehalten werden muß, um wieviel sorgfältiger ist da beim Bonsai zu verfahren, der ja nicht über den üblichen Wurzelraum einer gängigen Topfpflanze verfügt. Daher ist andauernde Sorgfalt beim Gießen oberstes Gebot.

Aus folgenden Gründen sollte man sich bei dieser Tätigkeit viel Zeit nehmen:

1. Bonsais haben aus ästhetischen Gründen keinen Gießrand. Bei ungestümem Wässern wird daher leicht die Oberflächenerde abgespült, was natürlich nicht wünschenswert ist.
2. Bei starkem Gießen besonders flacher Gefäße oder gerade umgepflanzter Exemplare kann aus den großen Dränagelöchern im Boden des Topfes eventuell Wasser austreten, ohne daß die Erde durchdringend befeuchtet wurde. Am besten gießt man daher in zwei bis drei Raten, damit das Wasser in alle Teile des Erdreichs eindringt und von diesem gemäß seiner Kapazität absorbiert werden kann.

Das Problem der regelmäßigen Bewässerung sollte geklärt werden, bevor man sich zu einer Bonsai-Sammlung entschließt. Besitzern eines Treibhauses wird die Sache leichtgemacht, wenn sie sich eine automatische Bewässerungsanlage einbauen. Bei der Aufstellung der Bonsais im Freien kann auf folgende Weise einfach und sicher bewässert werden: Der Bonsai-Tisch erhält einen 10 bis 15 cm hohen Rand durch aufgeschraubte Bretter oder aufgelegte Ziegelsteine, über die eine ausreichend große Folie gelegt wird. In der dadurch entstandenen Mulde werden die Pflanzen durch Flutung gewässert. Das gelingt aber nur, wenn die Oberfläche des Tisches wirklich waagerecht ist. Das von den Pflanzen nicht aufgenommene Wasser muß nach etwa einer Viertelstunde abgelassen werden. Zur Verbesserung des Kleinklimas in sonnenreichen Gartenhöfen mit reichlicher Wärmereflexion von angrenzenden Wänden kann man nötigenfalls die Pflanzgefäße erhöht (Ziegelstein o. ä.) in die mit Wasser gefüllte Tischmulde stellen.

Das Wässern der Bonsais ist von verschiedenen Faktoren abhängig: Aufstellungsort (im Freien, im Zimmer, im Treibhaus), sonniger oder schattiger Standort, Jahreszeit, Tageszeit, Wetter, Topfform, Bodenbeschaffenheit, Pflanzenspezies, Zustand der Pflanze. Ein im Zimmer aufgestellter Bonsai muß nicht nur besonders sorgfältig gegossen, sondern zusätzlich mehrmals am Tage übersprüht werden.

Im zeitigen Frühjahr sollte man nie abends wässern, da bei eventuellen Nachtfrösten die Gefahr besteht, daß die Töpfe platzen.

Im Sommer wird mindestens zweimal, morgens und spätnachmittags, gegossen, sonst je nach Witterung einmal täglich. Kleine und sehr flache Töpfe müssen in kürzeren Abständen versorgt werden. Vorsorglich wird bei den Bodenmischungen zusätzlich auf hohe Absorptionsfähigkeit der Erden geachtet. Daß bei praller Sonne die Pflanzen nicht übersprüht werden, ist wohl jedem Gärtner bekannt.

Bonsais, die besondere Wasseransprüche stellen, werden entsprechend gekennzeichnet. Wie die Pflanzen nach dem Ein- oder Umtopfen und wie Jungpflanzen zu versorgen sind, ist in den jeweiligen Kapiteln aufgeführt. Bonsais mit Vertrocknungserscheinungen (braune, eingerollte oder welke Blätter) dürfen auf keinen Fall in einer vom schlechten Gewissen gesteuerten Wiedergutmachungsaktion ersäuft werden. Der Säftekreislauf und die Fähigkeit zur Wasseraufnahme müssen erst wiederhergestellt werden.

Zu diesem Zweck bringt man die Pflanze zuerst einmal an einen schattigen Ort; dort wird sie häufig besprüht, aber nur mäßig gegossen. Die Erde soll feucht, jedoch nicht naß sein. Stamm und Äste werden ebenfalls feuchtgehalten, bis sich der Patient erholt hat. Das dürfte nach etwa einer Woche der Fall sein.

Gießwasser

Zum Gießen von Bonsais und Troggärten eignet sich vor allem Regen- und Brunnenwasser. Letzteres sollte, ebenso wie Leitungswasser, unbedingt auf seine Härte untersucht werden. Wasser bis zum mittleren Härtebereich von 10° DH ist durchaus brauchbar.

Eine Enthärtung, falls erforderlich, erreicht man durch sehr einfach anzuwendende Chemikalien in Tablettenform: eine beigefügte Indikationsfarbe zeigt die notwendige Tablettendosis an. Ähnlich einfach, aber preiswerter ist die Entkalkung durch Oxalsäure, die, in Wasser aufgelöst, den Kalk ausfällt. Um das richtige Quantum an Oxalsäure herauszufinden, kontrolliert man anfangs den pH-Wert des behandelten Wassers mit Indikatorpapier.

Als Gießgefäß verwenden wir eine Gießkanne mit besonders feinem Brausenkopf, da – abgesehen von wenigen Ausnahmen – bei jedem Gießen die ganze Pflanze mit abgebraust werden sollte. Hierfür eignen sich besonders die $2\frac{1}{2}$ l und $4\frac{1}{2}$ l fassenden Schneider-Gewächshauskannen und entsprechende japanische Spezialkannen.

Außerdem benötigt man ein Handsprühgerät oder, bei größeren Bonsai-Sammlungen, ein Sprühgerät mit einem Fassungsvermögen von 5 bis 10 l zum Vernebeln und zum Ausbringen von Blattdünger.

Umtopfen oder Umpflanzen

Das „Wie" des Umtopfens richtet sich ganz nach dem beabsichtigten Zweck dieser Maßnahme. Daher ist in diesem Buch auch an mehreren Stellen von Faktoren die Rede, welche berücksichtigt werden wollen (s. besonders auch Anzuchtmethoden, Erden).

Wann wird umgetopft? Die beste Zeit ist das Frühjahr unmittelbar vor dem Neutrieb. Die bei diesem Eingriff unvermeidlichen Verletzungen werden von der Pflanze dann am besten mit dem Austrieb überwachsen. Koniferen kann man auch noch im September umtopfen.

Warum umpflanzen? Was ist zu berücksichtigen? Handelt es sich um jährlich ein- oder umzutopfende Pflanzen, bei denen die enorme Wuchsleistung von Interesse ist, wie z. B. im Falle der Bambusarten und der Trauerweide, werden die Bonsai in eine sehr nahrhafte Erde gesetzt, die ruhig nach einem Jahr verbraucht sein kann, also einen hohen Anteil organischer Substanz aufweist. Das Wurzelwerk dieser Bonsais hat in einer Saison den vorhandenen Bodenraum so durchdrungen, daß es sich im nächsten, spätestens übernächsten Jahr selbst ersticken würde. Von einer ansehnlichen Wuchsleistung könnte schon im zweiten Jahr kaum mehr die Rede sein.

Also, je stärker die Wuchsleistung, d.h., je intensiver man schneiden muß, um die Bonsaiform zu erhalten, desto häufiger muß umgetopft werden, damit auch „unterirdisch" geschnitten werden kann, wodurch die Wurzeln wieder Luft bekommen.

Bei Jungpflanzen und noch nicht bis zur gewünschten Größe ausgewachsenen Bonsais wird in das nächstgrößere Pflanzgefäß umgetopft. Niemals sollte man eine Nummer überspringen in dem Glauben, es gänge dann mit dem Zuwachs rascher, weil die Pflanze doch mehr Platz habe. Damit würde nur erreicht, daß die Pflanze den Wurzelraum nicht genügend ausnutzt, denn die Wurzeln drängen an die Peripherie, und entsprechend würde auch die oberirdische Verzweigung unerwünscht weitästig und locker.

Ausgereifte Bonsais werden immer wieder in den-

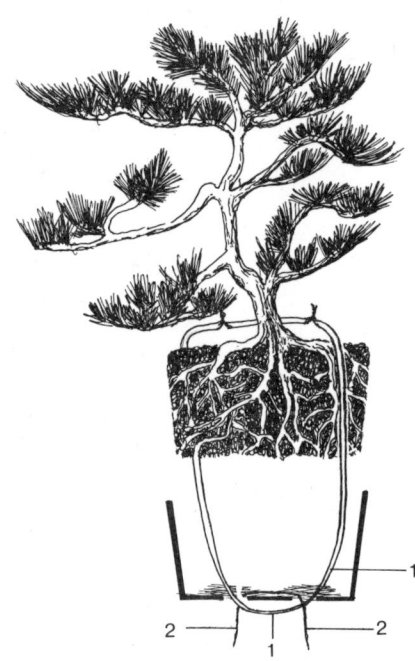

Verankerung der Pflanze im Topf

Durch die beiden Bodenlöcher des Topfes und das darauf liegende Vinylnetz wird ein Draht gezogen (1), dessen Enden so durch den Wurzelballen geführt werden, daß sie, wenn der Bonsai in die endgültige Position gebracht ist, miteinander verdreht, Wurzelballen und Pflanze ganz fest halten.
Soll der Topf unsichtbar festgebunden werden, führt man den Draht in umgekehrter Richtung durch die Bodenlöcher (2). Bei getrennter Fixierung von Pflanze und Topf kann der Standort des Topfes verändert werden, ohne daß die Pflanze dabei gestört wird.

selben Topf zurückgepflanzt. Der beim Umtopfen vorgenommene Wurzelschnitt verschafft den Wurzeln neuen Wachstumsraum, die ausgetauschte Erde Nährstoffe.
Generell gilt: zum Umtopfen die Pflanze im Topf leicht trocken halten. Sie löst sich dann glatt aus dem Gefäß, und die Erde ist mühelos aus den Wurzeln zu schütteln. Auch der neue Pflanzboden ist krümelig-trocken.
Die richtige Plazierung im Pflanzgefäß ist wesentliche Bonsai-Gestaltungsarbeit (s. Bonsai-Typen und -Erziehung). Der dreistufige Aufbau der Erdschichtung ist unbedingt einzuhalten.

Bonsai-Pflanzen von einer bestimmten Größe an (etwa ab 30 bis 35 cm Höhe) und von besonderen Wuchsformen (schräg, geneigt, überhängend) sind sicher im Topf zu verankern.
Immer bei bedecktem Himmel bzw. im Schatten zügig umpflanzen, damit die Wurzeln nicht unnötig antrocknen.
Ausgereifte Bonsais werden nicht mehr so häufig umgetopft. Bei sorgfältiger Beobachtung wird der Gärtner feststellen, daß nach einer Zeit von drei bis fünf Jahren irgendwann einmal die Pflanze trotz sorgfältiger Pflege nicht mehr so recht frisch aussieht. Dann ist es soweit: zum nächstmöglichen Termin wird das Umtopfen vorbereitet.
Je älter ein Bonsai ist, desto seltener muß er umgepflanzt werden. Je größer die Umtopfintervalle sind, desto stabiler muß die Pflanzerde beschaffen sein. D. h., die organischen Anteile wie Torf, Laub-, Rasenerde und Kompost verschwinden bei den alten Bonsais zunehmend aus den Mischungen und werden durch Bimskies oder Lavagrus ersetzt. Einige Bonsai-Gärtner mulchen bei diesen in rein mineralischen Böden gepflanzten Bonsais halbjährlich mit gut verrottetem Laubkompost und schwören darauf.

Überwinterung

Die Unterbringung der Bonsais im Winter birgt einige Probleme, die auf drei Hauptursachen zurückgehen: unterschiedliche Winterhärte der Pflanzen, akute Gefährdung der häufig kostbaren Pflanzgefäße durch Frosteinwirkung, schnelles Durchfrieren der Topferde mit der Folge, daß die notwendige Wasseraufnahme der auch im Winter verdunstenden Gehölze unmöglich gemacht wird; diese erfrieren also nicht, sondern vertrocknen.
Der ideale Aufenthaltsort für Bonsais ist im Winter ein Gewächshaus oder auch der nach entsprechenden Vorkehrungen zum Winterquartier gewordene Schattierungsraum (Seite 161). Beim Gewächshaus muß lediglich darauf geachtet werden, daß, besonders bei strahlendem Frühlingswetter, die Temperaturen nicht über 10 °C anstei-

gen. Durch jahreszeitlich bedingte niedrige Nachttemperaturen würde anderenfalls ein zu starkes Temperaturgefälle eintreten. Dieses „stop and go" verträgt natürlich keine Pflanze besonders gut. Dasselbe gilt auch für die Unterbringung im kalten Kasten. Oberstes Gebot ist also: gut lüften!

Es lohnt sich – nicht nur für die Bonsai-Haltung – die kleinklimatischen Räume im Garten zu studieren und entsprechend zu nutzen. Wo dergleichen Plätze noch nicht vorhanden sind, sollten sie durch sorgfältige Bepflanzung oder Bebauung geschaffen werden. Solche geschützten Winkel eig-

nen sich nicht nur zur Kultivierung empfindlicher Arten, sondern bieten sich ebenfalls zum Einsenken unserer Bonsais, mit oder ohne Topf, an. Wird die Pflanze aus dem Topf genommen, gräbt man sie, ohne den Wurzelballen zu beschädigen, in lockere Erde oder gut durchfeuchteten Torf ein.

In klimatisch begünstigten Gegenden wird eine überdachte Stellage, wie sie auch die Japaner zur Überwinterung benutzen, für den erforderlichen Schutz völlig ausreichen.

Bonsai-Freunde, denen kein Garten zur Verfügung steht, werden an wirklich kalten Tagen die

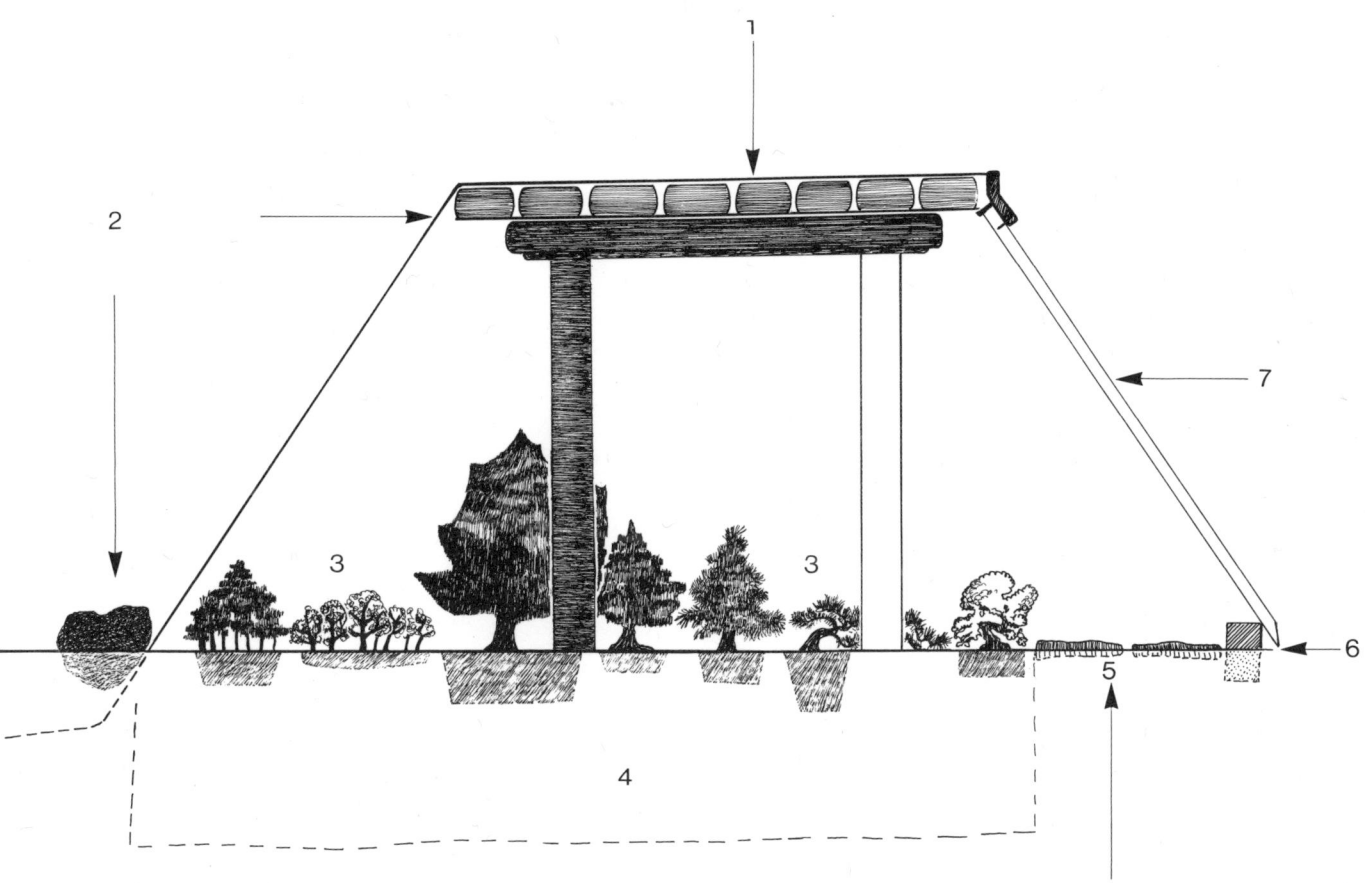

Bonsai-Tisch als Winterquartier

1 Tisch mit Lattenrostplatte,
2 Folie, untergegraben und beschwert,
3 Bonsais,
4 Torfbeet,

5 Plattenbelag für den Sommer, damit man ungehindert an den Tisch herantreten kann,
6 Holz- oder Steinkante als Anschlag für das Fenster,
7 Fenster.

Pflanzen in einer geschützten Ecke des Balkons in eine mit Torf oder Styromull gefüllte Kiste senken. Als zusätzlicher Schutz wird um alles eine Kunststoffolie geschlagen. Wichtig ist auch bei dieser Art der Überwinterung, daß bei Temperaturen über 0 °C und bei hellem Sonnenwetter gelüftet wird, um eine anderenfalls zu befürchtende Fäulnisbildung zu verhindern.

Als geeignete Überwinterungsräume können auch ungeheizte Keller und Treppenhäuser gelten, soweit sie genügend Helligkeit aufweisen. Ungeheizte Räume in der Wohnung sind leider häufig zu warm. Außerdem ist es innerhalb der Wohnung meistens nicht möglich, die Pflanzen ohne Umstände zu überbrausen, was in Innenräumen bei den Immergrünen unbedingt notwendig ist.

Wer sich als „Gartenloser" in das Bonsai-Hobby stürzt, sollte vielleicht doch der Möglichkeit nachspüren, innerhalb seiner vier Wände ein Pflanzenzimmer, einen Wintergarten oder ein Gewächshaus einzurichten. Vielleicht gibt es in der Wohnung, im Keller oder im Dachboden ungenutzten Raum, der mit relativ geringem Aufwand für die erforderlichen Zwecke zurechtgebastelt werden kann. Eine sehr elegante und funktionsgerechte Lösung bietet die von einigen Gewächshaus-Herstellern angebotene Pflanzenvitrine.

Zuletzt sei auf die Möglichkeit hingewiesen, die Bonsais bei Gartenfreunden oder Bonsai-Nebenbuhlern unterzubringen. Für einige Pflanzen wird sicher auch ein gut bekannter Gärtner Unterschlupf gewähren können.

Zusammenfassend seien noch einmal die Grundsätze der Bonsai-Überwinterung gesagt:

1. Die Bonsais so spät wie möglich ins Winterquartier einbringen.
2. Keine Temperaturen über +10 °C; 0° bis −3° genügen. (Bei höheren Temperaturen beginnen die Bonsais zu treiben und werden dadurch geschwächt und häßlich.)
3. Ins Freiland eingesenkte Bonsais bei offenem Boden wässern. Nicht düngen. Gegen Wildverbiß schützen. Stufenweiser Temperaturausgleich bei Verwendung als Dekorationsstück in geheizten Räumen.

Krankheiten

Besondere Bonsai-Krankheiten sind nicht bekannt. Die Pflanze im Topf ist denselben Anfälligkeiten unterworfen wie die frei ausgepflanzte. Diese hat aber in der Regel mehr Reserven, wohingegen sich Schädigungen an Bonsais sehr schnell vernichtend auswirken. Und selbst dort, wo die Pflanze noch gerettet wird, ist die jahrelange, geduldige Züchterarbeit umsonst gewesen, wenn die kunstvoll anerzogene Gestalt zerstört wurde, also Teile davon abstarben oder entfernt werden mußten. Kräftige Pflanzen sind am ehesten immun gegenüber allen Krankheiten. Daher ist die sorgfältige Pflege schon die erste und auch wichtigste Maßnahme, Krankheiten abzuwehren.

Die Aufstellung in Wind und Wetter härtet die Bonsais ab, ist also mit ein Garant für die erwünschte Gesundheit. Hinsichtlich der Aufstellung können allerdings nicht alle Pflanzen gleich behandelt werden. Lichtempfindlichkeit und Windresistenz sind zu berücksichtigen. Niemand betrachtet aber seine Pflanzen so intensiv wie ein Bonsai-Gärtner. Daher werden etwa auftretende Schädlinge von ihm mit Sicherheit schon im Anfangsstadium des Befalls entdeckt und unmittelbar bekämpft.

Kranke Pflanzen sind sofort zu isolieren, um weitere Ansteckungen zu vermeiden.

Soweit es überhaupt Mittel gegen die Schädigungen gibt, wird man schon wegen der einfachen Anwendung die handelsüblichen Pflanzenschutzmittel benutzen. Beigefügte Meßbecher zur Herstellung der richtigen Lösungskonzentrationen sind häufig nur für die größeren, im Gartenbau gebräuchlichen Mengen eingerichtet. Daher benötigen wir ein Meßglas mit feinerer Eichung. Die von der Industrie angegebenen Wirkstoffkonzentrationen sind unbedingt einzuhalten, eher zu unterschreiten.

Ist häufiger zu spritzen, sollte man auch bei den Schutzmittellösungen Regenwasser bzw. entsprechende Wasserqualitäten verwenden. Da die Düsen der Spritzgeräte leicht verstopfen, läßt man Regenwasser durch einen Filter laufen.

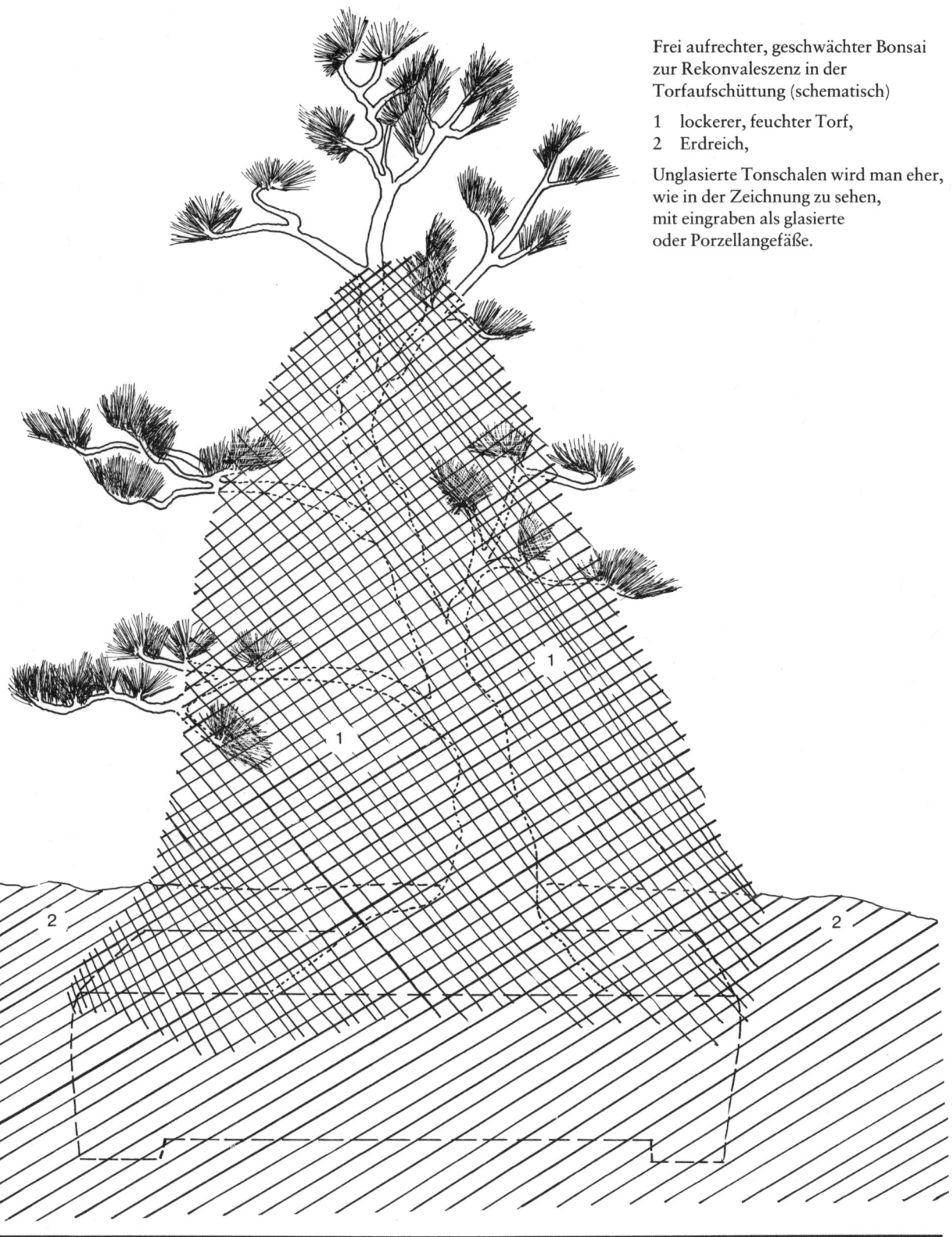

Frei aufrechter, geschwächter Bonsai
zur Rekonvaleszenz in der
Torfaufschüttung (schematisch)

1   lockerer, feuchter Torf,
2   Erdreich,

Unglasierte Tonschalen wird man eher,
wie in der Zeichnung zu sehen,
mit eingraben als glasierte
oder Porzellangefäße.

Vorbeugend sind einige Maßnahmen zu ergreifen, ohne daß man erst das Auftreten von Schädigungen abwartet.

„Alte Rosen", bei denen Anfälligkeit für Mehltaupilze, Rost oder Sternrußtau festgestellt wurde, sind schon ab Winter (alle vier Wochen) durchgehend (in der Vegetationszeit alle vierzehn Tage) zu behandeln. Am einfachsten ist die Benutzung von Mitteln, die gegen alle drei Krankheiten wirken; als Beispiel seien genannt: Euparen, Albran-S, Phytox-Ultraschwefel, Badilin-Rosenfluid, BASF Rosenspritzmittel, Bilobran, Du Pont Benomyl.

Obgleich luftige Aufstellung einen Befall weitgehend verhindert, werden auch Kaskade-Chrysanthemen vorbeugend gegen Pilzbefall mit Schwefelmitteln oder Saprol gespritzt. Gegen Chrysanthemen-Rost Thiuram oder Maneb verwenden. Befallene Blätter entfernen, Pflanzen in Quarantäne halten!

Saat- und Stecklingserden können mit Brassicol oder Dexon behandelt werden.

Mittel zur Entseuchung beim großen Hausputz in den Gewächshäusern sind im Fachhandel zu erfragen. Äußerste Vorsicht ist geboten, z. T. besteht hochgradige Giftigkeit! Gewächshäuser ausräuchern.

Gegen tierische Schädlinge wird man nur vorgehen, wenn sie wirklich vorhanden sind und so stark auftreten, daß sie nachhaltige Schäden verursachen. Es kann nicht unsere Aufgabe sein, jedes Läuschen zu töten, die letzte Raupe und Spinne zu vernichten. Bei geringem und nur sporadischem Auftreten können manche Schädlinge direkt abgesucht werden (Pinzette). Mit einer milden Nikotinlösung kann man ihnen den Appetit verderben.

Sind jedoch schwerere Schädigungen zu erwarten, wegen eines besonders milden Winters oder weil in der Umgebung Schadbilder beobachtet werden konnten, so wird man bei Laub- und Nadelhölzern unmittelbar vor und bei Beginn der Vegetation mit dem Folidol-Ölspritzmittel oder Thiodon-Öl vorbeugen.

Den Bonsai-Kiefern droht hierzulande hauptsächlich Gefahr vom Blasenrost, für den *Pinus strobus* (Weymouthskiefer) besonders anfällig ist, sowie vom Kieferntrieb- und Kiefernknospenwickler. Da der Rost wirtswechselnd zwischen *Pinus*- und *Ribes*-Arten ist, entferne man alle Johannis- und Stachelbeersträucher oder verzichte auf die anfälligen fünfnadeligen Kiefernarten. Gegen die tierischen Schädlinge spritzt man im Frühjahr mit Austriebsspritzmitteln.

Die Fichte *(Picea)* kann unter Blasenrost leiden, der zwischen ihr und der Alpenrose *(Rhododendron ferrugineum)* wandert. Am besten auf Alpenrosen verzichten, da *Picea* der Bonsai-Kultur viel mehr zu bieten hat. Die Nadelschütte wird mit Maneb-Spritzpulver behandelt. Gegen die Sitkalaus geht man vorsorglich mit den Austriebspritzmitteln vor; später wird dann Metasystox angewendet.

Bei etlichen *Picea*-Arten, Sorten von *Chamaecyparis lawsoniana* und einigen anderen Koniferen treten Spinnmilben gelegentlich auf. Regelmäßiges Sprühen, eventuell mehrfach am Tage, läßt die Gefahr nicht aufkommen.

Ameisen sind zwar keine direkte Gefahr, können aber Krankheiten und Läuse übertragen. Sie sind daher zu bekämpfen. Haben sie sich in den Töpfen festgesetzt, so hilft ein- bis zweistündiges Tauchen in Nikotinlösung; dies auch bei anderen Schadinsekten im Boden.

Bei jeder Art von krebsartigen Wucherungen (vertrocknete, eingefallene Holzteile oder, besonders an früheren Schnittstellen, wild herauswuchernde Holzpartien) bis ins gesunde Holz zurückschneiden und mit krebshemmenden Wundpflegemitteln ausstreichen. Schnittwerkzeuge reinigen, Schadholzteile verbrennen.

Wie bei den pilzabtötenden Mitteln wirken auch viele Spritz- und Stäubemittel gegen saugende und beißende Insekten in breiterer Front, so daß wir selbst dann Erfolg haben, wenn wir die Diagnose nicht ganz richtig stellten. Allerdings sei noch einmal nachdrücklich auf den sparsamen Einsatz aller Chemikalien hingewiesen. Wer genauer Bescheid wissen will, nehme nach Möglichkeit seinen Baum unter den Arm und konsultiere den nächsten Fachmann. Letzte Instanz sind die Pflanzenschutzämter (Anschriften Seite 173).

Buchführung

Hier geht es nicht um Soll und Haben, um die Wirtschaftlichkeit der gärtnerischen Bemühungen, sondern um deren Wirksamkeit sowohl in bezug auf Pflege- und Kulturmaßnahmen als auch in geistig-ästhetischer Hinsicht. Unter diesem Aspekt betrachtet, ist „Buchführung" allerdings eine mangelhafte, nur den äußeren Vorgang treffende Bezeichnung; der Notwendigkeit, Buch zu führen, tut dies jedoch nicht den geringsten Abbruch.

Die Buchführung hilft nicht nur, alle Schritte bei der Anzucht, Weiterkultur, Planung usw. in der richtigen Reihenfolge zu tun; sie zwingt den Gärtner auch, sich über deren Notwendigkeit Rechenschaft zu geben, hält persönliche Erfahrungen fest, und sie bietet die Gelegenheit, die gedanklichen Ausgangspunkte zu eigenem Experimentieren niederzulegen. Denn auch das gelungene Experiment wird sinnlos, wenn man nicht mehr weiß, welche Schritte es waren, die zum Erfolg führten.

Die Aufzeichnungen werden zum einen rückschauend festhalten, was getan wurde und was wie gelang, zum anderen – vielleicht noch wichtiger – vorausplanend die Termine für Kulturmaßnahmen bestimmen, die in manchen Fällen, wenn auch mit einiger Toleranz, für den Erfolg unbedingt entscheidend sind: Aussaatzeitpunkt, besondere Saatbehandlung, Entspitzen der Chrysanthemen, Verabfolgung von Düngern samt deren Konzentration und Mischung sowie die von Bonsai zu Bonsai differierenden Umpflanzperioden, z. B.:
– Bonsai x am … umgetopft – nächster Umtopftermin …

Bei den Chrysanthemen will man den Blütenflor ausdehnen, daher auch hier notieren etwa:
– Tablett A: letztes Ausknipsen der Knospentriebe am …
– Tablett B: usw.

Soweit bestimmbar, wird das Alter des Bonsai notiert. Einmal ist dies von unmittelbarem Belang für die Kultur (s. Anzucht, Kultur, Umtopfen), zum anderen ist eine Geburtsurkunde bei Tausch oder Verkauf – auch wenn sie nur privat angelegt wurde – vorteilhaft.

Darüber hinaus wird sich der konsequent vorgehende Bonsai-Gärtner Aufzeichnungen zur formalen Gestaltung der Pflanzen machen wollen. Zumal dann, wenn er sich, wie wir alle in Europa, erst allmählich in den Geist der traditionellen asiatischen Formensprache einfühlen muß.

Bemerkenswerte Baumgestalten und Pflanzengemeinschaften, in freier Natur beobachtet, werden eventuell im Photo festgehalten. Die Ursachen ihrer besonderen Wirkung und die Komponenten ihrer Formensprache (Zuordnung im Raum, die graphische Struktur von Stämmen und Zweigen, Farben usw.) können dann in Ruhe studiert werden. Skizzen nach der Natur und Pausen von Photographien und Kunstdrucken als Vorlagen zu nachschöpferischem Gestalten können Teile einer allgemeinen Buchführung sein.

WEITERE ANWENDUNGSBEREICHE DER BONSAI-TECHNIK

Selbstverständlich wird jemand, der sich so intensiv mit Pflanzencharakteren, Wuchsstrukturen und den Möglichkeiten des unsichtbaren, behutsamen gestalterischen Eingriffs in vorhandenes Pflanzenmaterial beschäftigt hat wie der Bonsai-Züchter, auch in der Behandlung der frei ausgepflanzten Gartengehölze größere Souveränität an den Tag legen.

In Japan ist diese Gestaltung im großen allgemein bekannt. Da verläßt man sich nicht auf den Zufall, daß die an einem besonders exponierten Platz gepflanzte Kiefer gerade so wächst, wie es der Situation angemessen wäre, sondern man leitet sie von Anfang an zielstrebig in die gewünschte Richtung, so daß man der Wirkung sicher sein kann.

Bei uns wird von diesen umfassenden Möglichkeiten, die in der heutigen Gartensituation hilfreicher sein können als jemals vorher, so gut wie gar kein Gebrauch gemacht.

Jeder schnittverträgliche Baum und Strauch ist in jeder beliebigen Größe zu fixieren, daher kann auch in kleinsten Gartenräumen (Atrium, Terrasse, Dach) jedes standortgemäße Gehölz gepflanzt werden. Die *Rhus-*, *Cotoneaster-* und *Hippophaë*-Öden können ein für allemal der Vergangenheit angehören. Sortenvielfalt und daraus resultierende Ausdrucksmöglichkeiten lassen sich gewaltig steigern. Die aus Kosten- und Platzgründen notwendig gewordenen Kleinräume werden auch mit richtigen Baumgestalten bestückt, nicht nur mit Baum-Busch-Zwittern oder Gehölzen, die so langsam wachsen, daß angenommen werden darf, die Wohnungen der Menschen seien längst zu Staub und Asche verfallen, wenn sich an dieser Stelle ein richtiger Baum erheben wird. Eine *Salix alba* 'Tristis' (Trauerweide) kann auch in einem 30 m² großen Gartenraum gepflanzt werden und gibt in drei bis vier Jahren einen richtigen Baumcharakter ab.

Gerade im kleinen, überschaubaren Gartenbereich, in dem die optische Auswahl gering ist, kommt es darauf an, die Gehölze hinsichtlich ihres Ausdrucksgehaltes zur Höchstform zu stei-

Blühender Zweig eines Pflaumenbaumes
(nach Lu Chih, 1496 bis 1576,
chinesischer Maler, aus GOEPPER 1962)

Sehen lernen! – Die freie Nachzeichnung hat den Zweig bewußt aus der für die malerische Gestaltung wichtigen Position in der Bildfläche herausgelöst, in der die Untergrundtönung und Textur des Papiers oder der Seide als Imponderabilien der Aussage hinzukommen. Ganz losgelöst soll uns die Form des Zweiges als Gestaltungsmuster dienen.

Klarheit. – Bei aller exotischen Bizarrerie besteht die Zeichnung augenfällig nur aus zwei Kompositionselementen; diese stehen allerdings in höchster Spannung zueinander: Blüte und Holz.

Die Blüte ist leicht, hell, zart, jung, heiter, vergänglich, Frühling und wiedererwachende Natur. Das Holz ist schwer, dunkel, herb, alt, würdig, dauernd über Jahreszeiten und Jahre hin. Sein besonderer Charakter ergibt sich aus der rauhen Oberfläche der Rinde mit den verschorften Wunden, den Ansätzen vertrockneter und abgefallener Zweige, den trockenen (oder nicht blühenden?) Zweigen und dem erregenden, widerborstigen Duktus der unerwarteten Richtungsänderungen. Die Blüten dagegen sitzen zu wenigen – kein hybrides Blütenmeer – hie und da in lieblicher Frühlingsanmut, so daß das Auge nicht ertrinkt, sondern die Schönheit der einzelnen Blüte und die Spannungskomponenten des Bildes um so deutlicher wahrnimmt.

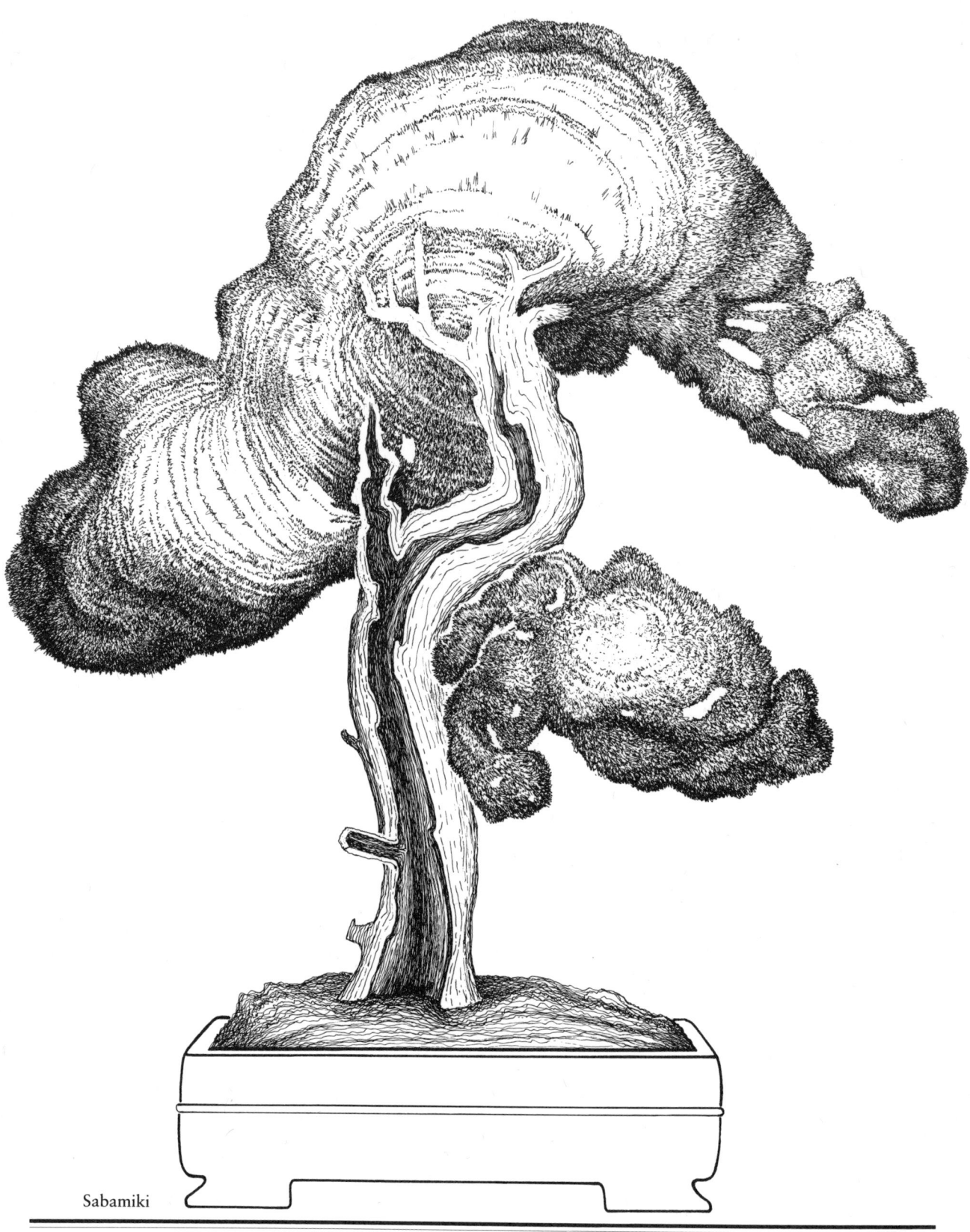

Sabamiki

gern. Für den an Bonsais geschulten Gärtner ist das eine Kleinigkeit. Ihm ist es möglich, der Farbe, auf die wir beim Blühen und Grünen zu achten gewöhnt sind, die Form, die besonders in den Vegetationspausen die Qualität des Gartens bestimmt, als Gestaltungskomponente an die Seite zu stellen.

Für die künstlerische Gestaltung lassen sich alle beim Bonsai angewendeten Prinzipien heranziehen, ohne daß man damit gleich einen japanischen Gartenstil vertreten müßte. Aufbau, Schwereverteilung und Proportionierung gelten hier wie dort.

Ebenso ist es beim Schnitt; nur das beim Bonsai von Zeit zu Zeit notwendige Umpflanzen entfällt. Vielleicht wird man aber Gehölze z. T. oder gänzlich umstechen, um neue Wurzelbildung und somit verstärkten, dichteren Austrieb anzuregen. Aufs Drahten wird meistens verzichtet; dafür leitet man Zweige und Äste an Stäben und Gestellen aus Bambusrohr und dezent imprägniertem Holz. Alle Bonsai-Arten und -Formen sind auch, soweit winterhart, im Garten zu verwenden; daher erübrigt es sich, an dieser Stelle eine umfassende Liste aufzustellen. Dennoch seien die Gehölze genannt, mit denen man in allerkürzester Zeit schöne Erfolge erzielt, die sich alle Arten der Trimmung gefallen lassen.

Koniferen

Cedrus atlantica	Atlaszeder
Chamaecyparis lawsoniana	Lawson-Scheinzypresse
Ch. nootkatensis	Nootka-Scheinzypresse
Ch. obtusa	Hinoki-Scheinzypresse
Ch. pisifera	Sawara-Scheinzypresse
Cryptomeria	Sicheltanne
Juniperus	Wacholder
Larix	Lärche
Picea abies (= *P. excelsa*)	Gemeine Fichte, Rotfichte
P. orientalis	Kaukasusfichte
Pinus	Kiefer
Taxus	Eibe
Thuja koraiensis	Lebensbaum
Th. occidentalis	Lebensbaum

Laubgehölze

Acer campestre	Feldahorn
A. japonicum	Fächerahorn
A. negundo	Eschenahorn
A. saccharinum	Silberahorn
Alnus	Erle
Amelanchier laevis	Felsenbirne
Betula	Birke
Buxus	Buchsbaum
Carpinus betulus	Hain-, Weißbuche
C. betulus 'Pendula'	
Cornus chinensis	Hartriegel
C. controversa	
C. florida	Blumenhartriegel
C. kousa	Blumenhartriegel
C. mas	Kornelkirsche
Crataegus monogyna	Weißdorn
Euonymus bungeanus	Spindelstrauch
E. oxyphyllus	
Fagus	Buche
Magnolia stellata	Sternmagnolie
Malus	Apfel
Populus tremula	Zitterpappel, Espe
Prunus	Pflaume, Kirsche, Pfirsich, Mandel, Aprikose
Pyrus communis	Birnbaum
P. salicifolia	Weidenblättrige Birne
Quercus	Eiche
Salix (alle baumartigen)	Weide
Sorbus	Eberesche, Mehlbeere
Tamarix parviflora	Tamariske
T. pentandra	
Tilia	Linde

Selbstverständlich darf man diese Gehölze nicht gleich in der Größe anpflanzen, die man sich als die endgültige wünscht; vielmehr ist zu berücksichtigen, daß es für die Formung eines hinreichend langen zeitlichen Spielraums bedarf. Im äußersten Falle kann man es mit einer Pflanze versuchen, die zwei Drittel ihrer vorgesehenen Endgröße erreicht hat – zu empfehlen ist aber unbedingt ein wesentlich bescheideneres Ausgangsformat.

LITERATURVERZEICHNIS

Kultur und Geschichte

BING, S. (Hrsg.): Japanischer Formenschatz. Leipzig ca. 1889. (Seltene Illustrationen und bemerkenswerte Analysen.)

BLASER, W.: Struktur und Gestalt in Japan. Zürich 1963.

DÜRKHEIM, K. v.: Japan und die Kultur der Stille. München 1949.

DÜRKHEIM, K. v.: Zen und wir. München 1961.

GOEPPER, R.: Vom Wesen chinesischer Malerei. Verlag Prestel, München 1962.

GOUSE, L.: L'Art Japonais, 2 Bde. Paris 1883.

HALL, J.W.: Das Japanische Kaiserreich. Fischer Weltgeschichte Bd. 20. (Guter Überblick und ausführliches Literaturverzeichnis.)

HAMMITZSCH, H.: Zu den Begriffen wabi und sabi im Rahmen der japanischen Künste. In: Nachr. Ges. Natur-Völkerkde. Ostasiens 85/86, 1959.

HASUMI, T.: Zen in der japanischen Kunst. München 1960.

HERRIGEL, E.: Der Zen-Weg. München 1958.

HERRIGEL, E.: Zen in der Kunst des Bogenschießens. München 1973.

HERRIGEL, G.L.: Der Blumenweg. München 1958. (Gute Erläuterung ästhetischer Prinzipien.)

KOHIRO, Y., und FUTAGAWA, Y.: Form in Japan. München 1967.

SECKEL, D.: Buddhistische Kunst Ostasiens. Stuttgart 1957.

SECKEL, D.: Einführung in die Kunst Ostasiens. 34 Interpretationen. Sammlung Piper. München 1960. (Beide Titel wichtige Werke zum Verständnis asiatischer Formensprache.)

SUZUKI, D.T.: Die große Befreiung. 6. Aufl., Verlag Barth, München 1972.

SUZUKI, D.T.: Zen und die Kultur Japans. Hamburg 1958.

WALEY, A.W.: Zen Buddhism and its relation to art. London 1922.

Bonsai und Miniaturlandschaft

BALLARD, E.D.: The art of training plants. New York 1962.

BOLLMANN, W.E.: Kamuti – A new way in Bonsai. London 1974.

Handbook on Bonsai 51. Handbook on Japanese Gardens 37. Handbook of Miniature Gardens 26. Handbook of Dwarf Potted Trees 13. Brooklyn Botanic Garden Record, Special Ed. of Plants and Gardens. Brooklyn Botanic Garden, 1000 Washington Avenue, Brooklyn, N.Y. 11225. (Die Sonderausgaben des Periodicals sind in jeder Beziehung ausgezeichnet.)

CARL, J.: Miniaturgärten in Trögen, Schalen und Balkonkästen. Verlag Eugen Ulmer, Stuttgart 1978.

HIROTA, J.: Bonkei. Tokyo.

KAWAMOTO, T.: Saikei. Living landscapes in miniature. Tokyo 1969.

KAWASUMI, M., and MURATA, K.: Bonsai with american trees. Tokyo.

KOBAYASHI, N.: Bonsai. Tourist Libr. Vol. 13. Tokyo 1966.

KOIDE, N., KATÔ, S., and TAKEYAMA, F.: The masters' book of Bonsai. Tokyo 1970.

KREKELER, H.: Bonsai-Praxis. Selbstverlag, 6803 Edingen-Neckarhausen, 1981.

LESNIEWICZ, P.: Bonsai, japanische Zwergbäume. Lesniewicz Verlag, Heidelberg 1978.

LESNIEWICZ, P.: Bonsai Miniaturbäume. Lesniewicz Verlag, Heidelberg 1981.

MURATA, K., and TAKEUCHI, T.: Bonsai for Pleasure. 1969, 1972.

MURATA, K.: Bonsai. Miniature potted trees, their training and care for beginners. Tokyo 1964.

NAKAJIMA, T.: The Art of the Chrysanthemum. Japanese techniques for creating Bonsai, cascades, giants and other potted styles. Tokyo 1965.

PERRY, L.R.: Bonsai. Trees and shrubs. New York 1964. (Sehr gute Kulturanweisungen für die einzelnen Bonsai-Typen.)

RICHIE, D., and WEATHERBY, M. (Hrsg.): Ikebana. München 1968. (Für Ikebana wie für Bonsai gelten, wenn man die traditionellen Arrangements berücksichtigt, verwandte Gestaltungsprinzipien.)

SANSEIDÔ-HENSHÛSO (Hrsg.): Bonsai. Tokyo 1954. (Japanisch.)

SCHACHT, W.: Der Steingarten. 5. Aufl., Verlag Eugen Ulmer, Stuttgart 1978.

YASHIRODA, K.: Bonsai, Japanese Miniature Trees. London 1960.

170

YOSHIMURA, Y., and HALFORD, G.M.: The Japanese art of miniature trees and landscapes. Their creation, care and enjoyment. 1972.
Weitere Informationen und Kataloge über: Boxerbooks Inc., Limmatstr. 111, CH-8031 Zürich.

Japanischer Garten

CONDER, J.: Landscape Gardening in Japan. New York 1964.
KUCK, L.: The world of the Japanese garden. New York & Tokyo 1968.
NEWSOM, S.: Japanese Garden Manual for Westerners.
SAITO, K.: Designing Japanese Gardens. Japan Publ. Trading.
SAITO, K.: Japanese Gardening Hints. Tokyo 1969.
SIREN, O.: Kinas Trädgardar. Stockholm 1948–1950.
SIREN, O.: Gardens of China. New York 1949–50.
STEIN, R.: Jardins en miniature d'Extrême Orient. Bull. Ecole Française d'Extrême Orient (BEFEO) 42, 1–104, 1943.
YOSHIDA, T.: Der japanische Garten. Tübingen 1957.

Keramik

AUDSLEY, G.A., and BOWES, J.: Ceramic art of Japan. 2 Bde. London 1875/79.
HAYASHIYA, S., und KORON, C.: Nippon no Toji. (Japanese Ceramics in full Color.) 14 Bde. (Englisch.) Tokyo 1975.
KÜMMEL, O.: Das Kunstgewerbe in Japan. Berlin 1922.

Allgemeine gärtnerische Technik

BÄRTELS, A.: Gehölzvermehrung. Ulmer Fachbuch. Verlag Eugen Ulmer, Stuttgart 1978.

HERTEL, F.: Bodenverbesserung und Düngung im Gartenbau. Lehrmeister-Bücherei Nr. 634. Minden.
KNICKMANN, E.: Richtig düngen. Verlag Eugen Ulmer, Stuttgart 1968.
KÖHLEIN, F.: Pflanzen vermehren leicht gemacht. Verlag Eugen Ulmer, Stuttgart 1975.

Luftableger-Technik

Bärtels, A.: Gehölzvermehrung durch Luftableger. Gartenpraxis 4, 1976.
HERMANN, S.: Luftableger-Vermehrung von Bäumen und Sträuchern durch neuartige Manschette wesentlich verbessert. Deutsche Baumschule 1967.
LIEBSTER, G.: Versuche zur wurzelechten Vermehrung von Obstgehölzen mit „Airwrap". Gartenbaumagazin Bd. 20, 1955.

Zeitschriften

Gartenpraxis. Verlag Eugen Ulmer, Postfach 1932, 7000 Stuttgart 1. (Eine Zeitschrift für Kenner, anspruchsvolle Hobbygärtner, die mehr wissen wollen. Informationen über Pflanzen, Kulturtechnik inkl. Gewächshaus und Bonsais.)
Pacific Horticulture. Hall of Flowers, Golden Gate Park, San Francisco, California 94122, USA.
The Garden. Journal of the Royal Horticultural Society. Vincent Square, London, SW1P 2PE. (Informiert über die Ausstellungen der Gesellschaft und die angeschlossener Vereinigungen, z.B. National Chrysanthemum Society.)

Bildquellen

Wir danken allen, die zur Illustration dieses Buches beigetragen haben, insbesondere aber den Herren Dr. Shuichi Hirao und Kazuhiko Nagai für ihre Hilfe bei der Beschaffung der Bonsai-Aufnahmen; daß wir diese in unserem Werk veröffentlichen dürfen, dafür danken wir den Bonsai-Eigentümern.

Die Herkunft der Abbildungen wird wie folgt belegt:

Verlag Shufunotomo Co. Ltd., Tokio: Umschlagbild, Seite 65, 66, 71, 73, 78, 79, 80, 84, 87, 95, 100, 101, 104, 127.

Fusazo Takeyama †, Omiya: Seite 67, 74, 75, 76, 81, 86, 89, 91, 93, 96, 97.
Redaktion „Shizen to Bonsai", Verlag Sanyu-sha, Tokio: Seite 70, 72, 83, 98, 103.
Paul Lesniewicz, Heidelberg-Wieblingen: Seite 68, 69, 77, 82, 88, 90, 92, 99.
Wolfram Stehling, Hamburg: Seite 117, 119, 120, 121.
Andreas Bärtels, Bösinghausen: Seite 94, 102.
Walter Schmidt, Hamburg: Seite 85, 146.

Sämtliche Zeichnungen von Regina Brendel, Pfungstadt.

ANSCHRIFTEN
UND BEZUGSQUELLEN

Bonsai-Clubs

Bonsai-Club, Verein europäischer Miniaturbaum-Freunde e. V., Postfach, 6900 Heidelberg 1. Redaktion: Wolfgang Zimmer, Weiherstr. 9, 6908 Wiesloch.

Erster Deutscher Bonsai-Club e. V., Postfach 55 05 11, 2000 Hamburg 55. Hamburger Bonsai-Gesellschaft.

Verein deutscher Bonsai-Freunde e. V., Postfach 14 02, 3000 Hannover 1.

Schweizer Bonsai-Club, Postfach, CH-5107 Schinznach-Dorf.

Schweizer Bonsai Liebhaberclub, Heidenhofstr. 12, CH-6003 Luzern.

Associazione Italiana Bonsai, Via G. Bruno 2, I-50136 Firenze.

Bonsai Clubs International, 445 Blake St., Menlo Park, CA 94025, USA.

Nederlandse Bonsai-Verein, Piet Moeskopstraat 7, NL-2807 Am Gouda.

Nihon Bonsai Association, 3–42 Ueno-koen, Taito-ku, Tokio. (Versteigerungen und alle Informationen, Japan betreffend.)

The Japan Society of London, 630 Grand Buildings, Trafalgar Square, London WC2N 5HN. (Die Gesellschaft pflegt seit 1891 die japanisch-englischen Beziehungen, finanziert Vortragsreihen über alle Themen, die mit dem modernen und historischen Japan zu tun haben. Ihr regelmäßig erscheinendes Bulletin sichert den Informationsstrom zwischen ihren Mitgliedern. Mit dem Thema Bonsai befassen sich einige Seiten des Heftes: Bonsai Kai Bulletin, H. W. Gardner, Editor, 38 Chapel Farm Road, London SE9 3NQ.)

Vlaamse Bonsai Vereiniging v.z.w., p.a. Eikstraat 60, B-9300 Aalst.

Bonsais

A. F. Bisson, 41, Rue Dauphine, 75005 Paris.

Bromage & Young Ltd., Wildacre, Bookhurst Road, Cranleigh/Surrey, England. (Miniaturbäume.)

Ets Despalles, 76 bd St.-Germain, 75006 Paris.

Flora-Exotica, Otto Heithecker, Loose-Str. 33–35, 4902 Bad Salzuflen.

Edith Harms, Import–Export, Ritterstr. 11, 5000 Köln 1.

Bernd E. Heinze, Suarezstr. 21, 1000 Berlin 19.

Hans-Karsten Kleeberg, Postfach 55 03 51, 2000 Hamburg 55. (Alle Bonsai-Artikel und fertig gezogene Pflanzen.)

Japan-Pflanzen-Importe (Großhandel) Bonsai, Keramik, Werkzeug, Podbielskistr. 120, 3000 Hannover 1.

Paul Lesniewicz, Mannheimer Str. 401, 6900 Heidelberg-Wieblingen.

R. Samson, 2, Impasse des Aulnes, 923 30 Sceaux.

Tokonoma Bonsai Nursery, 14 London Road, Shenley, Radlett/Herts. WD7 9EN.

Centren, Studios, Galerien, Schulen

Bonsai-Centrum Bad Zwischenahn, Peterstr. 32, 2903 Bad Zwischenahn.

Bonsai-Centrum Frankfurt, Blumen Rost, Sandweg 6, 6000 Frankfurt/M. I.

Bonsai-Centrum Heidelberg, Mannheimer Str. 401, 6900 Heidelberg.

Bonsai-Centrum München, Toni-Pfülf-Str. 14, 8000 München 50.

Bonsai-Centrum Hermann Zulauf AG, CH-5107 Schinznach-Dorf.

Bonsai-Studio Wolfgang Dethmers, Hülsdonkerstr. 57, 4130 Moers.

Bonsai-Studio Edling, Kurfürstendamm, 1000 Berlin 31.

Bonsai-Studio Adelgisa König, Gartenstr. 1, 3501 Schauenburg-Hoof.

Japanstudio Miyako, Colonnaden 72, 2000 Hamburg 36.

Bonsai-Galerie Weinstadt, Mühlhäuser Str. 10, 7056 Weinstadt-Großheppach.

Bonsai-Schule Schneider, Postfach 11 52, Tel. (022 07) 24 27, 5068 Odenthal-Scheuren.

Bonsai-Keramik

Horst Kerstan, 7842 Kandern.

Baumschulen

Gärtnerischer Pflanzenbau, Dr. Hans Simon, Postfach 32, 8772 Marktheidenfeld. (Seltene Gehölze und Stauden.)

Baumschulen (Fortsetzung)

Hesse KG, Postfach 240, 2952 Weener.

Hillier & Sons, Winchester, England.

D. Hobbie, Rhododendronkulturen, 2911 Linswege. (Viele Wildarten.)

J.D. zu Jeddeloh, 2901 Jeddeloh I in Oldenburg. (Großes Kiefernsortiment.)

Hinrich Kordes, Spezialkulturen von Baumschuljungpflanzen, Mühlenweg 8, 2081 Bilsen/Holstein. (Große Auswahl auch an ausgefalleneren Sorten und Neuheiten.)

Pforzheimer Alpengarten, Joachim Carl, 7530 Pforzheim. (Alpine und Zwerggehölze.)

F. Sündermann, Alpen- und Steingartenpflanzen, 8990 Lindau/Bodensee.

Alte Rosen

Ingwer J. Jensen, Taruper Hauptstr. 18, 2390 Flensburg-Tarup.

Richard Huber, Baum- und Rosenschulen, CH-5605 Dottikon AG.

Sunningdale Nurseries Ltd., Windlesham/Surrey, England.

Erdzusätze, Substrate

Alginure, L. Tillinghast, Postfach 46, 7000 Stuttgart 70.

Bentonitmehl, Information und Bezugsquellennachweis bei der Preussag AG, Postfach 690440, 3000 Hannover 69.

REGISTER

Halbfette Seitenzahlen verweisen auf eine Abbildung

Abmoosen 144, **145**
Acacia alata 115
– *baileyana* 115
– *farnesiana* 115
Acer **96**, 141
– *buergerianum* 56, 61, **92**
– *campestre* 36, 118, 142, 169
– *japonicum* 169
– *negundo* 169
– *palmatum* 36, 56, 61, **66**, **67**, **90**, **93**, **99**, 142
– *saccharinum* 169
Acorus calamus 112
– *gramineus* 112
Adonis amurensis 112
Ageratum conyzoides 112
Ahorn s. *Acer*
Alnus 169
Alter 135
Amarant s. *Gomphrena*
Amelanchier laevis 169
Amerika 10
Anfängermaterial 118
Antennaria dioica 112
Anzucht 63, 139 ff., 142 f., 152–155, 165
Apfel s. *Malus*
Aprikose s. *Prunus*
Arundo donax 121
Ast 34, 36, 44, 48, 138
Aster fruticosus 115
Ästhetik 23, 110, 139
Ästhetische Prinzipien 31, 110, 118, 139
Aufstellung 23, 26–30, 84, **85**, **161**
– Gestelle **27–30**
Ausgraben s. Sammeln
Auslichten 130, 132
Ausstellungen 19

Baby-Bonsai s. Mame-Bonsai

Bambus 65, 108, **109** f.
Bankan 36
Bärlapp s. *Lycopodium*
Bauhinia acuminata 115
– *variegata* 115
Beloperone californica 115
Berberis 143
Berufkraut s. *Erigeron*
Betula 169
– *papyrifera* 118, 142
– *pendula* **117**, 118, 142
– *pubescens* 118
Bewurzelungshormon 144, 147
Bilderrollen 9
Birke s. *Betula*
Blattwerk **130**, **131**
Blaues Lieschen s. *Exacum*
Bleichtechnik 48, **91**, **98**, **102**
Blumen-Bonsai 100, 110, **111** ff.
Blüte 63, 110, 132
Blutmehl 156
Bonsai-Anbauzentren 10
– Arten 16
– Clubs 16, 175
– Garten **84**
– Kurse 19
– Möbel **27–29**
– Schnitt **21** f., 126, 130, **131** ff.
– Übungen 22
– Voraussetzungen 5 f.
Boronia elatior 115
– *megastima* 116
Borstenhirse s. *Setaria*
Botanische Gärten 115
Botrychium ternatum 112
Bouvardia longiflora 116
Buche s. *Fagus*
Buchführung 165
Bunjingi 39, **40**, 47, 53, **82**, **83**

Buxus 143, 169
– *microphylla* 63

Calliandra surinamensis 116
Callistephus chinensis 112
Caltha 112
Camellia japonica 116, 141
– *sasanqua* 116
Campanula punctata 112
– *wahlenbergia* 113
Cariassa grandiflora 116
Carpinus betulus 36, 39, 61, 118, 169
– *laxiflora* 79
Cassia eremophila 116
Cedrus atlantica 142, 169
Chaenomeles 118
– *japonica* 44, 142
– *speciosa* **68**, 142
Chamaecyparis 143
– *funebris* 116
– *lawsoniana* 164, 169
– *nootkatensis* 169
– *obtusa* 36, 118, **119 ff.**, 169
– *pisifera* 39, 118, 169
China 23
Chokkan 32, 33 f., 35 f., **94**
Chrysantheme 62, **80**, **95**, 113
– Kaskade s. Kengai-giku
Cistus 116
Citrus 116, 142
Convallaria majalis 113
Convolvulus cneorum 116
Cornus chinensis 169
Cotoneaster 142
– *dammeri* 118
– *horizontalis* 118
– *microphyllus* 63, 118
Crataegus 118, 169
– *pedicellata* 142
– *crus-galli* 142
– *monogyna* 142
Cryptomeria japonica 36, 56, 61, 63, 132, 169

Cuphea hyssopifolia 116
Cupressus arizonica 116
– *macrocarpa* 116
Cypripedium thunbergii 113

Delonix regia 116
Dianthus superbus 113
Dichtung und Malerei 10
Doppelfenster 28, 62
Dotterblume s. *Caltha*
Drahten **47**, **117**, **124**, **127**, **132–134**
Drahtgewebe 148
Drymoglossum microphyllum 113
Düngung 155 ff.

Eberesche s. *Sorbus*
Edelweiß s. *Leucaena*
Edo-Epoche 9
Eibe s. *Taxus*
Eiche s. *Quercus*
Eignung 139
Eintopfen **119** ff., **160**, s. a. Umtopfen
Entspitzen **131**, 132
Enzian s. *Gentiana*
Equisetum 113
Erd-Behandlung 126, **129**
– Dämpfung 126, 154
– Mischungen 63, 64, 109, 152–154
– Zusätze 154
Erde **130**, 141, 149, **155**
Erica arborea 116
– *australis* 116
– *canaliculata* 116
– *lusitanica* 116
– *mediterranea* 116
– *pageana* 116
– *scoparia* 116
– *veitchii* 116
Erigeron alpicola 113
Erle s. *Alnus*
Eugenia uniflora 116
Euonymus bungeanus 169
– *oxyphyllus* 169

Europa 10
Exacum affine 113

Fagus crenata **71**, 73
– *sylvatica* 118, 169
Federaralie s. *Polyscias*
Feigenbaum s. *Ficus*
Felicia amelloides 113
Felsenbirne s. *Amelanchier*
Felsenform s. Ishitsuki
Fenster 28, 30, 62
Feuerdorn s. *Pyracantha*
Fichte s. *Picea*
Ficus deltoidea 116
– *retusa* 116
Firmiana simplex 116
Fischmehl 156
Floßform s. Ikada-buki
Frauenschuh s. *Cypripedium*
Frucht 63
Fukinagashi 39, 41, 47, 53, 86, **137**

Gardenia jasminoides 116
Garten, europäischer 14, 166–169
–, japanischer 10, 14, 31, 51, 53
Gelehrtenform s. Bunjingi
„Geneigter Stamm" s. Shakan
Gentiana 113
– *nipponica* 113
– *scabra* 113
– *thunbergii* 113
– *zollingeri* 113
Geschichte 9
„Gespaltener Stamm" s. Sabamiki
Gestaltung 19, 20, **21**, 22, **35**, 51–53, 111 f., **117**, **136**, **137**, s. a. Kulturtechnik
Gewächshaus 16, 160
Ginkgo biloba 36, 39, 69, 142
Gitter **106**, 107, **138**
Glockenblume s. *Campanula*
Glockenheide s. *Erica*
Gokan 56
Goldregen s. *Laburnum*
Gomphrena globosa 113
Granatbaum s. *Punica*
Grevillea robusta 116
Gruppenpflanzung 21, 58 f., 61, 108
Gymnadenia keiskei 113

Hachi katsugi 4
Haiku 6

Hainbuche s. *Carpinus*
Hakonechloa macra 113
Halbkaskade s. Han-kengai
Händelwurz s. *Gymnadenia*
Hankan 34, 36, **46**, 47 f.
Han-kengai 39, 41, 43, 44, 70, 81, 86
Hartriegel s. *Cornus*
Hedera 44, 118, 143
Hepatica acutiloba 113
– *nobilis* 113
Hesse 5
Hibiscus rosa-sinensis 116
Hôkidachi 36, 38, 76
Hölderlin 5
Holzmodellierung 125
Hornspäne 156
Houttuynia cordata 113
Hygromull 109, 146, 154

Idealbilder **11**, **12**, **13**, 15, **17**, 167
Ikada-buki 56 f., 58, **137**
Ikebana 31
Ilex serrata **72**
Im- und Export 10, 141
Ishitsuki **50**, **51**, **52**, **53**, 66, 78, 87, 96

Jacaranda acutifolia 116
Jahreszeiten 111
Jasminum humile 116
– *nudiflorum* 143
– *parkeri* 116
Jin s. Sabamiki
Jungfernrebe s. *Parthenocissus*
Juniperus 132, 136, 143, 169
– *chinensis* 36, 48, 57, **91**, **98**
– *communis* 63, 118
– *horizontalis* 57
– *pfitzeriana* 63
– *rigida* 36

Kabubuki, Kabudachi s. Kabudate
Kabudate 20, **54**, 56, 61, 68, 69, 77
Kalmus s. *Acorus*
Kap-Aster s. *Felicia*
Kaskade s. Kengai
Katzenpfötchen s. *Antennaria*
Kengai 44, 45, 47, **103**, **136**, **137**
Kengai-giku 64, **105**, 106 f.
Kiefer **12**, **13**, s. a. *Pinus*
Kirsche s. *Prunus*

Kirschmyrte s. *Eugenia*
Klauenfarn s. *Onychium*
Klebsame s. *Pittosporum*
Kleinklima 158, 161
Klimakarte der Wohnung 115
Knochenmehl 156
Knöterich s. *Polygonum*
Köcherblümchen s. *Cuphea*
Kompositionen 20 ff.
Kompost 126
Kondō Kiyoharu 4
Konsole 29 f.
Korallenraute s. *Boronia*
Körnung 154, **155**
Kraken-Stil 102
Krankheiten 162, **163** f.
Kräuter 110 ff.
Krone 39, 56
Kulturmaßnahmen 58 ff., 165
Kulturtechnik 47, 52, 64, 107 ff., **128**, 138, s. a. Schneiden, Werkzeug
Kyûkan 56

Laburnum 142
– *alpinum* 142
– *anagyroides* 142
Larix 169
– *decidua* 118, 142
– *kaempferi* 36, 88, 142
Lavandula angustifolia 116
Lebensbaum s. *Thuja*
Leberbalsam s. *Ageratum*
Leberblümchen s. *Hepatica*
Leontopodium alpinum 113
Leucaena leucocephala 116
Licht 30, 39
Literatenform s. Bunjingi
Literatur 19
Löwenzahn s. *Taraxacum*
Luftableger s. Abmoosen
Luftfeuchtigkeit 115
Lycopodium clavatum 113

Magnolia stellata 169
Maiglöckchen s. *Convallaria*
Malerei 10, 19
Malpighia coccigera 116
Malus 118, 169
Mame-Bonsai 62, **63**
Mandel s. *Prunus*
Metasequoia glyptostroboides 63, 143
Miniatur-Bonsai s. Mame-Bonsai
Miniaturlandschaft 25, 47
Miscanthus 113

– *floridulus* 113
– *sacchariflorus* 113
– *sinensis* 113
Moos 26, 53, 66, 73, 87, 97, 111, 119
Mooskraut s. *Selaginella*
Mondraute s. *Botrychium*
Moyogi 36, 37, 47, 67, **99**
Murraya paniculata 116
Myrtus communis 116

Nanakan 56
Nandina domestica 116
Natur-Bonsai **146**
Naturerlebnis 5
Neagari 48, **49**
Nejikan 36
Nelke s. *Dianthus*
Netsuranari 56, **57**, **137**
Nicodemia diversifolia 116

Ochna multiflora 116
Ölbaum s. *Olea*
Olea europaea 116
Olearia 116
– *cymbifolia* 116
– *floribunda* 116
– *gunniana* 116
– *solandri* 116
Olyra latifolia 110
Omphalodes krameri 113
Onychium japonicum 113
Ophiopogon japonicus 113
Oxera pulchella 116

Parthenocissus tricuspidata 118
Pecteilis radiata 113
Pfefferbaum s. *Schinus*
Perspektive 58, **59**
Pfirsich s. *Prunus*
Pflanzenschutzamt 164, 175
Pflanzgefäß **23** ff., 26, 44, 63, 147, Farbbilder
Pflanzvitrine 62, 162
Pflaume s. *Prunus*
Pfropfen 34, 143 f.
Phlox subulata 113
Phragmites australis 47, 113, 121
pH-Wert 153, 154, 159
Picea 132, 164
– *abies* 118, 142, 143, 169
– *jezoensis* 36, 44, 56, **57**, 61, 141
– *orientalis* 169
Pinus 141, 169
– *contorta* 13
– *densiflora* 34, 36, 132

Pinus parviflora 13, 34, 36, 44, 56, 57, 61, 62, 63, 77, 78, 83, **87**, **94**, **96**, 142
– *strobus* 164
– *sylvestris* 13, 36, 118, 142
– *thunbergiana* 13, 34, 36, 44, 132
Pistacia chinensis 116
Pittosporum 116
– *bicolor* 116
– *tenuifolium* 116
Platanthera 113
Polygonum tenuicaule 113
Polypodium thunbergianum 113
Polyscias 116
– *balfouriana* 116
– *fruticosa* 116
– *guilfoylei* 116
Polytrichum commune 113
Populus tremula 169
Preiselbeere s. *Vaccinium*
Primula sieboldii 113
Proportion 139, 169
Prunus 44, 141, 169
– *cerasifera* 17
– *domestica* 17
– *mume* **82**, 89
– *simonii* 17
– *subhirtella* 118
Pteris argentea 113
Punica granatum 44, 56, 116, 142
Pyracantha 116, 143
Pyrus 169
– *communis* 169
– *salicifolia* 169

Quercus 36, 169
– *cerris* 116
– *ilex* 116
– *kewensis* 116
– *palustris* 118
– *robur* 118
– *suber* 116

Rhodea japonica 113
Rhododendron **96**
– *ferrugineum* 164
– *keiskei* 86
Rinde 133
Rizinusschrot 156
Rohrmatten 148

Rosa **101**, 156, 164
– *canina* 142
Rosmarinus officinalis 116
Ryôta 6

Saat 34, 52, 140
Sabamiki 48, **91**, **98**, **168**
Salix 169
– *alba* 11, 44, 118
– *babylonica* 11, 44, 143
Sammeln (Yamadori) 145, 146 ff.
Sammlungen 10
Sankan 56, 69, 72, 90
Saumfarn s. *Pteris*
Saxifraga stolonifera 113
Schachtelhalm s. *Equisetum*
Schattierungsraum 85, 148, 160, **161**
Scheinzypresse s. *Chamae-cyparis*
Scheren **123**, 126
Schilf s. *Phragmites*
Schinus molle 116
Schlangenbart s. *Ophio-pogon*
Schneiden 126, 130, **131**
Sekijôju 51, 53, **80**, **95**, **97**
Selaginella involvens 113
Serissa foetida 118
Setaria palmifolia 110
– *glauca* 113
– *viridis* 113
Shakan 39, 41, **42**, 44, 47, **88**, **93**
Sharimiki 2, 48, 125, 136
Sicheltanne s. *Cryptomeria*
Sieb 129, **130**, 154
Silbereiche s. *Grevillea*
Sôkan **55**, 56, **101**
Sojaschrot 156
Sommeraster s. *Callistephus*
Sorbus aucuparia 118, 142, 169
Spaltholztechnik s. Bleich-technik, Sabamiki
Stamm 32, 34, 56
– Anzahl 56
– Dickenwachstum **135**, 157
– Richtungskorrektur **134**, **135**
– vergreisen 136, 138
– verkürzen **147**
Standort 31, 41, 44, 51, 58

Steckling 142
Stein 51, **52**, **53**
Steinbrech s. *Saxifraga*
Steinlaterne 12
Sternjasmin s. *Trachelo-spermum*
Stil und Komposition 20
Strukturanalyse **20**
Styromull 154, 162
Symmetrie 21, 22, 32, 39

Tachiki 36, 37
– Stil **102**
Takozukuri-Stil **102**
Tamarix parviflora 118, 169
– *pentandra* 118, 169
Taraxacum 113
Taxus 142, 169
– *cuspidata* **102**
Teehaus 10, 14
Teezeremonie 22
Thuja 143
– *koraiensis* 169
– *occidentalis* 118, 169
– *plicata* 118
Thymus serpyllum 113
Tilia 169
Topf s. Pflanzgefäß
Torfaufschüttung **163**
Trachelospermum asiati-cum **103**
– *jasminoides* 118
Tradition 9 f., 14
„Treibholz" s. Sharimiki
Treibholztechnik 136
Tsuga 70, 132
Tsukami-yose **60**, 61
Tüpfelfarn s. *Polypodium*

Überwinterung 160, **161** f.
Übungsmaterial 118, 121
Ulmus davidiana 39
Umpflanzen s. Umtopfen
Umstechen 140
Umtopfen 64, **119–121**, **128**, 130, 141, 149, **153**, **159** f.
Unterpflanzung 39, 53, 61
Uro s. Sharimiki

Vaccinium vitis-idaea 113
„Verbundene Wurzeln" s. Netsuranari
Veredlung s. Pfropfen

Vermehrung 139, 142
Viola 113
Vorbilder 19, 56, 57, 58, 113 f., 142

Wacholder s. *Juniperus*
Waldform s. Yose-ue
Wasser 13, **25**, 26, 53, 108, 159
Wässern 108 f., 158 f.
– Geräte 159
Weide s. *Salix*
Weißdorn s. *Crataegus*
Werkzeug 122, **123–125**, 126, **127–130**, 146, 153
Wildwuchs **117**
Wimperfarn s. *Woodsia*
Winde s. *Convolvulus*
Windgepeitschte Form s. Fukinagashi
Winterruhe 115, s. auch Überwinterung
Wisteria floribunda 81
Wohnung 26 ff.
Woodsia polystichoides 113
Wuchsformen 31
Wurzelstamm-Bonsai s. Neagari
Wurzelwerk
– Bildung **145**, 147, 151, 159
– Gestaltungsmerkmal 13, 41, 48, 56, 138
– Reduktion 110, **119**, 120, 130, 140 f., 149, 150

Yose-ue 47, 58, **59**, 61, **65**, 71, 73, 74, 75, 79, 92, **104**

Zangen **123**
Zelkova serrata 39, 61, 74, 75, 76, 97, 142
Zen-Buddhismus 9, 22
Zierquitte s. *Chaenomeles*
Zimmerhärte 108
Zimmerharte Bonsais 113, **114**, 115 f., 118
Zimmerpflanze 115
Zinnia elegans 113
– *pauciflora* 113
Zistrose s. *Cistus*
Zoysia matrella 113
Zwergmispel s. *Cotoneaster*
Zwinge **134**
Zypresse s. *Cupressus*